高等院校法学阶梯式案例教学系列教材

法律典型案例导学

主　编　杨峥嵘　贺志军
副主编　彭　进　黄　静
撰稿人（以撰写章节为序）
齐晓耘　谭庆康　彭　进　贺志军
尤金亮　黄　静　唐　钊

对外经济贸易大学出版社
中国·北京

图书在版编目（CIP）数据

法律典型案例导学 / 杨峥嵘，贺志军主编．—北京：对外经济贸易大学出版社，2016.4
高等院校法学阶梯式案例教学系列教材
ISBN 978-7-5663-1586-1

Ⅰ．①法… Ⅱ．①杨… ②贺… Ⅲ．①案例-中国-高等学校-教学参考资料 Ⅳ．①D920.5

中国版本图书馆 CIP 数据核字（2016）第 086206 号

法律典型案例导学

杨峥嵘 贺志军 **主编**
责任编辑：汪友年 丁义操

对外经济贸易大学出版社
北京市朝阳区惠新东街 10 号 邮政编码：100029
邮购电话：010-64492338 发行部电话：010-64492342
网址：http://www.uibep.com E-mail：uibep@126.com

北京时代华都印刷有限公司印装 新华书店北京发行所发行
成品尺寸：185mm×260mm 14.25 印张 329 千字
2016 年 7 月北京第 1 版 2016 年 7 月第 1 次印刷

ISBN 978-7-5663-1586-1
印数：0 001-3 000 册 定价：29.00 元

序

法治事业发展的关键之一是法治人才培养，法治人才培养的关键之一是促成法治人才领悟提升法治思维和掌握运用法治方法。我国高等院校肩负最重要的法治人才培养使命，成千上万的法治人才已经脱颖而出，为我国法治事业贡献力量。然而，如何适应法治时代的需要和法治要求的提高，不断培养出合格、优秀的法治人才，是我国高等院校法学教育始终不渝的探索和长期任务。

我们根据多年的法学专业教育教学实践，为服务大学本科四年制为主的学生和相应的法科教师，由杨峥嵘教授负责申报立项了 2012 年湖南省省级教学改革课题《高等院校法学阶梯式案例教学创新研究》，后经谋划编著“高等院校法学阶梯式案例教学系列教材”共四册。

第一册《法律典型案例悦读》，宜适用于大学一年级学生。该册教材以趣味性、生活性、高雅性为主的法律典型案例，引导刚经历高考录取进校入读一年级的法学学生，在读书、听课中跟随教材中的法律典型案例故事和简单而有意义的法律知识的学习，让学生很快产生攻读法学专业的新奇感、快乐感、神秘感、自豪感，带着法学启蒙教育的喜悦心情，感悟和明确什么是法学、法治功能价值有哪些，自觉步入法学知识的殿堂，坚定自己学好法学专业知识的信心和决心。

第二册《法律典型案例导学》，宜适用于大学二年级学生。该册教材以第一册《法律典型案例悦读》为基础，上升一个知识层次“台阶”，引导和帮助二年级的法学学生，在读书、听课中联系教材法律典型案例进行琢磨思考，让学生较好地领会理解和初步掌握法学专业课程内容的基本概念、基础知识、基本原理及其相关的法律制度，并且学会依靠法学理念、法治思维和法律知识解决一些常见的社会法律问题，有兴趣进入学法用法的专业课程知识运用领域。

第三册《法律典型案例分析》，宜适用于大学三年级学生。该册教材以第一册《法律典型案例悦读》和第二册《法律典型案例导学》为基础，再上升一个知识层次“台阶”，引导和帮助三年级的法学学生，在读书、听课、训练中结合教材法律典型案例，在理解和把握法学专业知识的基本概念、基础知识、基本原理及其相关法律制度的同时，深入思考分析、大胆辨别是非，而且能够较好地找出在运用法学理念、法治思维和法律知识解决一些社会法律问题中的成功有效经验和不足之处的原委依据，让学生达到扩大法治视野、提高法治能力、进一步自我武装的境界。

第四册《法律典型案例研究》，宜适用于大学四年级学生。该册教材在第一册《法律典型案例悦读》、第二册《法律典型案例导学》和第三册《法律典型案例分析》的基础上，再上升一个知识层次“台阶”，引导和帮助四年级的法学学生，在读书、听课、训练、思考中抓住教材法律典型案例，在理解分析和把握运用法学专业知识及其相关法律制度，运用法学理念、法治思维和法治方法解决较为重点、疑难的社会法律问题的同时，以法治的精神和法治的价值为目标挖掘前沿理论观点，较好地进行分析研究；以改革创新的胆略，提出进一步优化法治决策见解；同时，也为培养和训练法学本科学生报考法学硕士研究生实行知识对接。

基于上述本套系列教材的构架和目的，我们在研讨编写中还力求突出几个特点：

一是各册教材的内部联系性和相对独立性有机统一。其内部的联系性主要在于坚持案例教学的应用能力培养原则、坚持案例选用由浅入深的原则、坚持学生自学自用为主的原则、坚持理论联系实际的原则、坚持课堂示教与课后练习合理结合的原则。各册教材的相对独立性表现为：突出一年级一学期使用第一册教材的“案例故事化”的特点，达到易懂易记、连接社会、融合生活、感染情操、培植理念、润物无声的效果。突出二年级一学期使用第二册教材“以案学法”的特点，结合部门法课程的概念不同、制度不同、原理不同的内容，达到学习思路清晰、知识边界清楚、制度定位准确的教与学的良好效果。突出三年级一学期使用第三册教材“以案辨析”的特点，达到巩固基础、把握实质、提高水平的效果。突出四年级一学期使用第四册教材“研究完善”的个性化特点，达到本科学有成效、考研胜任和实践创新的效果。

二是教与学的循序渐进的内涵要求与各册教材的各持其所的目标追求有机统一。本套共四册组成的系列教材，在其编著构思和预定的总体安排及其各册写作设计分配时，围绕内容安排、知识组合、难易分工、要求拟定、目标实现等方面，做了综合的考虑，也为教师和学生使用其教材分别提出了路径方法上的指导与建议。

三是部门法专业课程的课堂教学与应用实践模拟训练的培养有机统一。本套教材在立足法学专业人才培养方案微观课程计划实施的同时，从宏观上兼顾了法学应用型人才培养案例教学的衔接，坚持在教与学的全过程中，做到内容上既不重复也不脱节、方法上既不雷同也不脱离实际。

有名师云：“实践是法律的真谛。”我国高等院校法学教育培养法学人才尤其是培养本科法学专业人才，注重其基础理论的教学很重要，注重培养和提高学生的应用能力更为重要。本套“高等院校法学阶梯式案例教学系列教材”的编著出版，是我们写作团队的初衷和目的，也是我们的一次尝试。教材中存在的许多不足和疏漏，期盼教师同仁们和广大使用本教材的学者学子们，多多提出批评和修改意见，并且敬请您们在使用时予以修正和补充。同时，借此机会向没有来得及与你们商量但被我们在编写中引用和参考了的所有作品的作者，表示歉意和感谢。对外经济贸易大学出版社的领导和编辑同志们的精心帮助和大力支持，促成了该套教材的顺利出版，在此表示衷心感谢！

杨峥嵘教授

湖南商学院法学院院长

2016 年 3 月

前　　言

本书是“高等院校法学阶梯式案例教学系列教材”系列的第二册。使用者已从第一册“案例悦读”进入更为具有法律专业色彩的“案例导学”，并为后续要求更高的“案例分析”及“案例研究”进行知识储备和能力奠基。本书编写目标主要是为法学大二水平学生提供学习案例或为非法学专业的学生学习“法学通论”类课程提供拓深案例，并结合精选的案例进行有效的导学。

本书由杨峥嵘（湖南商学院法学院院长、教授）、贺志军（湖南商学院廉政法治研究所所长、内聘教授，中南财经政法大学知识产权研究中心博士后人员）担任主编，负责谋篇布局和审定规范全书纲目、内容与形式；由彭进（湖南商学院法学院讲师）、黄静（湖南商学院副教授）担任副主编。各撰稿人提交各自撰写的案例后，由贺志军进行统稿和修改，彭进协助了修改工作。各个案例编写的结构一般包括案例标题、案情回放、问题归纳、法条链接、法理导析、审理结果等部分。

各编负责人如下：

第一编宪法、行政法：齐晓耘（湖南商学院讲师），撰写案例 1 至案例 8。

第二编民商法：谭庆康（湖南商学院讲师），撰写案例 9 至案例 14、案例 21 至案例 27；彭进撰写案例 15 至案例 17、案例 28 至案例 30；贺志军撰写案例 18 至案例 20。

第三编刑法：尤金亮（安徽医科大学法学副教授），撰写案例 31 至案例 36。

第四编经济法：黄静撰写案例 37 至案例 49，贺志军撰写案例 50 至案例 51。

第五编社会法：彭进撰写案例 52；贺志军撰写案例 53 至案例 54。

第六编程序法：唐钊（贵州财经大学文法学院副教授），撰写案例 55 至案例 58。

虽然编者已经尽力做到准确、完善，但囿于水平有限及时间仓促，书中缺点不足在所难免，敬请读者批评指正。

编　者

2016 年 3 月 15 日

目　录

第一编　宪法、行政法

第二编　民　商　法

第三编 刑 法

第四编 经 济 法

第五编　社　会　法

第六编　程　序　法

第一编

宪法、行政法

1 行政诉讼证明对象以及诉讼时效的举证规则

——肖某诉天顶乡人民政府城乡建设行政许可纠纷案

案情回放①

原告肖某系天顶乡川塘村马家塘组村民。1987年，肖某在川塘村马家塘组与骑龙村分路口组交界的集体土地上开始修建房屋。1988年，肖某经川塘村和马家塘组同意向天顶乡土地管理所申请办理建房许可证。1990年6月15日，天顶乡土地管理所为肖某所建房屋核发了望国土字第183号《建房建设用地许可证》，批准用地面积为78平方米。肖某房屋建成后，出借给邻居潘某使用。1993年7月25日，潘某以房主身份与第三人张某签订协议，将该房屋出售给张某。1993年7月17日，天顶乡土地管理所又为第三人核发了望国土字第029422号《个人建房用地许可证》，批准用地位置位于"天顶乡骑龙村分路口组"，批准用地面积为208平方米，其中包括了原告的183号证所批准的房屋土地在内。1994年4月21日，第三人张某办理了望房权天顶字第1号《房屋所有权证》，将029422号证批准用地范围内的房产登记到自己名下。2008年6月，市区溪湖街道（因行政区划调整，涉案房屋所在地已于2007年划归溪湖街道管辖）对涉案房屋实施拆迁时，肖某得知，遂诉至法院。

原告肖某诉称：原告于1986年用自己的自留地和5 000元钱兑换了邻居李某的老房屋地基，并于1987年在该地基重建了一栋三层楼房（以下简称涉案房屋），占地面积78平方米，并交纳了土地使用费。1990年6月25日，原告在天顶乡土地管理所办理了望国土字183号《建房建设用地许可证》（以下简称183号证）。1988年，该房屋无偿借给邻居潘某与易某合办足球厂。2002年初至2003年10月，原告又将房屋借给弟弟居住。2008年6月，原告所在村民小组的土地及房屋被列入征收拆迁范围，拆迁指挥部的工作人员到原告家进行房屋登记调查时，原告才发现第三人张某持县房屋产权管理局颁发的望房权天顶字第1号《房屋所有权证》将原告的房屋在拆迁指挥部抢先进行了登记，并于2010年4月签订拆迁协议后，领取了拆迁款140万元，而县房屋产权管理局颁发望房权天顶字第1号《房屋所有权证》的依据正是被告核发的029422号证。原告认为被告核发029422号证的行为违法：其一，该证的签发人未到现场勘查、丈量；其二，涉案房屋实际用地面积78平方米，与029422号证上的"贰佰零捌平方米"严重不符；其三，029422号证上的"用地四抵"是骑龙村村委会在办证后自行填

① 该案来源于以下网址：http：//www.huidulaw.com/aljx_ more.asp？ id=498.

写的，而不是签发人所填；其四，029422号证所涉土地并不属于证上所写的天顶乡骑龙村分路口组，而是属于天顶乡川塘村马家塘组，其土地使用权和房屋所有权均属于原告肖某所有。据此，诉请判令：（1）撤销被告核发给第三人张某的望国土字第029422号《个人建房用地许可证》；（2）被告承担本案诉讼费用。

第三人张某述称：位于骑龙村分路口组的房屋是1993年经人介绍向原房主潘某购买用于办厂的，是一个围墙围成的院落，其中就包括原告所说的三层楼房在内，当时购买房屋时曾询问过骑龙村的村长、书记和村民，在确认该房屋是属于潘某所有之后，第三人张某才与潘某签订了房屋买卖协议，并直到办理完用地许可证之后才付清购房款，而且买房时村、乡都有工作人员在场，从未有人提出异议；第三人的建房用地许可证和房屋所有权证都是政府机关依法颁发的合法证书，本案涉案土地的使用权和房屋的所有权都属于第三人所有，请求驳回原告的诉讼请求。

被告天顶乡人民政府辩称：（1）本案中被告主体不适格，因为根据区人民政府岳政函〔2007〕60号文件，骑龙村自2007年起已经划归溪湖街道办事处管辖，因此，本案的被告应该是029422号证争议土地所在地的溪湖街道办事处，而不是天顶乡人民政府；（2）029422号证的发证机关是县天顶乡土地管理所，该所隶属于县国土局，其工作职权行为应当由上级主管部门县国土局承担；（3）029422号证中许可用地位于天顶乡骑龙村分路口组，而原告的183号证许可用地位于天顶乡川塘村马家塘组，两证的位置并不冲突，原告认为被告的具体行政行为侵害其权益没有依据；（4）原告的起诉超过了法定的起诉期限，原告早在1994年就已经知道其建房土地存在争议，却没有在法定起诉期限内起诉，至今已过去16年之久，早已超过了起诉期限。据此，请求驳回原告的诉讼请求。

问题归纳

1. 被告主体是否适格？
2. 诉讼时效是否超过及应当由谁承担证明责任？

法条链接

一、法律法规

1. 1998年、2004年《中华人民共和国土地管理法》第六十一条：乡（镇）村公共设施、公益事业建设，需要使用土地的，经乡（镇）人民政府审核，向县级以上地方人民政府土地行政主管部门提出申请，按照省、自治区、直辖市规定的批准权限，由县级以上地方人民政府批准；其中，涉及占用农用地的，依照本法第四十四条的规定办理审批手续。

2. 1989年《中华人民共和国行政诉讼法》第三十九条：公民、法人或者其他组织直接向人民法院提起诉讼的，应当在知道作出具体行政行为之日起三个月内提出。法律另有规定的除外。（2014年《中华人民共和国行政诉讼法》第四十六条：公民、法人或者其他组织直接向人民法院提起诉讼的，应当自知道或者应当知道作出行政行为之日起六个月内提出。法律另有规定的除外。因不动产提起诉讼的案件自行政行为作出之日起超过二十年，其他案件自行政行为作出之日起超过五年提起诉讼的，人民法院不予受理。）

二、其他

1. 2000 年《最高人民法院关于执行〈中华人民共和国行政诉讼法〉若干问题的解释》（以下简称《行诉法若干解释》）第二十条第二款：行政机关的内设机构或者派出机构在没有法律、法规或者规章授权的情况下，以自己的名义作出具体行政行为，当事人不服提起诉讼的，应当以该行政机关为被告。

第四十一条第一款：行政机关作出具体行政行为时，未告知公民、法人或者其他组织诉权或者起诉期限的，起诉期限从公民、法人或者其他组织知道或者应当知道诉权或者起诉期限之日起计算，但从知道或者应当知道具体行政行为内容之日起最长不得超过 2 年。

2. 2002 年《最高人民法院关于行政诉讼证据若干问题的规定》第四条第二款：被告认为原告起诉超过法定期限的，由被告承担举证责任。

法理导析

本案虽然是一起因拆迁补偿利益分配引发的城乡建设行政许可纠纷案，但其中因为涉及我国土地管理法之修改、农村建设用地许可审批权限的变更和土地管理政策的改革等背景情况，使得本案显得错综复杂。该案的主要争议焦点在于，被告天顶乡人民政府被告主体是否适格；本案原告诉讼时效是否已过及对于诉讼时效是否超过的证明责任由谁承担；本案被诉具体行政行为是否合法。

一、被告主体是否适格的问题

被告天顶乡人民政府认为其不应当成为本案被告，主要理由有：（1）原告肖某申请撤销的用地许可证所在地位于骑龙村分路口组，现属溪湖街道办事处管辖；（2）第三人张某的 029422 号证中许可用地位于天顶乡骑龙村分路口组，而原告的 183 号证许可用地位于天顶乡川塘村马家塘组，两证涉及土地的位置并不冲突，原告认为被告的具体行政行为侵害其权益没有依据；（3）望国土字 029422 号《个人建房用地许可证》的发证机关是天顶乡土地管理所，其隶属于县国土局，故其职权行为之责任应当由县国土局承担。

首先，关于被告的前两点理由，实为涉诉建设用地具体位置的事实认定问题。经三名出庭作证的证人证言及原告和第三人两名持证人的现场指认，均证实原告 183 号建房许可证和第三人张某的 029422 号建房许可证的批准用地范围都包含了涉案房屋的土地在内，属于川塘村马家塘组，归天顶乡管辖。退一步讲，即使涉案房屋所在土地现在已经不属于被告的管辖范围，被告作为一个独立的行政主体，其不存在被撤销或者改组的情形，仍然应当为之前作出的具体行政行为承担法律责任，因此，被告的该两项辩解理由不能成立。

其次，被告的第三项理由涉及行政诉讼被告确认标准和确认规则问题。从法理上讲，行政诉讼被告资格确定的标准有行政主体资格说、行为主体标准说、公权力（狭义）标准说、公共行政标准说等学说，然而我国现行法律和理论通说主张的是“行政主体资格说”。“行政主体资格说”以行为主体、职权主体、责任主体三要素确定行政被告资格，即在职权范围内以自己的名义做出具体行政行为并能承担行为的法律责任，也即所谓的“权、名、责”确定被告之标准。而具体到本案中，第一，虽然被诉行政行为——核发望国土字 029422 号《个人建房用地许可证》的行为——所盖公章为“县天顶乡土地管理所”，但土地管理所仅为行政机关的一个内设职能部门，土地管理所并非独立法人主体，不符合职权主体、责任主体的要素，故土地管理所并不能成为本案被告。其行为责任应当归属其“婆家”，即在 029422 号证的存根上落款的被告天顶乡人民政府。因此，被告天顶乡人民政府符合行为主体即“名”之要素。第二，被告天顶乡政府在土地所核发用地许可证过程中签署了同意意见，而未见县国土局任何意见，也没有县国土局的公章，可见当时土地管理所确实隶属乡政府。而且根据 1986 年《土地管理法》第三十八条之规定，本案属于使用原有的宅基地、村内空闲地和其他土地建房的，审批权在乡级政府，其形式上具有此项权限。故本案中被告形式上符合职权主体，即符合“权”之要素。第三，乡政府作为一级政府，具有法人资格，具有民法意义上的完整责任能力，能构成行政诉讼法上责任主体资格。因此，天顶乡政府在“责任主体”要素层面也成立。综上所述，本案中天顶乡政府符合“行政主体资格说”标准之适格被告。

最后，从实体法规则上看，《行诉法若干解释》第二十条第二款规定，行政机关的内设机构或者派出机构在没有法律、法规或者规章授权的情况下，以自己的名义作出具体行政行为，当事人不服提起诉讼的，应当以该行政机关为被告。本案中，国土所显然不是独立的行政机关或者其他行政主体，当其所作出行政行为涉诉时被告天顶乡政府应当为适格被告。根据 1986 年《土地管理法》第三十八条规定，使用原有的宅基地、村内空闲地和其他土地的，由乡级人民政府批准。因此，当时村民集体土地建房许可由隶属于乡政府的乡国土所作出，之后随着新《土地管理法》的颁布、土地管理政策的调整，土地管理也逐渐走向规范化，相应地将乡镇土地管理所改成土地中心所，并隶属于区、县的国土资源局。因此，本案中天顶乡土地管理所当时为天顶乡政府的内设机构，天顶乡政府应当成为本案的适格被告。

二、诉讼时效是否经过及应当由谁承担证明责任

被告的主要辩解理由是，根据《行诉法若干解释》第四十一条的规定，行政机关作出具体行政行为时，未告知公民、法人或者其他组织诉权或者起诉期限的，起诉期限从公民、法人或者其他组织知道或者应当知道诉权或者起诉期限之日起计算，但从知道或者应当知道具体行政行为内容之日起最长不得超过 2 年。而自 1994 年开始肖某就已经知道其申请的个人建房许可用地存在争议，却没有提起诉讼，现据其知道行政行为已时隔 16 年之久，早已超过诉讼时效。

关于行政诉讼时效，1989 年《行政诉讼法》明确规定起诉期限为三个月，最高人民法院的《行诉法若干解释》第四十二条也有相应规定：“公民、法人或者其他组织不知道行政机关作出的具体行政行为内容的，其起诉期限从知道或者应当知道该具体行政行为内容之日起计算。对涉及不动产的具体行政行为从作出之日起超过 20 年、其他具体行政行为从作出之日起超过 5 年提起诉讼的，人民法院不予受理。”此处针对公民、法人或其他组织不知道具体行政行为内容而超过起诉期限的情况，确立了最长起诉期限一般为 5 年，涉及不动产的行政诉讼为 20 年，从而为全面保护公民诉权提供了保障。同时，对涉及不动产的行政案件与其他案件进行了区分规定。

显然，原告在被诉行政行为中属于案外人，不可能收到被告作出行为的相应文书，被告也无其他证据证明原告“应当知道”诉权或者起诉期限，因此可以推定其无从知道诉权或者起诉期限。因此，本案关于诉讼时效的争议应当适用《行诉法若干解释》第四十二条而非第四十一条，即要从原告“知道或者应当知道”涉诉具体行政行为内容之日起计算。而何谓“知道”，可以理解为行政机关把作出具体行政行为的事实、理由和依据合法地告知当事人，即通知之日或公布之日，而不是当事人道听途说、自然而然地知道。告知的途径一般应采用书面形式，除非法律、法规另有规定可用口头形式的除外。而“应当知道”应是通过现有事实、相关证据及经验法则可以推定的状态。且根据 2002 年《最高人民法院关于行政诉讼证据若干问题的规定》第四条第三款的规定，是否经过了诉讼时效应当由被告来举证证明，否则其应当承担相应的证明责任。当然，此处的证明责任不同于实体上证明责任，并不必然导致败诉的结果，而是承担程序上不利后果，即原告的起诉不会被法院裁定不予受理或者诉请不被驳回。而本案中，被告并未提供有效证据证明原告何时“知道或者应当知道”被诉行政行为内容。故本案的诉讼时效适用《行诉法若干解释》第四十二条之规定，另因该被诉具体行政行为涉及不动产，即适用最长诉讼时效 20 年，所以，原告之诉请并未经过诉讼时效。这一观点与 2015 年《行政诉讼法》第四十六条规定的起诉期限六个月，以及“因不动产提起诉讼的案件自行政行为作出之日起超过二十年，其他案件自行政行为作出之日起超过五年提起诉讼的，人民法院不予受理”之规定不相冲突。

审理结果

法院经审理认为：

虽然本案被诉具体行政行为上加盖的公章为“望县天顶乡土地管理所”，但土地管理所当时是被告的一个职能部门，029422 号证的存根上落款行政机关也是“天顶乡人民政府”而非土地管理所，应当认定土地管理所的发证行为是在代被告行使行政职权。

被告在第三人没有提供任何资料证明其符合用地条件，且未现场核实待批土地实际状态的情况下，仅凭第三人的申请就为其办理了 029422 号证，致使原告在此之前已经依法取得使用权并已修建了房屋的土地被再次许可给第三人建房，被告的被诉具体行政行为的主要证据不足；而且，根据 1986 年《土地管理法》第三十九条第一款和第四十一条的规定，建设乡（镇）村企业及城镇非农业户口居民使用集体土地建住宅，都必须经县级以上人民政府批准，第三人系城镇非农业户口居民，而 029422 号证上批准的建房性质为“居住、办厂”，因此，被告无权批准第三人使用集体所有的土地建房，被告的被诉具体行政行为超越了其法定职权。

综上所述，被告的被诉具体行政行为主要证据不足、超越职权，应当依法撤销。据此，判决：撤销天顶乡人民政府核发的望国土字第 029422 号《个人建房用地许可证》。

一审判决后第三人张某不服判决，提出上诉。二审法院认为原审判决认定事实清楚、程序合法、适用法律适当，维持原判决。

2 国有土地出让合同争议能否提起行政诉讼

——立达房地产开发有限公司诉某市国土资源局解除土地出让合同案

案情回放①

2008年10月14日，被告某市国土局发出公告，以拍卖的方式公开出让PM2008103号地块面积为791.55亩国有建设用地使用权。同年10月15日，被告在其公布的《某市国有建设用地使用权竞买须知》（以下简称《竞买须知》）明确“可以独立竞买，也可以联合竞买”，“联合竞买的，提交联合竞买协议”。同年10月25日，李甲与李乙、王某、万某签订了《某市第PM2008103号地块联合竞买协议书》（以下简称《联合竞买协议》），约定组成联合体参与该宗地块的竞买活动，共同承担竞买活动中所应承担的义务。因李甲就是本地人，其他合伙人是外省人，因此其他合伙人委托李甲作为竞买活动的代表人办理相关事宜。同时约定，如联合竞买成功，在该市成立一家新公司对该地块进行开发。同时还约定，该协议正本一份递交宗地出让人。

同年11月4日，李甲没有以联合体的名义参加竞买，而是以个人名义向被告提交了竞买申请书，缴纳4 000万元保证金，以个人名义参与竞买竞得，并与被告签订了市国土资〔2008〕确字第11号《公开出让国有建设用地使用权成交确认书》（以下简称《成交确认书》）。

2009年3月3日，联合体成员及万某在该市成立了万隆房地产开发有限公司（以下简称万隆公司），李乙为法定代表人，李甲为董事长，投资人为李某、万某、王某、万丁。李甲向被告提交书面申请，要求被告与万隆公司签订《国有建设用地使用权出让合同》（以下简称《出让合同》）。因未按照约定缴纳土地出让金，被告未与该公司签订土地《出让合同》。

2009年6月30日，李甲与熊某在该市成立了立达房地产开发有限公司（以下简称立达公司），李甲为法定代表人，投资人为李甲、熊某。同日，李甲向被告提交书面申请，以“由于集团公司内部职能调整”为由，要求被告与立达公司签订《出让合同》。同年7月3日，李甲和原告共同向被告作出“承诺书”，称“该宗地已由竞得人李甲缴纳6 000万元，尚欠20 121.15万元，由立达公司负责按《成交确认书》和《出让合

① 参见四川省泸州市中级人民法院（2011）泸行终字第23号行政裁定书。该案来源于以下网址：http://www.zzdzx.com/info_show.asp?news_id=36100.

同》约定付款并完善相关债务及所涉义务”；同日，原告向被告申请签订《出让合同》。同年7月6日，原、被告签订了编号为0400-2009-0017的《出让合同》。

万隆公司得知原告与被告签订《出让合同》后，以王某、李甲、立达公司和市国土局侵权为由，于2009年9月14日向市中级人民法院提起民事诉讼，该法院经审理于2010年8月25日作出〔2009〕民初字第27号民事判决，判决确认《联合竞买协议》有效；确认60 000万元土地出让金中的50 000万元为万隆公司缴纳；确认市国土局与立达公司签订的《出让合同》无效；判决生效之日起三日内市国土局与万隆公司签订《出让合同》。李甲、立达公司和市国土局不服，向浙江省高级人民法院提起上诉，该法院于2010年12月19日作出〔2010〕浙民终字第77号驳回上诉、维持原判的判决。

在一审民事诉讼中，被告发现联合竞买的事实，认为李甲在参加该宗土地竞买活动时，隐瞒了《联合竞买协议》联合竞买的事实，违反了国土资源部《招标拍卖挂牌出让国有土地使用权规范（试行）》（以下简称《拍卖土地规范》）10.2和《竞买须知》第五条第六项的规定。被告依据国土资源部《招标拍卖挂牌出让国有建设用地使用权规定》（以下简称《拍卖建设用地规定》）第二十五条“中标人、竞得人有下列行为之一的，中标、竞标结果无效；造成损失的，应当依法承担赔偿责任”认定竞标结果无效。

2010年9月21日，被告认为李甲2008年11月5日竞拍土地时隐瞒了联合竞买的事实，以自然人身份竞得，后设立立达公司并为该公司的法定代表人。该公司在2009年7月3日向被告申请行政许可时提供虚假材料，未如实反映真实情况，以欺骗手段取得行政许可。被告依照《行政许可法》第六十九条第二款“被许可人以欺骗、贿赂等不正当手段取得行政许可的，应当予以撤销”之规定，作出市国土资决〔2010〕02号行政决定，决定撤销宗地编号为PM2008103号地块的行政许可，解除与原告签订的《出让合同》。原告不服，向该市人民政府申请行政复议。该市政府经复议于2011年4月12日作出市府复决字〔2011〕6号维持原行政行为的行政复议决定。原告不服，以被告作出的具体行政行为错误为由诉至法院，请求予以撤销。

原告诉称：（1）被告公开出让土地，李甲竞得后，决定通过原告对该建设用地进行开发，原告向被告申请时提供了完整、真实、合法有效的申请许可文件，没有任何欺骗或隐瞒事实的行为。被告对违法事实的认定没有证据证明。（2）被告既允许个人单独竞买也可以联合竞买，被告只要未收到联合竞买的有关文件和手续，就应当认定李甲个人竞得了建设用地，而不应当认为李甲在竞买过程中有隐瞒事实或欺骗的行为。至于李甲竞得后决定由哪个法人主体对建设用地进行开发建设，纯属其在行使竞得人的权利。李甲的申请中所称的“集团公司内部职能调整”只是在对外行文时用的一种冠冕堂皇的修辞，被告抓住这句话而认定存在虚构事实的行为错误。（3）建设用地审批是一种行政管理行为，该行为不应属于行政许可，不应适用《行政许可法》的规定。撤销建设用地审批相当于撤销合同，撤销合同其权力在法院或仲裁机构，不是行政机关的权力。被告撤销许可行为适用法律错误。（4）被告撤销该建设用地的审批无异于一种行政处罚，没有按《行政处罚法》的规定告知当事人有关听证的权利，程序明显失当。被告对原告作出的行政决定错误，请求人民法院依法予以撤销。

被告辩称：(1) 被告公开出让土地，李甲以个人名义竞买并与被告签订了《成交确认书》，隐瞒了李甲与李乙等人签订《联合竞买协议》联合竞买的事实。(2) 万隆公司与立达公司是两个独立公司，没有隶属关系。李甲《关于由立达房地产开发有限公司签订出让合同的申请》中陈述“由于集团公司内部职能调整”属虚构。原告与李甲共同向被告出具的承诺书中称“该宗地已由竞得人缴纳6 000万元”与事实不符。李甲时任原告法定代表人，其提供虚假材料、隐瞒事实从而与被告签订土地使用权出让合同，依法构成欺骗行为。(3) 被告与原告签订《出让合同》后，发现原告的违法行为。依据《行政许可法》第六十九条第二款规定作出的行政决定，是行政机关依法履行职责，适用法律正确。(4)《行政许可法》对撤销行政许可没有规定听证等程序要求，故被告作出行政决定符合法定程序。被告作出的行政行为认定事实清楚、证据确凿，适用法律正确，程序合法，请求人民法院予以维持。

问题归纳

1. 土地出让合同是行政许可中的行政合同吗？
2. 行政合同争议应否作为行政案件受理？

法条链接

一、法律法规

1.《中华人民共和国行政许可法》第二条：本法所称行政许可，是指行政机关根据公民、法人或者其他组织的申请，经依法审查，准予其从事特定活动的行为。

第十二条：下列事项可以设定行政许可：……（三）提供公众服务并且直接关系公共利益的职业、行业，需要确定具备特殊信誉、特殊条件或者特殊技能等资格、资质的事项……

第二十二条：行政许可由具有行政许可权的行政机关在其法定职权范围内实施。

第五十三条第一款：实施本法第十二条第二项所列事项的行政许可的，行政机关应当通过招标、拍卖等公平竞争的方式作出决定。但是，法律、行政法规另有规定的，依照其规定。

第六十九条第二款：被许可人以欺骗、贿赂等不正当手段取得行政许可的，应当予以撤销。

2. 2014年《中华人民共和国行政诉讼法》第二条：公民、法人或者其他组织认为行政机关和行政机关工作人员的行政行为侵犯其合法权益，有权依照本法向人民法院提起诉讼。前款所称行政行为，包括法律、法规、规章授权的组织作出的行政行为。

二、其他

2000年《最高人民法院关于执行〈中华人民共和国行政诉讼法〉若干问题的解释》第一条第一款：公民、法人或者其他组织对具有国家行政职权的机关和组织及其工作人员的行政行为不服，依法提起诉讼的，属于人民法院行政诉讼的受案范围。

法理导析

国有建设用地使用权出让合同(以下简称土地出让合同）的性质，是行政合同还是民事合同？对合同一旦发生争议，是属于行政诉讼受案范围，还是属于民事诉讼受案范围？虽然最高人民法院 2005 年 8 月 1 日发布的《关于审理涉及国有土地使用权合同纠纷案件适用法律问题的解释》和 2011 年 2 月 18 日发布的《民事案件案由规定》均将土地出让合同纠纷确定为民事案件，但是在理论界和实务中至今仍然存在较大争议。对于这个问题，涉及作为民事主体的行政相对人的合法权益如何得到有效保护，作为行政主体的行政机关如何依法管理土地，作为司法机关的人民法院如何正确适用法律等问题。就拿本案而言，既有行政决定，又有民事判决，还有行政判决，可见它的复杂性。

一、土地出让行为是由一系列行为组成的行政许可行为

所谓行政许可，根据《行政许可法》第二条规定，是指行政机关根据公民、法人或者其他组织的申请，经依法审查，准予其从事特定活动的行为。第十二条第（二）项规定，有限自然资源开发利用，可以设定行政许可。我国对土地的出让，采取的是行政许可制。第二十二条规定，行政许可由具有行政许可权的行政机关在其法定职权范围内实施。第五十三条又对第十二条第（二）项作出特别规定，该条第二款规定，行政机关通过招标、拍卖等方式作出行政许可决定的具体程序，依照有关法律、行政法规的规定。根据国土资源部《招标拍卖挂牌出让国有建设用地使用权规定》，在程序上，必须经计划、批准、公告、申请、竞标、签订成交确认书、签订出让合同、付清全部价款、颁发国有建设用地使用权证书等一系列行为所组成。土地出让行政许可，不是针对上述某一个环节而言的，只有行政机关完成最后一个向相对人颁发了国有建设用地使用权证书，才标志着土地出让行政许可行为的完成。当事人认为，竞得后签订了确认书，就标志土地出让行政许可的完成是不正确的。

二、土地出让合同是行政许可中的行政合同

从行政法对行政行为的分类上看，有行政许可行为与行政合同行为之分，但不等于两个行政行为必须是各自独立相互无联系的。根据《行政许可法》的规定，在特殊的行政许可中，包含行政确认、行政决定、行政撤销、行政合同、行政确权等行政行为。针对土地出让合同，它存在于行政许可之中，这是不矛盾的。

所谓行政合同，是指行政主体为了实现公务目的而与行政相对人之间签订的设立、变更或者终止行政法律关系的行政行为。行政合同的特征有三：一是合同的当事人必须有一方是行政主体；二是行政合同必须是直接执行公务的合同；三是超越私法规则的合同。土地出让合同，一方是代表国家的行政机关，是行政机关依法行使土地行政管理职权，是行政机关依照土地管理法、行政许可法等行政法律规范而实施的行为，是不允许行政机关依照民事法律规范自由约定权利义务的。因此，土地出让合同符合行政合同的特征，属于行政合同。将土地出让合同作为民事合同对待是不准确的。

三、行政合同争议应当作为行政案件受理

土地出让合同争议，在理论上和审判实务中，存在一些无法解释的问题。但行政合同争议涉及行政权规范，作为行政案件审理更为合适。从法律上看，一是《行政许可法》第五十三条对招标、拍卖行政许可作出了特别规定，并且该条第四款明确规定："行政机关违反本条规定，不采用招标、拍卖方式，或者违反招标、拍卖程序，损害申请人合法权益的，申请人可以依法申请行政复议或者提起行政诉讼。”签订土地出让合同是招标、拍卖行政许可程序中的一个环节，行政相对人认为行政机关撤销行政许可、解除出让合同损害其合法权益，依照该条规定提起的诉讼，应当是行政诉讼而不是民事诉讼。二是《行政许可法》赋予了行政机关对违法的行政许可享有撤销权，对出让合同的单方解除权。行政机关不能放弃其职责，也没有必要以原告的身份向人民法院提起民事诉讼，请求人民法院撤销行政许可或者确认出让合同无效。三是行政机关所享有的行政职权是法律所赋予的，司法机关应当予以尊重，没有依法通过行政审判，不能予以否定。四是以本案为例，万隆公司以侵权之诉提起民事之诉，诉讼请求中请求人民法院确认市国土局与立达公司签订的土地出让合同无效、判令市国土局与其签订土地出让合同，市国土局作为行政机关，依法享有与谁签订合同的决定权，民事判决确认市国土局与立达公司签订的土地出让合同无效，实为对行政权的否定。两级法院将该案作为行政案件受理并不违反法律的规定。

审理结果

区人民法院经审理认为:李甲竞得土地后申请以万隆公司的名义与被告签订《出让合同》，后又以“集团公司内部职能调整”为由，又申请以立达公司名义与被告签订《出让合同》。而万隆公司与立达公司之间无从属关系，也不共同隶属于某个集团公司。李甲和原告共同向被告作出“承诺书”所称的“该宗地已由竞得人李甲缴纳 6 000 万元”与事实不符。因此原告申请行政许可时，隐瞒了真实情况，被告以此认定原告以欺骗手段取得行政许可，事实清楚、证据充分。被告据此撤销宗地编号为 PM2008103 号地块的行政许可，符合法律规定。被告作出市国土资决〔2010〕02 号行政决定事实清楚、适用法律正确、程序合法，应予维持。一审法院据此依照《中华人民共和国行政诉讼法》（1989 年版）第五十四条第（一）项之规定，于 2011 年 6 月 30 日作出如下判决：维持被告市国土资源局于 2010 年 9 月 21 日作出的市国土资决〔2010〕02 号行政决定。

一审判决后立达公司不服一审判决，提出上诉。二审法院认为原审判决认定事实清楚、程序合法、适用法律适当，维持原判决。

3 因继续实施相同违法行为再次被罚不属重复处罚

——周某不服交警行政处罚案

案情回放①

2007年4月9日早晨6时许，周某驾驶轻型厢式货车在运输途中因载物超过定载质量，被沭阳县公安局交通巡逻警察大队处罚200元；上午10时因驾驶安全设施不全的机动车，被宝应县公安局交通巡逻警察大队处罚200元。同日下午14时许，周某从扬州往镇江方向行驶至扬溧高速57公里处，遇镇江市公安局交通巡逻警察支队沪宁高速公路大队的执勤民警例行检查，再次因超载被罚款2 000元。周某不服，认为镇江市公安局交通巡逻警察支队沪宁高速公路大队的行政处罚违反了“一事不再罚”原则，遂向江苏省镇江市润州区人民法院提起行政诉讼，要求撤销镇江市公安局交通巡逻警察支队沪宁高速公路大队作出的对其罚款2 000元的行政处罚决定。

问题归纳

1. 对“一事不再罚”原则中“一事”应当如何界定？
2. 对“一事不再罚”原则中“不再罚”应当如何界定？

法条链接

1.《中华人民共和国行政处罚法》第二十四条：对当事人的同一个违法行为，不得给予两次以上罚款的行政处罚。

2.《中华人民共和国道路交通安全法》第九十二条：公路客运车辆载客超过额定乘员的，处二百元以上五百元以下罚款；超过额定乘员百分之二十或者违反规定载货的，处五百元以上二千元以下罚款。货运机动车超过核定载质量的，处二百元以上五百元以下罚款；超过核定载质量百分之三十或者违反规定载客的，处五百元以上二千元以下罚款。有前两款行为的，由公安机关交通管理部门扣留机动车至违法状态消除。运输单位的车辆有本条第一款、第二款规定的情形，经处罚不改的，对直接负责的主管人员处二千元以上五千元以下罚款。

---

① 该案例来源于以下网址：http：//www.chinalawedu.com/new/1300 _ 23230 _ _/2009 _ 8 _ 27 _ ji83546629172890021728.shtml.

法理导析

本案争议的焦点主要在于镇江市公安局交通巡逻警察支队沪宁高速公路大队对周某违法超载行为的再次罚款是否违反了“一事不再罚”原则。要正确处理本案，关键在于准确理解和界定“一事不再罚”原则的内涵与外延。

一、对“一事不再罚”原则中“一事”的界定

“一事”是指行为人的同一违法行为或违法事实。同一个违法行为是指行为人在一个特定的时间和空间下，作出的同一个违反行政法律规范的行为。它具有以下特征：(1) 同一个违法行为的实施主体是同一违法行为人；(2) 同一个违法行为是指一个违法事实而非一次违法事件；(3) 同一个违法行为是指该违法行为的整体而非一部分；(4) 同一个违法行为是指一个独立的违法行为而非一类违法行为。

同一个违法行为与同一类违法行为最容易混淆，尤其应当注意区分。同一类违法行为一般是指性质相同或相似的多个违法行为。对同一个违法行为只能处罚一次，但对多个同一类违法行为，原则上可以处罚多次。不过，同一个违法行为与同一类违法行为之间有时也存在相互转化的情形，对处于持续或连续状态的违法行为是界定为同一个违法行为还是同一类违法行为呢？一般应当根据具体情形区别对待。对于处于持续状态或连续状态的违法行为，应根据期间是否被行政机关处罚为依据来进行区别对待：(1) 对于被行政机关处罚前处于持续状态或连续状态的违法行为应当界定为一个独立的违法行为而非同一类违法行为；(2) 对于被行政机关处罚后，行为人不及时纠正而继续实施同一性质违法行为的，应当界定为同一类违法行为而非同一个违法行为。如王某驾驶安全设施不全的机动车从甲地经过乙地、丙地到达丁地，如果其在乙地、丙地没有被交通管理部门处罚，直到丁地才被当地交通管理部门发现并处罚，则其此前处于连续状态的违法行为只能认定为同一个违法行为，给予一个行政处罚。但如果王某在丙地被当地交通管理部门查处并责令其立即纠正，而其没有及时纠正，继续驾驶安全设施不全的机动车到达丁地，其从丙地到达丁地的违法行为与其从甲地到丙地的违法行为则属于同一类违法行为。交通管理部门可以对其在丙地被处罚后继续实施的同一类违法行为重新进行处罚。

二、对“一事不再罚”原则中“不再罚”的界定

“不再罚”主要是指对行政相对人的同一个违法行为不得给予两次以上的处罚。一般情况下，“不再罚”应包括以下两层含义：一是已经被行政机关处罚的同一个行政违法行为不应根据同一法律规定再受处罚，但因屡犯而受到多次处罚的除外；二是同一个应受行政处罚的行为不能由几个行政机关依据同一法律规定而处罚，但对于同一个违法行为触犯不同法律规定的则可予以不同处罚，只不过不能处以两次以上的罚款处罚。

根据我国相关法律法规的规定，下列几种情形不适用“一事不再罚”的原则：(1) 行政机关针对同一个违法行为重新作出的行政处罚决定。(2) 行政处罚的并处。法律规定行政处罚主体可以并处两种处罚的，则不属于重复处罚。(3) 行政处罚的换罚，主要是行政机关对违法行为人的一种处罚由于客观原因而难以实现，可以更换另一强度相当的处罚形式。（4）行政处罚与执行罚的并处等。

三、本案中对行政相对人的再次罚款不属于重复处罚

本案中，周某驾驶货车经沭阳、宝应到镇江的运输途中，一直处于违法超载的持续状态，属于持续性的行政违法行为。其在沭阳县因违法超载被沭阳县公安局交通巡逻警察大队处以罚款 200 元后，本应及时纠正违法行为、消除超载违法状态，但其并未及时改正，仍然驾驶严重超载的车辆继续行使到镇江，其继续超载行使的行为已经构成了一个新的违法行为，且系与沭阳县公安局交通巡逻警察大队处罚的行政违法行为性质相同的同一类违法行为，交通管理部门对这个新的同一类违法行为可以再行处罚。镇江市公安局交通巡逻警察支队沪宁高速公路大队将周某在因违法超载行为被沭阳县公安局交通巡逻警察大队行政处罚后继续实施的同一类违法行为作为一个新的违法行为予以罚款处罚，不属于对同一个违法行为的重复处罚，并未违反“一事不再罚”的规定。司法实务中，将行政相对人被行政处罚后继续实施的同一性质的违法行为界定为同一类违法行为，并作为一个新的违法行为进行处罚，可以有效防止行政相对人在受到一次行政处罚后，便以“一事不再罚”原则为借口，凭此次处罚为挡箭牌而继续实施同样的违法行为。

审理结果

镇江市润州区法院审理后认为，周某因违法超载被沭阳县公安局交通巡逻警察大队处罚后，继续超载行驶，直至被镇江市公安局交通巡逻警察支队沪宁高速公路大队执勤民警查处，属于在不同的时间、不同的行为地实施的违法超载行为，视为其又实施了新的违法行为。镇江市公安局交通巡逻警察支队沪宁高速公路大队对其上述新的违法超载行为进行处罚，不属于对同一违法行为给予两次罚款的行政处罚。据此，一审法院判决：维持镇江市公安局交通巡逻警察支队沪宁高速公路大队对周某作出罚款 2 000 元的公安行政处罚决定。

周某不服一审判决，上诉至江苏省镇江市中级人民法院。二审法院审理后依法作出“驳回上诉，维持原判”的终审判决。

4 高校的招生行为是否属于可诉行政行为

——林某诉某高校博士生招录案

案情回放①

2005 年 3 月，原告林某报名参加被告某高校 2005 年国际法学专业博士生入学考试，报考导师为该高校法学院廖教授。经初试，原告的英语、国际公法和国际经济法的初试成绩分别为 78、73 和 69 分，总分为 220 分。原告的初试单科成绩和总分成绩均超过被告划定的复试分数线。同年 5 月，原告参加了该高校法学院组织的复试，复试成绩为 70.8 分。原告在报考廖教授的学生中总成绩排名第三，在报考国际法专业国际经济法研究方向的 19 位参加复试的考生中最终成绩排名为最后一名，在进入复试的 25 位国际法专业考生中的最终成绩排名也是最后一名。

2005 年 5 月 24 日，该高校法学院网站公布了拟录取名单，廖教授名下录取的人分别为黄××、付××和丁××，原告未在名单之内。2005 年 6 月 6 日，原告为此分别向该高校法学院和招生办公室提出异议。2005 年 6 月 10 日，该高校研究生院对原告所提录取名单的异议作出书面答复，说明因名额所限，无法录取原告，并希望原告理解。

2005 年 6 月 20 日，被告在其网页上对公布的“2005 年某大学博士研究生国际法学专业拟录取名单”作出调整，将考生丁××的导师调整为其原报考时所填报的导师曾教授，并注明“最终录取结果以教育部审核通过名单为准”。2005 年 6 月 22 日，该高校法学院向该高校招生办公室递交了关于调整 2005 年博士生考生丁××的博士生导师的申请报告。同日，该高校招生办公室同意了法学院的意见，考生丁××仍由曾教授招收，并由古教授协助指导。原告认为被告在上述招生过程中存在违法行为，遂向区人民法院提起行政诉讼。

另：该高校法学院于 2005 年 3 月 25 日向参加复试的 25 位国际法专业的考生发出了《某高校法学院 2005 年国际法学专业博士生录取的指导教师及专业方向调剂办法》，并附上空白的调剂申请表。该《调剂办法》规定：“本年度国际法学专业将分指导教师招收博士生，由各指导教师从报考自己的考生中按总成绩（初试和复试成绩的综合）从高到低录取。一个指导教师的招生指标录满后，仍有上线考生未能录取的，可由考生自愿申请调剂到其他指导教师的专业方向；如其他指导教师尚有招生指标，并愿意接受调剂的，也可予以录取。”原告填写了申请调剂的指导教师姓名和专业方向。

---

① 该案例来源于以下网址：http://law.china.cn/features/2010-01/26/content_3359316.htm.

2005 年 6 月 4 日，该高校招生办公室经过研究讨论作出批复，同意包括曾教授在内的 2005 年博士生导师招生数超过三人的名单，同意曾教授招收 4 名博士生，理由为“考生成绩突出，业务素质好，曾教授承担课题也较多”。

原告诉称：其报名参加某高校 2005 年国际经济法方向博士生入学考试，所报导师为该高校法学院廖教授。原告于 2005 年 3 月经过初试，成绩为国际法 73、国际经济法 69、英语 78，总分为 220，并进入了复试。经过复试，原告复试成绩为 70.8，最终成绩（初试+复试）在报考廖教授的学生中总成绩排名第三。2005 年 5 月 24 日，该高校法学院网站公布了录取名单，却无原告的名字，前两位是总成绩排名第一、第二的学生，第三位是报考曾教授的丁××。根据《某高校 2005 年博士研究生复试录取工作意见》规定的精神，每位博导招生数不超过三名，原告初试和复试的成绩均符合规定的要求，原告应当被录取为廖教授名下的位列第三的博士研究生，而非被曾教授名下成绩排第五的丁××替代。被告的行为，实际上剥夺了原告被录取为博士生的资格，侵犯原告的合法权益。原告认为，被告针对原告作出的招生行为和之后的一系列做法不具有合法性，其在招生过程中存在暗箱操作、滥用权力的违法行为，具体事实与理由如下：（1）违法挂靠。古教授是该高校法学院老师，并无博士生导师资格，其挂靠廖教授招收博士研究生，导致廖教授少了一个指标，只有两个指标，就只录取了前面两名，没能录取原告，该行为规避了国务院学位委员会《关于选聘博士生指导教师工作的几点原则意见》规定的选聘博导的基本原则、基本程序以及博导的基本条件。（2）违反行政程序公开的原则与规定，暗箱运作一个名额。复试之前，每位考生可以领到一份《某高校法学院 2005 年国际法学专业博士生录取指导教师及专业方向调剂办法》及调剂申请表。根据这份材料，考生通过填写调剂表，在考生上线多的导师与考生上线少的导师间调剂。但是，法学院没有告知在调剂表上可以填上古教授的名字，只有丁××知道，对其他考生无公平可言。（3）被告滥用招生行政权，庇护法学院违法及暗箱操作后的录取结果，维持一种非法状态。在原告提出质疑后，被告就招生名单作了调整，将廖教授的招生指标减为两名，曾教授增加到四名，利用自己掌握的行政审批手段，把不符合录取规则录取丁 ××的行为表面合法化，封堵原告的质疑，被告的行为明显属于滥用职权。

请求法院：（1）撤销被告作出的 2005 年国际经济法方向博士生录取名单；（2）判令被告按公布确定的录取规则录取原告。

被告辩称：原告是另一所高校法学院的硕士研究生，报考了被告 2005 年的博士研究生，并于 2005 年 3 月 19 日和 20 日分别通过了英语、国际公法和国际经济法的初试，成绩分别为 78、73 和 69 分，总分为 220 分。根据被告 2005 年划定的复试分数线，该生初试成绩合格。同年 5 月 11 日和 12 日，原告参加了本校法学院组织的复试，复试成绩为 70.8 分。根据复试排名情况，因原告初试和复试总成绩排名本专业最后一名，故被告决定对原告不予录取。原告要求撤销由专家考核小组确定的 2005 年国际法专业博士生录取名单没有依据，要求录取原告的诉讼请求也缺乏足够的证据支持。事实与理由如下：（1）被告博士研究生的复试录取在程序上是公正的。被告于 2005 年先后下发了《关于做好某高校 2005 年博士研究生入学考试复试工作的通知》和《某高校 2005 年博士研究生复试录取工作意见》，对于各学院博士研究生招生工作提出了具体的要求。原告不仅在报考本校国际法专业国际经济法研究方向的19位参加复试的考生中最终成绩排名为最后一名，而且在报考国际法专业4个研究方向25位参加复试的考生中，他的最终成绩也是最末一名。故原告不但不能录取为其原先填报的导师廖教授指导下的国际法专业博士生，而且也不能被调剂录取为其他导师指导下的国际法专业博士生，这是学校“择优录取”的录取原则的具体体现。（2）原告认为《某高校法学院2005年国际法学专业博士生录取的指导教师及专业方向调剂办法》（以下简称《调剂办法》）是法学院公布的2005年博士生招生的录取规则，这是错误的。《调剂办法》只是法学院就国际法专业博士点考生调剂录取的具体实施办法，并非脱离学校规定的博士生复试录取规则而另行制定的复试录取规则。法学院向参加复试的25位国际法专业的考生发出《调剂办法》，并附上空白的调剂申请表，目的就是征求25位考生的调剂意愿，而调剂申请表允许考生填报三个调剂志愿，就是为了贯彻择优录取的原则，尽可能保证最终成绩排名位序在前的考生能够优先于排名位序在后的考生被录取。该《调剂办法》中所述的由“各指导教师从报考自己的考生中按总成绩（初试和复试成绩的综合）从高到低录取”一语，并非只限指原先报考时填报了某个导师的考生，还应该包括在征求考生调剂意愿时可能在调剂申请表中填报了该导师的其他考生。因此，丁××的录取并不存在挤占廖教授名额的问题，而是符合择优选拔原则的。（3）原告认为被告暗箱操作一个名额和古教授违法挂靠，存在程序违法问题，这一结论也存在误解。古教授不是博士生导师，不能以自己的名义招收博士研究生，其只是参与协助其他博士生导师指导博士生的国际法专业教授。在2005年学校和法学院的招生专业目录导师名单中也没有古教授的名字，因此法学院不能也不会告知考生在调剂申请表中可以填报古教授，同样也不存在某个导师让一个招生指标给古教授来录取考生丁××的情况。法学院原同意以廖教授名义招收、实际却由古教授指导丁××的做法，学校招生办认为不妥，因此，学校招生办要求法学院改正。法学院向招生办提出了改正意见，因曾教授有较多的科研项目且无行政职务，丁××就由曾教授录取，再由古教授协助指导，招生办也批复同意曾教授2005年可以带4名博士生。综上所述，被告对原告作出不予录取为博士生的决定是合法的，请求法院依法驳回原告的全部诉讼请求。

问题归纳

1. 博士生招生录取行为是可诉行政行为吗？
2. 被告不予录取原告是否合法？

法条链接

1.《中华人民共和国教育法》第十五条第一款：国务院教育行政部门主管全国教育工作，统筹规划、协调管理全国的教育事业。

第二十八条第（三）项规定，学校及其他教育机构行使招收学生或者其他受教育者的权力。

2.《中华人民共和国高等教育法》第十九条第三款：硕士研究生毕业或者具有同等学力的，经考试合格，由实施相应学历教育的高等学校或者经批准承担研究生教育任务的科学研究机构录取，取得博士研究生入学资格。

法理导析

一、博士生招生录取行为是可诉行政行为

博士生招生录取行为的可诉性问题，一审法院在判决理由中作了大篇幅论证。这一方面是由于实务中对高校招生行为是否纳入司法审查范围，认识不一，一审法院认为有必要对该问题详加阐述，以应对同行的质疑。另一方面，也是为梳理博士生招录过程中各种法律关系所需。因为，教育部、招生管理部门和招生单位在博士生招录工作中各司其职，孰为适格被告，须结合原告诉求及其对应的法律关系而定。一审判决理由对该问题论证较详尽，在此不赘述。总之，考生与博士招生单位之间形成了公法上关系，可以通过行政诉讼解决争议。

二、被告不予录取原告是否合法

本案中，双方当事人对该问题的争执点集中在如何理解《某高校法学院 2005 年国际法学专业博士生录取的指导教师及专业方向调剂办法》。

择优录取是招生的一项基本原则，对于如何择优录取有两种取向。一是专业取向，即按照报考同一专业方向的考生成绩高低顺序依次录取。该模式更注重程序，导师自主权相对小些，“优”的标准主要是分数。二是导师取向，即由导师在上线考生中择优录取。该模式下，导师自主权大，且是学者认为应采取的做法，“优”的标准不限于分数，还有考生的实际研究能力和培养前途。事实上，实践中多为两种取向的混合。为确保招生的合理性，往往采取两次双向选择，即报考时双向选择和调剂时双向选择，从而避免热门方向扎堆报考、冷门方向无人问津。同时，导师有选择优秀考生的权力，优秀考生亦有获得录取的机会。无论采取哪种取向，法院都不得干涉，这是学校的招生自主权。但是，对学校是否按照规则进行招录，对相关规则的理解出现分歧如何评判，则属于司法审查范畴。

本案中，从该高校法学院国际法专业的录取规则看，更偏向于专业取向，“优”的标准除分数外，似无其他标准。本案的关键事实是，原告在报考廖教授的学生中总成绩排名第三，在报考国际法专业国际经济法研究方向的 19 位参加复试的考生中最终成绩排名为最后一名，在进入复试的 25 位国际法专业考生中的最终成绩排名也是最后一名。《调剂办法》是法学院制定的，目的是为了贯彻择优录取的原则，尽可能保证最终成绩排名位序在前的考生能够优先于排名位序在后的考生被录取，对该《调剂办法》的理解不能违背《某高校 2005 年博士研究生复试录取工作意见》规定的择优录取、从高到低的招生录取原则。被告未录取原告为博士研究生的行为，并未违背招收博士研究生所确定的基本原则。原告的理解虽对其有利，但并不符合被告的招生录取原则（即在分数上未达到“优”的标准），当然得不到法院的支持。此外，公平、公正原则也在法院的考量中。常理上，如果原告仅仅是由于在报考廖教授的学生中总成绩排名第三而被录取，那么对于其他未被录取但成绩明显高于原告的考生而言，则明显不公平、不公正。公平、公正原则对所有考生适用，原告在考博中是和其他考生共同竞争的。法院在审查高校招生行为时，应当考虑具体规则的执行效果对其他考生是否也公平、公正，才能真正做到定纷止争。

本案的最大价值是在实务中将公立高等学校博士生招生录取行为纳入司法审查范围。一旦高等学校意识到其招生行为也要接受司法审查，那么在招生过程中就会更加注意完善录取规则、规范录取程序，相应地，招考争议也就会减少。当然，法院在行政审判中，也要注意把握司法审查和大学自治的关系，避免不当干预大学自主权。

审理结果

区人民法院经审理认为,本案中由于原告的实际成绩排名是最后一名这一事实的存在，故其未被被告录取。被告不予录取原告的行为，并未违反被告公布的公平、公正、公开和择优录取的原则，本案的实际录取情况也完全是严格按照各个考生最终成绩排名顺序，被告的行为符合择优录取相关规定的要求和公平、公正原则。原告请求撤销被告作出的2005年国际经济法方向博士生录取名单并非本案审查范围，原告要求判令被告按公布确定的录取规则录取原告，实际上是不服被告作出不予录取行为提起的诉讼。因被告对原告作出不予录取为博士生的行政行为并不违法，故原告的诉求本院不予支持。据此，判决驳回原告林某的诉讼请求。

一审宣判后，林某不服，向市中级人民法院提起上诉。市中级人民法院经审理认为，一审判决认定事实清楚、适用法律正确、程序合法，判决驳回上诉，维持原判。

5 行政许可、行政处罚的设定权和规定权

——盐业进出口有限公司诉某市盐务管理局盐业行政处罚案

案情回放[①]

原告某盐业进出口有限公司诉称：被告某市盐务管理局根据《某省〈盐业管理条例〉实施办法》（简称《省盐业实施办法》）的规定，认定该公司未经批准购买、运输工业盐违法，并对公司作出行政处罚，其具体行政行为执法主体错误、适用法律错误。某市盐务局无权管理工业盐，也无相应执法权。根据原国家计委、原国家经贸委《关于改进工业盐供销和价格管理办法的通知》等规定，国家取消了工业盐准运证和准运章制度，工业盐也不属于国家限制买卖的物品。

《某省盐业实施办法》的相关规定与上述规定精神不符，不仅违反了国务院《关于

① 该案系最高人民法院2012年4月9日发布的“指导案例”，来源于以下网址：http：//www.law-lib.com/law/law_ view.asp？id=381082.

禁止在市场经济活动中实行地区封锁的规定》，而且违反了《中华人民共和国行政许可法》（简称《行政许可法》）和《中华人民共和国行政处罚法》（简称《行政处罚法》）的规定，属于违反上位法设定行政许可和处罚，故请求法院判决撤销市盐务局作出的盐政一般〔2009〕第001-B号处罚决定。

被告某市盐务局辩称：根据国务院《盐业管理条例》第四条和《省盐业实施办法》第四条的规定，市盐务局有作出盐务行政处罚的相应职权。《省盐业实施办法》是根据《盐业管理条例》的授权制定的，属于法规授权制定，整体合法有效。市盐务局根据《省盐业实施办法》设立准运证制度的规定作出行政处罚并无不当。

《行政许可法》《行政处罚法》均在《省盐业实施办法》之后实施，根据《中华人民共和国立法法》（简称《立法法》）法不溯及既往的规定，《省盐业实施办法》仍然应当适用。

该公司未经省盐业公司或盐业行政主管部门批准而购买工业盐的行为，违反了《盐业管理条例》的相关规定，市盐务局作出的处罚决定，认定事实清楚，证据确凿，适用法规、规范性文件正确，程序合法，请求法院驳回原告公司的诉讼请求。

法院经审理查明：2007年11月12日，原告公司从江西等地购进360吨工业盐。市盐务局认为该公司进行工业盐购销和运输时，应当按照《省盐业实施办法》的规定办理工业盐准运证，该公司未办理工业盐准运证即从省外购进工业盐涉嫌违法。

2009年2月26日，市盐务局经听证、集体讨论后认为，原告公司未经省盐业公司调拨或盐业行政主管部门批准从省外购进盐产品的行为，违反了《盐业管理条例》第二十条、《省盐业实施办法》第二十三条、第三十二条第（二）项的规定，并根据《省盐业实施办法》第四十二条的规定，对原告公司作出了盐政一般〔2009〕第001-B号处罚决定书，决定没收原告公司违法购进的精制工业盐121.7吨、粉盐93.1吨，并处罚款122 363元。

原告公司不服该决定，于2月27日向市人民政府申请行政复议。市人民政府于4月24日作出了〔2009〕行复第8号复议决定书，维持了市盐务局作出的处罚决定。

问题归纳

1. 行政许可应如何设定？
2. 行政处罚应如何设定？
3. 法律冲突时人民法院在行政审判中应当如何适用？

法条链接

1.《中华人民共和国行政许可法》第十五条第一款：本法第十二条所列事项，尚未制定法律、行政法规的，地方性法规可以设定行政许可；尚未制定法律、行政法规和地方性法规的，因行政管理的需要，确需立即实施行政许可的，省、自治区、直辖市人民政府规章可以设定临时性的行政许可。临时性的行政许可实施满一年需要继续实施的，应当提请本级人民代表大会及其常务委员会制定地方性法规。

第十六条：行政法规可以在法律设定的行政许可事项范围内，对实施该行政许可作出具体规定。地方性法规可以在法律、行政法规设定的行政许可事项范围内，对实施该行政许可作出具体规定。规章可以在上位法设定的行政许可事项范围内，对实施该行政许可作出具体规定。法规、规章对实施上位法设定的行政许可作出的具体规定，不得增设行政许可；对行政许可条件作出的具体规定，不得增设违反上位法的其他条件。

2.《中华人民共和国行政处罚法》第十三条：省、自治区、直辖市人民政府和省、自治区人民政府所在地的市人民政府以及经国务院批准的较大的市人民政府制定的规章可以在法律、法规规定的给予行政处罚的行为、种类和幅度的范围内作出具体规定。尚未制定法律、法规的，前款规定的人民政府制定的规章对违反行政管理秩序的行为，可以设定警告或者一定数量罚款的行政处罚。罚款的限额由省、自治区、直辖市人民代表大会常务委员会规定。

3. 1989年《中华人民共和国行政诉讼法》第五十三条第一款：人民法院审理行政案件，参照国务院部、委根据法律和国务院的行政法规、决定、命令制定、发布的规章以及省、自治区、直辖市和省、自治区的人民政府所在地的市和经国务院批准的较大的市的人民政府根据法律和国务院的行政法规制定、发布的规章。

（2014年《中华人民共和国行政诉讼法》第六十三条：人民法院审理行政案件，以法律和行政法规、地方性法规为依据。地方性法规适用于本行政区域内发生的行政案件。人民法院审理民族自治地方的行政案件，并以该民族自治地方的自治条例和单行条例为依据。人民法院审理行政案件，参照规章。）

4. 2000年《中华人民共和国立法法》第七十九条：法律的效力高于行政法规、地方性法规、规章。行政法规的效力高于地方性法规、规章。

2015年《中华人民共和国立法法》第八十七条：宪法具有最高的法律效力，一切法律、行政法规、地方性法规、自治条例和单行条例、规章都不得同宪法相抵触。

法理导析

1. 根据《行政许可法》第十五条第一款、第十六条第三款的规定，在已经制定法律、行政法规的情况下，地方政府规章只能在法律、行政法规设定的行政许可事项范围内对实施该行政许可作出具体规定，不能设定新的行政许可。盐业管理的法律及《盐业管理条例》没有设定工业盐准运证这一行政许可，地方性法规或者地方政府规章不能设定工业盐准运证这一新的行政许可。

2. 根据《行政处罚法》第十三条的规定，在已经制定行政法规的情况下，地方政府规章只能在行政法规规定的给予行政处罚的行为、种类和幅度内作出具体规定，《盐业管理条例》对盐业公司之外的其他企业经营盐的批发业务没有设定行政处罚，地方政府规章不能对该行为设定行政处罚。

3. 地方政府规章违反法律规定设定许可、处罚的，人民法院在行政审判中不予适用。人民法院审理行政案件，依据法律、行政法规、地方性法规，参照规章。市盐务局在依职权对原告公司作出行政处罚时，虽然适用了《省盐业实施办法》，但是未遵循2000年《立法法》第七十九条关于法律效力等级的规定，未依照《行政许可法》和《行政处罚法》的相关规定，属于适用法律错误，依法应予撤销。

审理结果

区法院生效裁判认为：市盐务局系市人民政府盐业行政主管部门，有权对该市范围内包括工业盐在内的盐业经营活动进行行政管理，具有合法执法主体资格。市盐务局对盐业违法案件进行查处时，应适用合法有效的法律规范。市盐务局的具体行政行为涉及行政许可、行政处罚，应依照《行政许可法》《行政处罚法》的规定实施。市盐务局有关法不溯及既往的抗辩理由不成立。盐务局在依职权对原告公司作出行政处罚时，虽然适用了《省盐业实施办法》，但是未遵循《立法法》第七十九条关于法律效力等级的规定，未依照《行政许可法》和《行政处罚法》的相关规定，属于适用法律错误，依法应予撤销。据此，判决撤销某市盐务局（某）盐政一般〔2009〕第001-B号处罚决定书。

6 公开政府信息是否应收费

——张某诉市工商行政管理局信息公开行政收费案

案情回放[①]

原告张某于2011年10月17日到被告某市工商行政管理局查询企业登记资料，并打印了一张登记资料，被告收取了原告检索费5元及复制费0.3元，共5.3元。原告认为被告的收费没有依据，于2011年10月31日向本院提起诉讼，要求确认被告的收费行为违法，并责令被告退回收取原告申请政府信息公开的检索费5元、复制费0.3元，共5.3元。另外二审查明，市工商行政管理局在其网站“某某信息网”上“政府信息公开目录-其他-网办业务查询”栏目中，列明了“信息查询”项目属于主动公开的范围，该信息内容描述则提供了查询企业基本登记信息的网页链接。

问题归纳

依申请公开政府信息的信息检索费和复制费是否合法？

法条链接

一、法律法规

《中华人民共和国政府信息公开条例》第二十七条第一款：行政机关依申请提供政府信息，除可以收取检索、复制、邮寄等成本费用外，不得收取其他费用。行政机关不

① 该案例来源于以下网址：http：//www.lawov.com/bencandy.php？aid=35001&fid=233952.

得通过其他组织、个人以有偿服务方式提供政府信息。

二、其他

《国家发展改革委、国家财政部关于行政机关依申请提供政府公开信息收费标准及有关问题的通知》（发改价格〔2008〕1828号）第一条：行政机关通过政府公报、政府网站、新闻发布会以及报刊、广播、电视等形式主动提供政府公开信息，一律不得收取任何费用。行政机关依公民、法人或者其他组织的书面申请提供本机关主动公开信息范围以外的政府公开信息，可以向申请人收取检索费、复制费、邮寄费，具体收费标准由所在地省、自治区、直辖市价格主管部门会同财政部门按照补偿成本原则制定并向社会公示……

法理导析

一、依申请公开政府信息的信息检索费和复制费是否合法？

行政机关主动向公民公开的政府信息，公民可以通过相应的途径予以获取。不属于行政机关主动公开的政府信息，公民可以向制作或保存该信息的行政机关申请获取，当然，公开义务机关可以向公开权利人收取公开该信息所花费的成本费用。上述案例中张某向市工商行政管理局申请公开企业登记资料信息，市工商行政管理局是否应当收取张某的信息检索费、复制费？在案件的处理过程中，存在不同的观点。

在案件二审处理过程中，一种观点认为，本案中市工商行政管理局收取张某依申请公开政府信息的信息检索费和复制费合法。其理由在于：（1）本案中市工商行政管理局对于张某申请公开的政府信息已经在其网站上列明属于主动公开的范围，且张某申请公开的政府信息在市工商行政管理局的网站上可以通过自行检索的途径予以获取，即本案中张某申请公开的政府信息应属于市工商行政管理局主动公开的政府信息，依法市工商行政管理局不应当向张某收取获取信息的费用。但对于行政机关主动公开的政府信息，如果公民仍采取依申请的方式要求行政机关公开，且行政机关亦作出了相应的答复，花费了一定的管理成本，则行政机关可以向申请人收取相应的费用。（2）本案中市工商行政管理局收取张某获取政府信息的费用的时间点正位于物价部门和财政部门制定的新旧收费标准实施的空档期，即旧的收费标准适用期限已届满，新的收费标准尚未制定。但行政机关的管理行为有连续性的特征，部分情况下虽然相关的法律法规或文件政策尚未进行及时的修订或颁布，但行政机关的行政管理不可以中断，行政机关只能依据旧有的规定继续实施管理。如果本案中苛求市工商行政管理局向张某收取政府信息公开费用的收费标准，可能影响行政机关管理的连续性。因此，本案中市工商行政管理局依据旧收费标准收取上诉人的信息检索费和复制费并无不当。

第二种意见认为，本案中市工商行政管理局收取张某依申请公开政府信息的信息检索费和复制费违法。其理由在于：（1）市工商行政管理局已经在其网站上列举了张某申请公开的政府信息属于其主动公开的范围。依据国家发展改革委、国家财政部《关于行政机关依申请提供政府公开信息收费标准及有关问题的通知》的规定，对于行政机关主动公开的政府信息，不得向申请人收取任何费用。因此本案中市工商行政管理局收取张某的信息检索费和复制费法律依据不充分。（2）市工商行政管理局收取张某获取政府信息的费用时，旧的收费标准适用期限已届满，根据“法无明文规定不行政”的原则，既然市工商行政管理局没有可适用的收费依据，就不应当收取张某的获取政府信息的费用。

案件的最后处理采纳了第二种意见。在第二种意见中对于新旧收费标准的问题则未作为判决理由，因为在审查市工商行政管理局行政收费的职权时，已经从市工商行政管理局是否可以收费的层面对其行政行为予以了否定，则对于收费标准依据问题不再赘述。

二、本案处理中所遵循的行政法原则

政府信息公开制度的实施，使公民对行政机关是否依法行政的民主监督权落到了实处。如何依法保障公民切实享有该项重要的民主权利，应当贯彻坚持行政法基本原则。

上述案例中，合议庭的最后处理其实暗合了两个行政法上的原则：

（一）信赖保护原则

信赖保护原则从行政主体一方来讲就是诚信行政。诚信行政要求行政机关在实施行政管理过程中，对行政相对人作出的承诺应当如约兑现，不能够朝令夕改、恣意行政。政府信息公开方式分为行政机关主动公开和公民依申请公开两种途径，虽然《中华人民共和国政府信息公开条例》对于政府信息是否属于主动公开的范围作了列举式的规定，但仍存在列举不全的情形。在法规的具体实施过程中，针对具体的政府信息是否属于应主动公开的范围，行政机关仍享有相当的自由裁量权，但行政机关一旦对相关政府信息承诺属于主动公开的范围，就应当讲求诚实信用，遵守自己的承诺。不可以在日常管理过程中将相关信息列为主动公开的范围，又在公民申请公开相关信息时按照依申请公开的流程收取信息检索费和复制费。行政机关违背诚信原则的行为，既损害了公民对行政行为的合理信赖，又影响了政府依法行政的形象。

（二）合法行政原则

行政法属于公法，公法领域和私法领域赋予权利人权利的方式是不同的。私法领域的权利主体是公民，公民享有权利的原则是法律没有禁止的，即为公民享有的权利。行政法领域的权利主体是行政机关，行政机关享有权利（其实即权力）的原则是法律没有规定的权利（权力），行政机关不得行使。上述案例中市工商行政管理局收取张某信息检索费和复制费，其职权依据在于《中华人民共和国政府信息公开条例》《国家发展改革委、财政部关于行政机关依申请提供政府公开信息收费标准及有关问题的通知》《关于我省行政机关依申请提供政府公开信息收费标准及有关问题的通知》三份材料中有关收费的规定。但其中《关于我省行政机关依申请提供政府公开信息收费标准及有关问题的通知》在市工商行政管理局收取张某信息检索费和复制费时，该文件适用期限已经届满，市工商行政管理局不能够再适用该文件作出涉案收费行为。在确定新收费标准的文件生效之前，市工商行政管理局继续收取信息检索费和复制费缺乏职权依据。市工商行政管理局作出的违法收费行为，亦不可适用新的收费标准作为其职权依据，因为根据法不溯及既往的原则，除非有法定的例外情形，新法不适用于其生效前的行为。

审理结果

二审审理认为，上诉人张某向被上诉人市工商行政管理局申请公开企业登记资料，被上诉人收取了上诉人依申请提供政府公开信息检索费和复制费共5.3元。但依据被上诉人在其网站上列举的主动公开的政府信息目录，查询企业基本登记信息属于其主动公开的信息范围。依据上述规定，被上诉人主动提供的政府公开信息，不得收取任何费用。被上诉人在本案中对于其主动公开的政府信息，又收取上诉人依申请提供政府公开信息检索费和复制费不当，应当予以退还。上诉人诉讼请求确认被上诉人收取其上述费用违法，并要求退还已收取的5.3元理由充分，一审法院判决驳回其诉讼请求认定事实不清，适用法律错误，依法予以撤销。综上所述，被上诉人收取上诉人的依申请提供政府公开信息检索费、复制费缺乏法律依据，确认其涉案收费行为违法，被上诉人应当退还上诉人5.3元。一审判决驳回上诉人的诉讼请求错误，予以撤销。上诉人的上诉请求成立，予以支持。

7 行政机关的招商引资奖励允诺可构成法定职责之依据

——张某、裘某诉市人民政府不履行招商引资奖励法定职责案

案情回放[①]

2002年1月，被告某市政府发布政发〔2002〕6号《某市人民政府关于对市区外（内）商投资项目引荐者实行奖励的规定通知》（简称政发〔2002〕6号文件）载明，对直接介绍外（内）商投资者来市区投资的境内外机构、单位和有关个人，按外（内）商投资项目实际到位金额的3‰给予奖励。同时在办理程序中规定，凡自行申报奖励的部门、单位和个人，必须提供介绍引进的投资企业批准书、营业执照、验资报告和税务登记等证书复印件。2002年2月，原告张某、裘某获悉甬金高速公路某段建设工程招商引资信息后，引荐了茂盛企业发展（集团）有限公司（简称茂盛公司），并由后者与交通公司签订合资建设协议书，明确项目公司的注册资本金为9.59亿元人民币，首期1.5亿元人民币，其中甲方（交通公司）出资额4 500万元，乙方（茂盛公司）出资额为10 500万元人民币。注册资金在市政府对本协议批准及项目公司名称预审批准后，10个工作日内到位，其余注册资本在工程建设期内分三期投资到位。

2002年6月25日，第三人交通公司与茂盛公司共同出资组建的甬金高速公路建设发展有限公司（简称甬金高速项目公司）成立。公司章程对合作协议的内容作了进一步确认。

---

① 参见浙江省指导案例2010年第4期。该案来源于以下网址：http：//www.pkulaw.cn/Case/pfnl_117956877.html？match=Exact.

2002 年 7 月 11 日，市政府以绍政发〔2002〕43 号文件形式向市交通局作出批复同意协议文本。

2002 年 12 月 10 日，交通公司增资 4 500 万元，茂盛公司增资 10 500 万元，两者持股比例为 3∶7。

2004 年 3 月 31 日，两原告申请市外（内）资项目引荐奖，并提供了其作为引荐人及引资的有关证明，申请表载明本次申请奖励的实到外资额 21 000 万元，申请奖励额 3‰计 630 000 元。原告在申请表上签名，市交通局作“同意推荐”并盖章。后市经济贸易委员会因故未予核定。为此，原告一直向有关部门反映情况，未果。2008 年原告提起民事诉讼，要求第三人支付报酬 581.7 万元及支付违约金。市中级人民法院裁定驳回原告起诉，原告不服提起上诉，省高级人民法院以政发〔2002〕6 号文件系政府为招商引资、履行其行政职责而作出的行政允诺行为、应通过行政诉讼解决为由于 2009 年 3 月 5 日作出驳回上诉、维持原裁定的终审裁定。原告遂提起行政诉讼，要求被告支付招商引资奖金 581.7 万元及逾期付款违约金。同时查明：

2005 年 10 月 27 日至 12 月 28 日，茂盛公司与交通公司持有的股权因转让发生了一系列变化，其中茂盛公司将其中 70% 的股份转让给茂盛投资有限公司。另查明：2003 至 2006 年间，甬金高速项目公司分别向有关银行借款 17.4 亿元、1.363 亿、10 亿元人民币，合计人民币 28.763 亿元。

原告张某、裘某诉称：被告市人民政府发布政发〔2002〕6 号文件，是为自己设定公法义务的行政允诺行为。现原告引荐茂盛公司投资建设该项目（总投资额为 27.7 亿元）并已完工，被告本应按绍政发〔2002〕6 号文件规定，即以 27.7 亿元为基数（其引荐的茂盛公司所占比例为 70%）支付原告招商引资资金，但至今未给，其行为侵犯了原告的合法权利。请求：判决被告按政发〔2002〕6 号文件规定支付原告招商引资奖金 581.7 万元（27.7×70%×3‰）及从 2005 年 12 月 28 日通车之日起至付清日止每日万分之二点四的逾期付款违约金，并承担本案诉讼费。

被告市人民政府答辩称：（1）未能招商引资奖励的原因是由于其自行认定的引荐项目的到位金额与实际到位金额不一致，故所属相关行政部门不予审核确认。（2）两原告的引荐工作在其所引荐的项目经被告批准同意后即告完成，其后甬金高速项目公司的注册资本与投资额的增加与减少均由其公司依法决定，与两原告无关。（3）原告在其奖励申请遭拒绝后至 2009 年提起本案诉讼，按照《行诉法若干解释》第三十九条第一款及第四十一条第一款之规定，已经超过法定期限。请求驳回两原告的起诉。

第三人市交通局、市经贸局、市财政局均称同意被告答辩意见。

问题归纳

1. 行政机关的招商引资奖励允诺是否可诉？
2. 行政奖励如何具体实施？
3. 行政诉讼起诉期限如何起算？

法条链接

一、法律法规

2014年《中华人民共和国行政诉讼法》第二条第一款：公民、法人或者其他组织认为行政机关和行政机关工作人员的行政行为侵犯其合法权益，有权依照本法向人民法院提起诉讼。

第四十六条：公民、法人或者其他组织直接向人民法院提起诉讼的，应当自知道或者应当知道作出行政行为之日起六个月内提出。法律另有规定的除外。因不动产提起诉讼的案件自行政行为作出之日起超过二十年，其他案件自行政行为作出之日起超过五年提起诉讼的，人民法院不予受理。

二、其他

《最高人民法院关于执行〈中华人民共和国行政诉讼法〉若干问题的解释》第一条第一款：公民、法人或者其他组织对具有国家行政职权的机关和组织及其工作人员的行政行为不服，依法提起诉讼的，属于人民法院行政诉讼的受案范围。

第三十九条第一款：公民、法人或者其他组织申请行政机关履行法定职责，行政机关在接到申请之日起60日内不履行的，公民、法人或者其他组织向人民法院提起诉讼，人民法院应当依法受理。法律、法规、规章和其他规范性文件对行政机关履行职责的期限另有规定的，从其规定。

第四十一条第一款：行政机关作出具体行政行为时，未告知公民、法人或者其他组织诉权或者起诉期限的，起诉期限从公民、法人或者其他组织知道或者应当知道诉权或者起诉期限之日起计算，但从知道或者应当知道具体行政行为内容之日起最长不得超过2年。

法理导析

本案是一起因招商引资引发的新类型行政诉讼案件。原告根据市人民政府招商引资奖励办法规定，在成功引资后，因奖励数额问题与政府发生争执，从而引发诉讼。法院依法受理案件后，判决政府履行奖励允诺，有效地保护了当事人的合法权利，充分体现了人民法院对诉权的保护。

一、行政机关的招商引资奖励允诺可构成法定职责之依据，属于司法审查的范围

这里主要包含以下两层含义：第一，允诺有无（正确）履行应属司法审查范畴。行政允诺的性质类似于民法上之要约，系行政主体为自身设定的一种义务。从“允诺禁反言”的原则判断，该允诺应视为行政主体的一种职责，一旦行政相对人的行为符合行政允诺的条件，行政主体应兑现该允诺，否则构成不履行职责。另外从相对人的信赖利益保护和合同制度的原理看，行政主体也应兑现该允诺。故对于自身允诺的履行构成行政主体应当履行的职责之一，其应属人民法院司法审查的范围。就本案而言，市人民政府发布的绍政发〔2002〕6号文件系关于招商引资的规范性文件，是市人民政府对符合招商引资条件的单位、个人进行奖励所设定的义务。原告依据该文件的规定，通过多方联系，成功引资，在此情况下，其要求市人民政府履行招商引资奖励允诺的法定职责，应属行政诉讼受案范围。第二，允诺的内容应成为司法审查的规范依据。由于本案系一起行政主体有无履行自身允诺的案件，因此并无其他明确的法律法规依据可资参考。但由于双方当事人均系在政发〔2002〕6号文件内容的基础上达成有关招商引资奖励的一致意思表示，因此，在审查依据问题上可以参照合同法原理，即以双方均认可的允诺文件（在与上位法没有抵触的情况下）作为审查被告是否履行法定职责的规范依据。就本案而言，从政发〔2002〕6号文件规定的申报奖励时需要提供的材料看，除据以确定注册资金数额的验资报告外，并未明确要求提供其他能够证明有关资金数额的材料。鉴于政发〔2002〕6号文件的主要目的就是对引荐者进行奖励及如何奖励作出规定，如果把"外（内）商投资项目实际到位金额"理解为项目实际投资总额，那么，在"办理程序"中未明确要求提供据以确定项目实际投资总额的相关材料不合常理。因此，政发〔2002〕6号文件中规定的"外（内）商投资项目实际到位金额"应理解为实际到位的注册资金。

二、被引荐者转让其在招商引资项目公司中的股权，不影响对引荐者的奖励

招商引资奖励案件中可能较多地会碰到的一个问题是，被引荐者转让其在招商引资项目公司中的股权，是否影响对引荐者的奖励？对此可能存在不同认识，如本案中一种意见认为，原告引荐的茂盛公司投入的资本以股权转让的形式发生了变化，这不仅使引资对象发生实质改变，也使计算原告引资一方的茂盛公司投入的资本产生困难。笔者认为这一意见不能成立。从政府设定招商引资奖励的目的看，其无非是为建设涉案项目而引进投资。在被引荐投资者投入的注册资本实际到位后，一般而言，可以认为招商引资的目的已经实现。其后虽然发生了被引荐者转让股权的行为，但就招商引资的特定项目论，其自身的注册资本总额并未因此发生变化。因此，对于奖励设定方绍兴市人民政府而言，上海茂盛公司的股权转让行为对引资目的的实现并无实质影响。被引荐者的股权转让不应成为影响对引荐者奖励的因素。

三、《行诉法若干解释》第三十九条第一款规定的超过60日后可以提起行政诉讼，是就不履行法定职责行为可以起诉的时间规定，而非起诉期限的起算点

本案中，市人民政府答辩称，原告于2004年3月31日申请市外（内）资项目引荐奖一直未获批准，而于2009年才提起行政诉讼，根据《行诉法若干解释》第三十九条第一款和第四十一条第一款的规定，2004年3月31日后的第61天即为行政诉讼期限的起算点，原告于2009年才提起行政诉讼，早已过了2年的起诉期限，从而认为应驳回其起诉。这样的理解有失偏颇。《行诉法若干解释》第三十九条第一款规定的超过60日后可以提起行政诉讼，是就不履行法定职责行为可以起诉的时间规定，即至此相对人可以就该不作为行为提起行政诉讼。但规范层面的"可以起诉"并不意味着其必然知道被诉行政机关不履行法定职责的事实或者起诉期限、诉权，而后者才是确定相对人起诉期限的标准。结合本案，政发〔2002〕6号文件并未对被诉行政机关作出招商引资奖励的期限作出明确规定，被告亦未明确告知原告不同意申请。因此有理由认为原告知道或者应当知道可以提起行政诉讼的时间是在民事诉讼终审裁定以后。据此计算，原告的起诉并未超过起诉期限。

审理结果

经二审审理认为：（1）张某、裘某的起诉并未超过起诉期限。（2）应以茂盛公司实际投入到甬金高速项目公司的资本作为计奖基数。本案茂盛公司实际投入的注册资金总和为3.3亿元（即第一期注册资本1.05亿元+第二期注册资本1.05亿元+第三期注册资本2.7亿元-上海茂盛公司抽逃出资的1.5亿元）。市人民政府应给予张某、裘某两人人民币99万元的奖励。

综上，原审判决以甬金项目公司成立时茂盛公司投入的注册资本作为本案计奖依据不当，依法应予纠正。据此判决：（1）撤销市中级人民法院（2009）行初字第5号行政判决；（2）市人民政府按政发〔2002〕6号文件规定履行向张某、裘某支付招商引资奖金人民币99万元的职责，款限本判决生效之日起10日内付清；（3）驳回张某、裘某的其他诉讼请求；（4）驳回市人民政府的上诉。

8 行政事实行为赔偿责任的承担

——彭浦电器开关厂诉区人民政府要求确认侵占行为违法并要求行政赔偿案

案情回放①

2009年2月18日被告区规划局作出〔2009〕第（011）号限期拆除违法建筑决定，认定原告彭浦电器开关厂（以下简称彭浦厂）未办理建设工程规划许可证，擅自在本市彭浦路4号厂区1号、2号、3号房楼顶搭建580平方米，搭建地面棚300平方米，根据《市城市规划条例》第五十九条第一款规定，上述建设行为属违法建设。故限原告于同年3月5日前自行拆除上述违法建筑。因原告彭浦厂未在限期内自行拆除违法建筑，被告区人民政府遂根据原区规划局的申请，于2009年3月23日向原告发布拆除违法建筑的通告，并于2009年7月28日组织相关部门对原告厂区内的违法建筑实施了强制拆除。执行强制拆除的人员将从地面棚上拆下的部分彩钢板运离现场。

原告彭浦厂诉称：2009年7月28日，被告区政府对原告厂区内1、2、3号房楼顶建筑、地面棚、自行车雨棚等实施了强制拆除，并将拆下的彩钢板等建筑材料运走，还拿走了原告的十余只电表。而依据我国《物权法》等相关法律规定，即使原告厂内的部分建筑物被确认为违法建筑，但原告对该部分建筑物的建筑材料享有所有权，且作为被告强制拆除依据的〔2009〕第（011）号限期拆除违法建筑决定，也没有没收原告彩

① 该案件来源于以下网址：http：//www.shezfy.com/view.html? id=33373.

钢板等建筑材料的内容。故向法院起诉，请求：（1）确认被告在2009年7月28日对原告执法中侵占原告彩钢板、电表等物品的行为违法；（2）判令被告返还原告彩钢板、电表等物品。

被告区政府辩称：因原告未在区规划局〔2009〕第（011）号限期拆除违法建筑决定规定的期限内，自行拆除违法建筑，区政府依法组织相关部门实施强制拆除。当时，执法人员运离现场的是拆下的建筑垃圾，没有侵占原告诉请返还的财物。原告在没有向被告提出赔偿申请的前提下，直接向法院提起诉讼，不符合法律规定。

经庭审质证，被告认为除将拆除下的彩钢板作为建筑垃圾运走外，其没有侵占原告主张的电表等财物。原告则强调，拆下的彩钢板等物品有使用价值，原告对这些财物享有权利。被告实施强制拆除后，原告曾多次向被告及市人民政府信访办提出书面请求，要求返还财物，但没有收到任何答复。

问题归纳

1. 行政行为与行政事实行为性质的辨析。
2. 行政事实行为责任追究应采用何种诉讼程序？
3. 如何确定行政事实行为造成的损害赔偿额？

法条链接

一、法律法规

1.《中华人民共和国行政诉讼法》第二条第一款：公民、法人或者其他组织认为行政机关和行政机关工作人员的行政行为侵犯其合法权益，有权依照本法向人民法院提起诉讼。

2.《中华人民共和国国家赔偿法》第三条：行政机关及其工作人员在行使行政职权时有下列侵犯人身权情形之一的，受害人有取得赔偿的权利：（一）违法拘留或者违法采取限制公民人身自由的行政强制措施的；（二）非法拘禁或者以其他方法非法剥夺公民人身自由的；（三）以殴打、虐待等行为或者唆使、放纵他人以殴打、虐待等行为造成公民身体伤害或者死亡的；（四）违法使用武器、警械造成公民身体伤害或者死亡的；（五）造成公民身体伤害或者死亡的其他违法行为。

第四条：行政机关及其工作人员在行使行政职权时有下列侵犯财产权情形之一的，受害人有取得赔偿的权利：（一）违法实施罚款、吊销许可证和执照、责令停产停业、没收财物等行政处罚的；（二）违法对财产采取查封、扣押、冻结等行政强制措施的；（三）违法征收、征用财产的；（四）造成财产损害的其他违法行为。

二、其他

《最高人民法院关于审理行政赔偿案件若干问题的规定》第三条：赔偿请求人认为行政机关及其工作人员实施了国家赔偿法第三条第（三）、（四）、（五）项和第四条第（四）项规定的非具体行政行为的行为侵犯其人身权、财产权并造成损失，赔偿义务机关拒不确认致害行为违法，赔偿请求人可直接向人民法院提起行政赔偿诉讼。

法理导析

本案的争议焦点涉及被告区人民政府对原告彭浦厂违章建筑实施强制拆除后,将拆下的彩钢板等建筑材料运离并予以处理这一行为的性质认定。其中折射出的法律问题具有一定典型性和代表性。

一、被诉行政行为性质的认定

行政主体行使行政职权可能对公民、法人或其他组织造成侵害的行为通常有大两类，一类是具体行政行为，另一类是行政事实行为。具体行政行为的可诉性及由此产生的行政赔偿责任的承担，《行政诉讼法》有明确的规定。而目前，法学理论界对“行政事实行为”性质的认识莫衷一是，行政诉讼法等法律法规及最高法院的司法解释也没有明确出现“行政事实行为”这一概念，仅以“非具体行政行为”“与具体行政行为有关的行为”(《最高人民法院关于行政赔偿案件若干问题的规定》第三条、第二十八条)予以表述。但是，司法实践中，通常将《国家赔偿法》第三条第（三)、(四)、(五)项以及第四条第（四）项所列举的行为，理解为事实行为。所谓事实行为是指行政主体实施的没有处分内容和法律约束力的行为。行政事实行为总是在行政主体行使职权过程中发生，且一经发生就表现为一种客观存在，并表现为对公民、法人或者其他组织合法权益的侵害。没有实际损害后果的存在，就难以认定事实行为的构成。所以，如果事实行为一旦被确认存在，行政主体则通常应该承担相应的行政赔偿责任。本案中，原告诉求要求确认被告侵占其彩钢板等建筑材料的行为违法。该诉求针对的是在被告执行强制拆除过程中，执法人员将原告认为仍有使用价值的、从违法建筑上拆除下来的旧彩钢板等建筑材料作为建筑垃圾运离执法现场并予以处理的行为。笔者认为，该行为属于被告在行政执行过程中实施的事实行为。该行为一经实施即成为事实存在，并致使原告回收利用这部分建筑材料的合法权益受到损害。基于此，法院认定原告所要求确认的行为属于行政事实行为。

二、行政事实行为责任追究的诉讼程序

根据《行政诉讼法》的规定，公民、法人或其他组织认为合法权益受到行政行为侵害，要求行政赔偿程序有两种，一是在提起行政诉讼时一并提起；二是单独就损害赔偿先向行政机关提出请求，对行政机关的处理不服，则可向法院提起诉讼。但《行政诉讼法》没有设定行政事实行为的赔偿诉讼程序。《最高人民法院关于审理行政赔偿案件若干问题的规定》(以下简称《行政赔偿规定》)第三条规定，赔偿请求人认为行政机关及其工作人员实施了《国家赔偿法》第三条第（三)、(四)、(五）项和第四条第(四）项规定的非具体行政行为的行为侵犯其人身权、财产权并造成损失，赔偿义务机关拒不确认致害行为违法，赔偿请求人可直接向法院提起行政赔偿诉讼。《行政赔偿规定》第二十八条还规定，当事人提起行政诉讼的同时一并提出行政赔偿要求，或者因具体行政行为和行使行政职权有关的其他行为侵权造成损害一并提出行政赔偿要求的，人民法院应当分别立案，根据具体情况可以合并审理，也可以单独审理。这里的“行使行政职权有关的其他行为”，就包括行政事实行为。据此，因行政事实行为提起行政赔偿诉讼也有两条路径，即一是受侵害人在先向行政机关提出要求确认事实行为违法的请求遭拒绝的情况下，可直接向法院提起行政赔偿之诉；二是在提起行政诉讼的同时，一并要求确认行政事实行为违法和行政赔偿。司法实践中，对行政事实行为“先行确认”采取较为宽松的认定方式，通常情况下，只要原告能够证明曾向相关行政机关提出过要求确认事实行为违法并主张赔偿的意思表示，相关行政机关明示拒绝或在合理期限内不予答复，原告就可直接向法院提起诉讼。本案中，被告实施强制拆除后，原告彭浦厂曾多次向被告及市人民政府信访办提出书面请求，要求返还财物，但没有收到任何答复。原告向法院提起诉讼，符合法律规定的起诉条件。

三、行政事实行为造成损害赔偿额的确定

行政赔偿属于国家赔偿的范畴。国家赔偿由于赔偿产生的原因、赔偿主体、赔偿范围、赔偿程序等方面与民事侵权赔偿截然不同，所以，对行政事实行为造成损害赔偿的范围确定和赔偿额的计算方式，要注意避免与民事侵权赔偿相关内容的混同。行政赔偿的范围限于行政事实行为本身对受害人造成人身、财产损害产生的直接损失。本案中，法院对被告擅自运离并处理的彩钢板等建筑材料的价值认定，采用了程序与实体相结合的方式。实体上主要考虑了两大因素，即建筑材料的残余价值以及其可再利用性。就其残余价值而言，该部分建筑材料已经使用多年，必然产生折旧，且该建筑材料是违章建筑的拆除物，必然会有合理损耗，这点从原告提供的现场拆除光盘中可以得以印证。就可再利用性而言，该部分材料由于陈旧和损坏较为严重，其可利用率相对较低。程序上，采用双方当事人各自举证与法院调查相结合的方式，由双方当事人对相应建筑材料的市场价分别提供证据，在此基础上，法院也对彩钢板等建筑材料的价格抽样调查综合评估，取其中间状态，使得价格计算基数和最终得出的赔偿额在双方都可以接受的合理范围之内。

审理结果

法院认为，因原告未在原区规划局〔2009〕第（011）号限期拆除违法建筑决定规定的期限内，自行拆除违法建筑，区政府根据该局的申请，依法组织相关部门实施强制拆除，该强制拆除行为是对限期拆除违法建筑决定的执行行为，并没有设定原告新的权利和义务。原告在本市彭浦路4号厂区1号、2号、3号房楼顶搭建的建筑物及在地面空间搭建的地面棚，虽已被上述限期拆除决定认定为违法建筑，但原告认为其对被拆除建筑物、搭建物的建筑材料享有权利的主张，能够成立。被告实施强制拆除后，原告曾多次向被告及上海市人民政府信访办提出书面请求，要求返还财物，但没有收到任何答复。原告现向法院提起本案诉讼，符合法律规定的起诉条件。原告在诉讼中提供的强制拆除现场的DVD光碟，可以证明执行强制拆除的人员将拆下的部分旧彩钢板运离现场的事实。这部分旧彩钢板尽管被使用多年，但在原告认为仍有使用价值的情况下，被告的执法人员将其作为建筑垃圾进行处理确有不当，被告应依法予以返还。鉴于旧彩钢板是被告在强制执行过程中从违法建筑上拆下已被使用多年的建筑材料，被告的强制拆除行为无法保证全部建筑材料整体的完好无损，且被告已将拆除的建筑材料作为建筑垃圾予以处理，客观上无法返还，故被告应对被执法人员运离执法现场、尚有使用价值部分的彩钢板等建筑材料酌情折价赔偿。至于原告要求确认被告侵占其电表等其他物品的行为违法，并判令被告返还的诉请，因原告未能在诉讼中提供证据证明被告实施了该项事实行为，法院难以支持。据此，根据《中华人民共和国国家赔偿法》第四条第（四）项、《最高人民法院关于审理行政赔偿案件若干问题的规定》第二十九条的规定，判决：（1）确认被告区人民政府在2009年7月28日对原告强制执行中将拆下的彩钢板等建筑材料运离的行为违法；（2）被告区人民政府应在本判决生效之日起十五日内赔偿原告彭浦电器开关厂建筑材料折价款人民币5 000元；（3）对原告彭浦电器开关厂的其他诉讼请求，不予支持。

第二编

民　商　法

9 悬赏广告酬金纠纷案

案情回放①

1993 年 3 月 30 日下午，朱晋华在和平电影院看电影，此时李珉与王家平（系往日同学，公安干警）在其后几排的座位上同场观影。

散场时，朱晋华将随身携带李绍华（朋友关系）委托其代办的内装河南洛阳机电公司价值 80 多万元的汽车提货单及附加费本等物品的公文包遗忘在座位上，李珉发现后，将公文包拾起，等候片刻后，见无人寻包，就将该包带走并交王家平保管。朱晋华离场之后，发现公文包丢失，找寻之后没有找到，便于 1993 年 4 月 4 日、5 日在天津《今晚报》、4 月 7 日在《天津日报》上相继刊登了寻包启事，表示“重谢”和“必有重谢”。

因为寻包启事没有结果，李绍华自河南到天津，又以其名义于 1993 年 4 月 12 日在天津《今晚报》上刊登内容相似的寻包启事，并将“重谢”变为“一周之内有知情送还者酬谢 1.5 万元”。当时，李珉看到以李绍华名义刊登的寻包启事，立刻告诉王家平，并委托王家平与李绍华联系。

4 月 13 日中午，王家平通过电话与李绍华联系，确定了交换公文包与酬金的具体细节。当日下午，双方在约定的时间、地点交接时，发生争执，经公安机关解决未果。李珉向天津市和平区人民法院起诉，要求朱晋华、李绍华履行在广告中约定的义务，兑现报酬 1.5 万元。

朱晋华辩称：丢失公文包后，通过《天津日报》、天津《今晚报》多次刊登寻包启事，考虑到只有在明确酬金数目的情况下，才能与拾包者取得联系，所以才明确给付酬金 1.5 万元。其实并不是出于自己真实的意思，现在不同意支付 1.5 万元报酬。

李绍华辩称：因王家平身为公安干警，应按照包内提单、私人联系手册等物品为线索，寻找失主，或主动将有关遗失物品交有关部门处理，不应等待酬金，王家平并未履行应尽的职责，故不同意给付李珉酬金之要求。

王家平述称：自己与李珉一起看电影，李珉拾得内装价值 80 多万元的汽车提单等票据的公文包，在自己处保管了 10 多天，但与本人毫无关系，故不要求索要报酬。

问题归纳

悬赏广告的法律性质是什么？

---

① 该案例来源于以下网址：http：//anli. lawtime. cn/mfguanggao/2009030253759. html.

法条链接

1.《中华人民共和国民法通则》第四条：民事活动应当遵循自愿、公平、等价有偿、诚实信用的原则。

第五十七条：民事法律行为从成立时起具有法律拘束力。行为人非依法律规定或者取得对方同意，不得擅自变更或者解除。

2.《中华人民共和国合同法》第二十五条：承诺生效时合同成立。

法理导析

对于本案的审理，存在着两种观点：第一种意见认为，根据《民法通则》第七十九条的规定，拾得遗失物应归还失主，该条并没有提及酬金问题。因此，失主是否向拾得者支付酬金应该完全由失主决定。在本案中，既然被告（失主）不愿意支付酬金，原告不能以被告不愿意支付酬金为由拒绝交付拾得物。

第二种意见认为，虽然《民法通则》第七十九条对是否应向遗失物品拾得者支付酬金问题未作规定，但被告在刊登寻物启事时明确表示要向拾得者支付 1.5 万元酬金。原告拾得公文包，双方已经形成合同关系。被告反悔，不遵守诺言，违反了合同的规定，因此，被告有遵照合同的规定支付酬金的义务。

首先，从我国民法的现行规定来看，任何人拾得遗失物都应当归还失主，遗失物并不是无主物，也不是所有人抛弃的或因为他人的侵害而丢失的物品，而是因为所有人疏忽大意而不慎丢失的动产。拾得者有义务及时归还拾得物，可见，拾金不昧、物归原主不仅是道德上的义务，而且也是法律规定必须履行的强制性义务。

从《民法通则》第七十九条的规定来看，没有提到向拾得者支付酬金的问题。在学术界，对拾得者是否应该支付酬金也存在种种不同的观点，一般认为，根据现行法律规定，失主并无义务向拾得者支付酬金，但失主自愿支付报酬的除外。也就是说，如果失主愿意向拾得者支付报酬，法律也不应该对此种行为加以干涉。自愿支付报酬行为本身是合法的，是受法律保护的。

在本案中，被告朱晋华在发现其公文包遗失后，在天津的《今晚报》《天津日报》上刊登寻物启事，言明有“重谢”和“必有重谢”，而后，另一被告李绍华之后又在《今晚报》上刊登内容相似的寻物启事，将“重谢”改为“一周内有知情送还者酬谢 1.5 万元”。

这种行为是典型的悬赏广告行为。所谓悬赏广告行为，是指广告人通过广告声明对完成一定行为的人给付报酬。这是向不特定的多数人而不是某个人发出的广告。

悬赏广告中通常指明一定的行为（如返还拾得物、征集广告用词、对重大案件的举报和线索的提供等），并规定任何人只要完成了该行为（某些行为需要在指定期限内），广告人则负有对该行为支付一定报酬的义务。悬赏广告一旦生效，即对当事人产生法律约束力。在本案中，被告刊登寻物启事，声明“一周内有知情送还者酬谢 1.5 万元”。显然，这一寻物启事完全符合悬赏广告的条件。

悬赏广告之成立，一般应当具备以下三项要件：第一，悬赏人须以广告方式对不特定人为意思表示。第二，须有要求完成一定行为之意思表示。一定行为其种类并无限制，只要不违反法律和社会公序良俗即可，既可以是为私人利益，也可以是为公共利益。第三，须有对完成行为人给付报酬的意思表示。报酬的支付方式、种类和数额大小并不受限制，凡能成为法律行为之标的者均可成为悬赏广告的报酬形式。

法院认为，本案中被告的寻包启事性质为悬赏广告，“酬谢 1.5 万元”的表示系向社会不特定人的要约。原告完成了广告指定的送还公文包的行为，是对广告人的承诺。因此，原告与被告之间形成了民事法律关系，即债权债务关系。依照《民法通则》第五十七条关于“民事法律行为从成立时起具有法律拘束力。行为人非依法律规定或者取得对方同意，不得擅自变更或者解除”的规定，被告应当履行广告中许诺的给付报酬的义务。其事后反悔、拒付酬金的行为有违《民法通则》第四条规定的诚实信用原则，是错误的。

但进一步存在的问题是，发出悬赏广告是否使广告人与完成指定行为的人产生合同关系，这就涉及悬赏广告法律性质的认定问题。对悬赏广告的法律性质历来就有两种不同的观点，一为契约说，一为单独行为说。契约说认为，悬赏广告的性质为一种单独契约，即要约人在其要约内指定不特定的多数人为受要约人，只要受要约人完成一定的行为即构成承诺，双方构成合同，完成行为人享有报酬请求权。

我国的司法实践大多认为悬赏广告实际上是向社会上不特定的人发出要约，某人只要完成了悬赏广告中的指定的行为，就是对广告人的有效承诺，双方形成了债权债务关系。本案的最终处理结果就是采用契约说，认为原被告之间已经形成合同关系，被告必须支付酬金。

单独行为说认为，悬赏广告是一种单独法律行为，广告人对完成一定行为的人单独负有给付报酬的义务而不论行为人是否知道悬赏广告的存在。可见，采用单独行为说对维护当事人的利益和交易的安全更为有利。德国、日本和我国台湾地区则规定，以广告表示对完成一定行为的人给予报酬，对完成该行为的人负有给付报酬的义务。德国、我国台湾地区规定，对于不知有广告而完成该行为的人，也负有给付报酬的义务。

笔者认为，将悬赏广告视为单方行为而不是契约，对维护当事人的利益和交易安全更为有利，其原因在于：

第一，如果采用单方法律行为说，只要广告人发出了悬赏广告，不需要他人作出同意即能发生法律效力，广告人应当受到广告的拘束。这样，一方面，如果某人不知道发出了悬赏广告，而完成了广告中所指定的行为，该人仍能取得对广告人的报酬请求权，而广告人不得以该人不知广告内容为由而拒付报酬。另一方面，由于广告人实施的是单方法律行为，所以其应受该行为的拘束，悬赏广告一经发出即不得随意撤回。而采纳契约说，则将广告人发出悬赏广告视为要约行为，这样广告人可以在相对人作出正式承诺以前撤回或撤销其要约、变更要约的内容。这显然对相对人不利。

第二，采用单方法律行为说，可以使限制行为能力人、无行为能力人在完成广告所指定的行为以后，也可以对广告人享有报酬请求权。但若采用契约说，那么限制行为能力人和无行为能力人即使完成了广告所指定的行为，也将因为其无订约能力，从而无承诺的资格，不能在他们与广告人之间成立合同，当然也就不能对广告人享有报酬请求权，这就不利于保护限制行为能力人和无行为能力人的利益。

第三，如果将悬赏广告视为单独行为，那么，任何人完成广告中所指定的行为都将是一种事实行为，而非具有法律意义的承诺行为。这样，只要相对人完成了广告指定的行为即享有报酬请求权，而不必准确地判定在什么情况下有效承诺的存在以及承诺的时间等问题，从而也可以极大地减轻相对人在求偿时的举证负担。

第四，尤其应当看到，如果采用契约说，将会产生本案中所提出的非常复杂的问题，即在相对人完成指定行为以后能否适用同时履行抗辩问题。按契约说，相对人完成广告指定行为即已作出承诺，双方成立合同关系，这样，一方不按合同的规定支付报酬已构成违约，而另一方有权拒绝交付完成指定行为的成果（如在本案中原告不支付1.5万元酬金，被告可拒交拾得物）。

笔者认为，采纳契约说适用同时履行抗辩是不妥当的。因为就本案来看，被告拾得他人钱物，依据法律规定有义务返还给失主，因为遗失物不是无主财产，而是失主的财产。失主并不因为遗失其物而丧失对该物的所有权，而拾得人也不因拾得该物而取得对该物的所有权。

也就是说，拾得人在拾得钱物时不发生所有权的移转，被告拾得钱物应当返还给原告，否则将构成对原告所有权的侵害。可见，被告拒绝交付拾得物并不是在行使抗辩权，而是在实施侵权行为。在这样的案件中，不应适用同时履行抗辩权。

英美法系中，将悬赏广告分为两种，一种是为私人目的的悬赏，另一种是政府依法令所为的悬赏。前者规定，如果是为了满足个人自身目的而作的悬赏，那么，不论该悬赏要约的标的是什么，任何人都有权对要约作出承诺、缔结合同，但受要约人必须事先知道悬赏要约的存在，然后依指定方式完成行为，才有权获得赏格。倘若事先不知道该悬赏要约的存在，在完成行为后才知道悬赏，则无权要求赏格，因为合同的成立要件之一就是双方当事人意思表示一致，缺乏合意则合同不成立。

但有一种例外情形，即悬赏要约对某些具有特定身份的人，不因其承诺而取得赏格的权利。如某甲所有的珠宝被盗，其公开悬赏破案，该管区的警察某乙因工作努力而破案，则他不能要求赏格，因为捉拿窃贼是他职务范围内的职责。若某乙是在休假期间，知道有悬赏存在而完成指定行为，在这种情况下，某乙纯属以私人身份与悬赏要约者缔结合同，则有权要求赏格。

政府依照法令所为的悬赏指为追捕恶性逃犯、缉毒、走私等，政府或地方机关为达到破获案件的目的，通常可依据法令规定，公开宣布悬赏。在此情况下，即使行为者事前不知道有悬赏的存在而完成行为，仍然有权获取赏格，因为这是法律的规定，而且政府的悬赏是一种非契约性质的悬赏，无须当事人的合意，这一行为类似大陆法系的单独行为。

数人完成指定行为时，报酬的归属仍是实践中的一大问题。日本规定，有数人各自完成悬赏指定的行为时，报酬应当归首先完成此行为的人，数人同时完成此行为时，各取得报酬相等的一部分；报酬因其性质为不可分割的或者悬赏广告表明仅可由一人取得的，以抽签方式确定。我国台湾地区则规定，数人同时或先后完成该行为时，悬赏人已经向最先通知的人给付报酬后，其给付报酬的义务即可消灭。德国规定，数人完成悬赏广告确定的行为时，悬赏人应当考虑各行为人所起的作用，按照公平原则将报酬分配给各行为人，分配显然不公时无约束力。在行为人中如有人认为分配不公，悬赏人在争执解决之前，有权拒绝履行义务，但行为人可以请求将报酬提存。

悬赏广告的撤销问题也是实践中经常遇到的问题。按照一般的法理，悬赏广告的撤销须经由同一方式向不特定的人于指定行为完成之前而为之。如原悬赏广告用报纸刊登，撤回也应以同一方式在同一版面宣布；如果悬赏广告在电视中播出，撤回也应在电视同一频道同一时段宣布。

如果悬赏广告定有完成指定行为的期限，则可以推定其在期限内有抛弃其撤销权的意思，因而广告人在该期限内不得撤回广告。若行为人信赖该项广告，而着手进行并完成时，广告人虽然事前通知撤回悬赏，也不发生效力，行为人有权请求赏格，这是英美契约法的规定。

作为大陆法系的德国、日本规定，悬赏广告可在行为人完成行为之前以悬赏广告同样的方式撤销，但在广告中已表示不可撤销的除外。不能以悬赏广告同样的方式撤销的，可以特殊方式撤销，但仅对知道撤销的人有效力。

悬赏人对完成行为定有期限的，视为已放弃撤销权。我国台湾地区还规定，在行为完成前撤销广告的，除悬赏人证明行为人不能完成其行为外，对于行为人因该广告出于善意所受到的损害，应负有赔偿责任，但以不超过预定的报酬额为限。

由此可见，不论是大陆法系国家，还是英美法系国家，不论是契约说，还是单独行为说，在面对具体法律问题时，都力争在保持原有立场观点的同时，纳入公平原则，以求完善其不足。

审理结果

天津市中级人民法院依照《中华人民共和国民事诉讼法》第八十五条的规定，在事实清楚的基础上，分清是非，进行调解，双方当事人于 1994 年 12 月 26 日自愿达成如下协议：朱晋华、李绍华一次性给付李珉酬金人民币 8 000 元；二审诉讼费人民币 1 435 元，李珉负担 635 元，朱晋华、李绍华负担 800 元。

10 非合同当事人无权请求宣告合同无效

案情回放①

原告刘某、王某诉称，被告高某、被告鑫达煤业公司、被告养钱池煤矿、被告张坡村委会以企业改制为名，未经张坡村村民会议集体讨论，由时任村民委员会主任的潘某以村民委员会的名义，与高某于2004年5月22日签订《关于养钱池煤矿转变经营机制备忘录》，约定由高某承包养钱池煤矿直至煤矿资源枯竭为止；2005年1月7日，潘某又以村民委员会名义，与高某签订《债权债务承担备忘录》，约定高某不得转让和变卖村里的养钱池煤矿，并且由张坡村自己的养钱池煤矿担保；2005年7月2日，潘某又以村民委员会的名义，与高某签订《新密市养钱池煤矿改制备忘录》，约定养钱池煤矿改制为有限责任公司，由高某控股，并以早已失效的养钱池煤矿实物资产评估报告（仅评估为346万元，并且没有评估养钱池煤矿的其他财产，包括无形财产）为依据，以其中的200万元作为村里的股份入股，而由高某成立的鑫达煤业有限公司的股东里面，根本就没有张坡村村民委员会和养钱池煤矿；2005年8月8日，潘某又以村民委员会的名义，与高某签订《新密市养钱池煤矿改制协议书》，更进一步约定"养钱池煤矿即新密市鑫达煤业有限公司所有权是高某同志，张坡村任何人无权干涉"。四被告的行为违反了村民委员会组织法等法律及相关法规、规章的规定，属于严重的根本性的违法和违反群众利益。请求：（1）确认四被告之间签订的合同（标的额1 165万元）无效；（2）高某及鑫达煤业公司返还养钱池煤矿，并把该矿的采矿权益返还给新密市牛店镇张坡村；（3）鑫达煤业公司和高某立即停止采挖和经营行为；（4）诉讼费由被告承担。

问题归纳

非合同当事人有无权利请求宣告合同无效？

法条链接

1991年、2007年《中华人民共和国民事诉讼法》第五十四条：当事人一方人数众多的共同诉讼，可以由当事人推选代表人进行诉讼。代表人的诉讼行为对其所代表的当事人发生效力，但代表人变更、放弃诉讼请求或者承认对方当事人的诉讼请求，进行和解，必须经被代表的当事人同意。

---

① 该案例来自以下网址：http：//case. mylegist. com/1442/2010-04-09/4928. html.

第一百零八条：起诉必须符合下列条件：（一）原告是与本案有直接利害关系的公民、法人和其他组织；（二）有明确的被告；（三）有具体的诉讼请求和事实、理由；（四）属于人民法院受理民事诉讼的范围和受诉人民法院管辖。

法理导析

根据《中华人民共和国合同法》第二条的规定，合同是平等主体的自然人、法人、其他组织之间设立、变更、终止民事权利义务的意思表示一致的协议。合同作为一种民事法律关系，其不同于其他民事法律关系（如物权法律关系）的重要特点，在于合同具有相对性，它主要是指合同关系只能发生在特定的合同当事人之间，只有合同的当事人一方能够向另一方基于合同提出请求或提起诉讼；与合同当事人之间没有发生合同上权利义务关系的第三人不能依据合同向合同当事人提出请求或提起诉讼，也不应承担合同上的义务和责任；非依法律或合同规定，第三人不能主张合同上的权利。

本案中，原告方提出的诉讼请求中包含了：请求确认四被告之间签订的合同无效的确认之诉；请求高某及鑫达煤业公司返还养钱池煤矿，并把该矿的采矿权益返还给新密市牛店镇张坡村的给付之诉等。给付之诉的成立要以确认之诉的成立为前提，即：如果要求被告鑫达煤业返还煤矿及相应收益，必须以四被告之间的合同无效为前提。

然而，根据合同的相对性原则，本案中，原告刘某、王某作为合同当事人以外的第三人，与本案所涉及的合同没有法定或约定的合同上的权利，所以其向法院提出请求宣告合同无效的行为是没有法律依据的，即不具有相应的诉讼主体资格。

那么在原告不具有诉讼主体资格的情况下，法院应该如何处理呢？

根据 2007 年《中华人民共和国民事诉讼法》第一百零八条的规定，当事人起诉必须符合的条件包括了四项，其中第一项就是原告是与本案有直接利害关系的公民、法人和其他组织，这里所说的“直接利害关系”是一种法律概念，与一般生活中所理解的“直接利害关系”不同。所以，尽管本案中的原告方认为被告方的合同行为影响到了自身的利益，但是从合同无效的角度提出诉讼请求是无法得到法院支持的。在这种情况之下，法院作出驳回起诉的裁定是正确的。当然如果原告方要继续维护自身的权益的话，需要变更诉讼请求，使自己成为适格的当事人，重新向法院提起诉讼。

从程序法角度看，本案中还涉及一个共同诉讼的问题，所谓共同诉讼是指当事人一方或者双方为两人以上，其诉讼标的是共同的或者是同一类，人民法院可以合并审理。可以看到本案中的原告方代表的是广大村民的利益，但是村民数量众多，如果每一个人都以提起诉讼的话十分的不经济，在此情况之下，受害人可以推选代表，由代表人进行诉讼。

审理结果

经法院审理认为，被告张坡村委会与被告高某于 2004 年 5 月 22 日签订的《关于养钱池煤矿转变经营机制备忘录》，被告张坡村委会与被告高某、被告养钱池煤矿于 2005 年 1 月 7 日签订的《债权债务承担备忘录》，被告张坡村委会与被告高某、被告养钱池煤矿于 2005 年 7 月 2 日签订的《新密市养钱池煤矿改制备忘录》，被告张坡村委会与被告高某于2005年8月8日签订的《新密市养钱池煤矿改制协议书》的一方当事人均系张坡村委会，另一方当事人为高某或者高某和养钱池煤矿，根据合同相对性原则，要求确认合同无效及返还财产的，应当系合同的相对人，而二原告刘某、王某非上述合同一方的当事人。因此，二原告与本案不存在直接的利害关系，依法应当驳回其起诉。依照《中华人民共和国民事诉讼法》第一百零八条、第五十四条、第一百四十条第一款第（三）项之规定，裁定如下：

驳回原告刘某、王某的起诉。

案件受理费91 700元，予以退还；财产保全费5 000元，由原告刘某、王某负担。

11 合同履行中的情势变更

案情回放

2005年3月至2010年5月，刘某与胡某之间就肉鸡的批发与零售进行了频繁的交易。2010年6月后，胡某改行做其他生意，双方之间就前期的货款进行了清算，并达成协议。协议约定：胡某需向刘某支付9.3万元鸡肉款，2011年12月底前支付完毕，在此期间该货款不计利息。2010年9月，刘某突发脑溢血住院，一个星期后，刘某的儿子（15岁）发生严重车祸，两人都需要巨额医疗费。刘某向胡某提出，要求其支付欠款，被胡某拒绝，刘某遂起诉至法院。

问题归纳

本案能否适用情势变更原则？

法条链接

《最高人民法院关于适用〈中华人民共和国合同法〉若干问题的解释（二）》第二十六条：合同成立以后客观情况发生了当事人在订立合同时无法预见的、非不可抗力造成的不属于商业风险的重大变化，继续履行合同对于一方当事人明显不公平或者不能实现合同目的，当事人请求人民法院变更或者解除合同的，人民法院应当根据公平原则，并结合案件的实际情况确定是否变更或者解除。

法理导析

关于本案应如何处理，出现了两种意见。

第一种意见：依法成立的合同受法律保护，原、被告约定的还款时间未到，原告无权要求被告提前偿还债务，应驳回原告的诉讼请求。

第二种意见：借款合同成立之后，合同赖以成立的环境或基础发生异常变动，从民事行为应当尊重社会公德的角度，为了避免双方当事人按约定履行会造成利益失衡的结果，应判令被告提前偿付原告所欠款项。

笔者同意第二种意见。

一、情势变更原则的含义及发展

（一）大陆法的情势变更原则

情势变更原则在大陆法国家经历了漫长而曲折的演变过程。罗马法时期，确立了“合同必须严守”的规则，认为只要双方当事人达成合意，即应产生双方当事人所追求的效果。合同成立之后，无论出现何种客观情况的异常变动，都不影响合同的法律效力。实际上，罗马法在坚持合同法的一般原则（契约严守原则）的同时，并没有完全排斥合同法的补充原则（情势变更原则）。从履行契约的方式和解释契约的角度看，罗马法时期之契约可以分为严法契约与宽法契约，宽法契约已经包含了诚实信用、公平合理的原则。

12、13 世纪出现的注释法学派有关“情势不变条款说”，是情势变更原则的真正雏形，是其在理论上的首次描述。“情势不变条款说”假定每一个合同均包含一个具有如下含义的条款：缔约时作为合同基础的客观情况应继续存在，一旦这种情况不再存在，准予变更或解除合同。

至 16、17 世纪，自然法思想居于支配地位，情势不变条款得到广泛的适用。到普通法后期，尤其是 18 世纪后期，情势变更原则被无节制地滥用，损害了法律的严肃性和法律秩序的稳定性，最终被法学家和立法者所摒弃。到 19 世纪，随着资本主义自由经济时期的到来，强调“契约神圣”，情势变更原则遭到猛烈批判，几乎被完全排斥。

（二）英美法系的情势变更原则

英美法系国家最初也没有情势变更原则，而是坚持“绝对合同责任理论”。在大陆法系国家放弃固守契约原则之前，英美法系国家的传统观念在现实面前已经发生动摇。英国从衡平观念出发于 1903 年正式确立了情势变更原则（“合同落空学说”），美国在《统一商法典》中也确立了此原则（“履行不能实现学说”）。英美法至今已形成涵盖以上两类原则的“合同落空”制度，解决因客观原因造成的合同不能履行和履行显失公平的问题。

二、情势变更原则的构成要件及效力

（一）情势变更的要件

1. 客观上，必须有情势变更的事实。这是适用情势变更原则的前提条件。所谓“情势”，是指合同成立时所依赖的客观情况；所谓“变更”，是指“合同赖以成立的环境或基础发生异常变动”。这里的“客观事实”，指一切可能导致合同基础动摇的客观情况，包括自然灾难、意外事故、战争爆发、国家经济政策及社会经济环境的巨变等。客观情势的变化时刻存在，但一般变化不会引起情势变更原则的适用，必须有重大的异常变动致使合同的法律基础丧失时才可适用。

2. 主观上，情势变更是当事人在订立合同时所不可预见并不可避免的，双方当事人在心态上都不存在过错。不可预见，是指双方当事人没有预见且不可能预见，以合同成立之时具有该类合同所需要的专业知识及正常思维在当时情况下不可能预见为准；应当预见而没有预见的不适用。不可避免，是指事前无法预防，事后尽一切措施也无法消除其影响。

3. 时间上，情势变更事由必须是发生在合同有效成立后至合同终止履行前。合同成立以前的情势，无论当事人在订立合同时是否知晓，其作为合同成立的基础都是确定的，无法改变的，不存在变更问题。合同履行完毕后，情势的变更不可能对合同产生任何影响，即使出现了情势变更情形，当事人也不能主张。

4. 责任上，情势变更发生的事由须不可归责于双方当事人。双方或一方当事人对情势变更的发生有过错的，不适用情势变更原则。

5. 结果上，因情势变更会导致合同的履行显失公平。这是情势变更原则的核心要件。情势变更原则只有在合同赖以成立的基础发生巨大变化，致使继续履行将显失公平，导致一方明显有利，另一方明显受损，双方当事人的利益严重失衡时才适用；如果影响轻微，则不适用。

6. 目的上，情势变更原则的适用，在于消除合同因情势变更而出现的不公平后果，维护双方当事人之间的衡平利益，从而维护市场交易的秩序。

7. 救济上，必须是当事人无法获得别的救济。如果当事人能从其他途径获得应有的救济，从而减少或消除情势变更的影响，则不适用该原则。

8. 解决上，情势变更发生后，应先由双方当事人协商解决。如果协商不成，则必须由当事人向人民法院或仲裁机构申请予以裁定是否变更或解除合同；未经人民法院或仲裁机构裁定，一方或双方当事人不得自行变更或解除合同。

（二）情势变更的效力

所谓情势变更的效力，是指由于情势变更发生所引起的法律后果。主要表现为变更合同和终止合同两个方面。

1. 变更合同。指当事人向人民法院或仲裁机构申请，经法院或仲裁机构审查认为情势变更的情形存在，但认为合同尚有履行的价值时，通过变更合同衡平当事人之间的利益，使合同在公平的基础上得以履行。其变更措施主要有：增减标的数额的给付、延期或分期履行、变更给付物、拒绝先为履行等。

2. 终止合同。又称解除合同，指法院或仲裁机构通过审理认为合同的履行已无意义或通过变更并不能消除不公平结果，则终止合同关系，彻底消除不公平现象。

三、情势变更与相关概念的区别

（一）情势变更与不可抗力

所谓不可抗力是指不能预见、不能避免并不能克服的客观情况，它是普遍适用的免责事由，只要是因发生不可抗力，而导致合同不能履行或造成他人损失的，均可基于法律规定免于承担责任。不可抗力与情势变更有些相同之处，如二者的事实构成都具有客观性、不可归责性和不可预见性，二者都只适用于合同关系的存续期间等。但两者仍存在较大区别。

1. 客观表现不同。不可抗力一般表现为非经济方面的事件，包括自然因素和社会因素，前者如地震、水灾、风暴、海啸、旱灾等，后者如战争、暴乱、罢工等。情势变更主要表现为意外事件特别是社会经济形势的急剧变化、物价飞涨、货币严重贬值、金融危机和国家政策的转变等事由。不可抗力一般导致合同无法继续履行，而情势变更情形下合同往往可以继续履行。

2. 适用范围不同。不可抗力既可以适用于合同法，还可以适用侵权法；而情势变更不能适用于侵权法，只能适用于合同法。

3. 适用程序不同。发生不可抗力后，因不可抗力而履行不能的一方当事人只要依法能够证明履行了法律规定的有关义务，如通知义务、防止损害扩大义务等，则可以免予承担违约责任，直接通知对方当事人解除或变更合同。但出现情势变更情形而协商未果时，当事人要主张适用情势变更原则，必须请求法院做出裁判或请求仲裁庭仲裁，如果法院或仲裁庭驳回当事人的请求，则该当事人仍应履行合同义务。

4. 功能目的不同。不可抗力是法定的免责事由，是为了免除或减轻当事人的违约责任；而情势变更是为了解决双方的显失公平的问题，是为了维护双方的利益均衡。

（二）情势变更与显失公平

所谓显失公平，是指一方在紧迫或缺乏经验的情况下订立的明显对自己有重大不利的合同。从两者的定义不难看出，情势变更与显失公平存在明显差别。

1. 产生的原因不同。显失公平中存在一方当事人故意利用自身优势或者利用对方没有经验，致使双方的权利与义务明显失衡；而情势变更中不存在上述主观因素，合同双方主观上都没有过错。

2. 产生的时间不同。显示公平在合同成立时即已产生；而情势变更是在合同关系存续期间发生的。

3. 法律后果不同。出现显失公平，一方当事人有权要求变更或撤销合同，合同被撤销后，自始无效；情势变更将发生合同变更或解除，解除的效力一般不溯及既往。

（三）情势变更与商业风险

商业风险是指经营者在商品经活动中因经营失利所应承担的正常损失。其是一种正常风险，是市场价值规律作用的结果。情势变更与商业风险存在的最主要区别就是对当事人的主观要求不同。商业风险是正常风险，要求当事人能够或者应当能够预见到的，而情势变更更是意外风险，是当事人无法预见的。另外两者产生的法律后果也不同，商业风险是由当事人自行承担的，因为当事人在订立合同时应预料到风险的发生，而情势变更导致的法律后果是合同的变更或者解除，使双方当事人的利益得到平衡。

审理结果

综上可知，由于刘某和其儿子双双需要巨额医疗费用，刘某与胡某之前达成的还款协议所依存的客观情势发生了重大变化，且该变化双方当事人都事先无法预见，如果仍然从表面上维护原协议的权利义务关系，就可能导致债权人刘某因医疗费用不足而不能得到及时治疗，这对刘某是极不公平的，也是有违社会公德的，因此，司法机构应该依据情势变更原则，对刘某与胡某之间的还款协议的还款时间进行变更，判令胡某提前还款。

12 快递物流行业中格式条款效力的认定

案情回放

2012年11月，王某把三台联想一体机电脑通过韩某开设的安顺货运站发送给客户，王某支付了运费90元，韩某向王某出具“货物托运单”第三联，该托运单背面注明“货物必须按实际价值保险，如遇意外损失本站按保价赔偿（无投保发生意外，本站按运价的5赔限额赔付）”。电脑运输中发生意外损毁，王某向韩某索赔无果后向法院起诉。

法条链接

一、法律法规

1.《中华人民共和国合同法》第三十九条：采用格式条款订立合同的，提供格式条款的一方应当遵循公平原则确定当事人之间的权利和义务，并采取合理的方式提请对方注意免除或者限制其责任的条款，按照对方的要求，对该条款予以说明。格式条款是当事人为了重复使用而预先拟定，并在订立合同时未与对方协商的条款。

第四十条：格式条款具有本法第五十二条和第五十三条规定情形的，或者提供格式条款一方免除其责任、加重对方责任、排除对方主要权利的，该条款无效。

2.《中华人民共和国消费者权益保护法》第二十六条：经营者在经营活动中使用格式条款的，应当以显著方式提请消费者注意商品或者服务的数量和质量、价款或者费用、履行期限和方式、安全注意事项和风险警示、售后服务、民事责任等与消费者有重大利害关系的内容，并按照消费者的要求予以说明。经营者不得以格式条款、通知、声明、店堂告示等方式，作出排除或者限制消费者权利、减轻或者免除经营者责任、加重消费者责任等对消费者不公平、不合理的规定，不得利用格式条款并借助技术手段强制交易。格式条款、通知、声明、店堂告示等含有前款所列内容的，其内容无效。

二、其他

《最高人民法院关于适用〈中华人民共和国合同法〉若干问题的解释（二）》第六条：提供格式条款的一方对格式条款中免除或者限制其责任的内容，在合同订立时采用足以引起对方注意的文字、符号、字体等特别标识，并按照对方的要求对该格式条款予以说明的，人民法院应当认定符合合同法第三十九条所称“采取合理的方式”。提供格式条款一方对已尽合理提示及说明义务承担举证责任。

第九条：提供格式条款的一方当事人违反合同法第三十九条第一款关于提示和说明

义务的规定，导致对方没有注意免除或者限制其责任的条款，对方当事人申请撤销该格式条款的，人民法院应当支持。

第十条：提供格式条款的一方当事人违反合同法第三十九条第一款的规定，并具有合同法第四十条规定的情形之一的，人民法院应当认定该格式条款无效。

法理导析

这是一起货物运输过程中货物损毁,承运方对货物单上格式条款理解不一而引起的纠纷。本案主要争议焦点就是“货物托运单”上注明“货物必须按实际价值保险，如遇意外损失本站按保价赔偿（无投保发生意外，本站按运价的5倍限额赔付）”的格式条款是否有效问题。

一种观点认为，原、被告双方的约定合法有效，未违反法律和行政法规，也不属于《合同法》第五十三条规定的免责条款。因为该条款并非属于免除承运人的丢货赔偿责任，而是意指托运物品必须投保的意思。如未投保，货物丢失，承运人仍应承担运价5倍负担赔偿责任。因此，这种约定并未免除承运人的责任，另一方面，这种约定有利于货物丢失时，减少双方不必要的争议。另一种观点认为，该格式条款其实是免除、减轻承运人的赔偿责任，是无效条款。笔者赞同第二种观点，理由如下：

格式条款是当事人为了重复使用而预先拟定，并在订立合同时未与对方协商的条款。《合同法》第三十九条第一款规定：“采用格式条款订立合同的，提供格式条款的一方应当遵循公平原则确定当事人之间的权利和义务，并采取合理的方式提请对方注意免除或者限制其责任的条款，按照对方的要求，对该条款予以说明。”其中提请注意义务是格式合同使用人的一项非常重要的义务。使用人在提请注意必须达到相当的程度以至于足以使相对人注意到免责条款。另外，在提请同时还要对该条款予以说明。格式条款总是由一方当事人在未与对方协商的情况下事先拟定，重复地使用。由于格式合同具备可重复使用之特点，在经济往来中被大量使用。这便使得格式合同存在许多弊端。提供商品或服务的一方在拟定格式合同时，往往会利用自己的优势地位，将一些有利自己而不利于对方或普通消费者的条款订入合同，提供这样的合同条款让自己享有较多的权利，承担较少的义务和责任；使对方或普通消费者享有较少的权利，承担较多的义务和责任。因此《合同法》明确要求格式条款应遵循公平原则来确定当事人之间的权利和义务。

第一，对货物托运单“货物必须按实际价值保险，如遇意外损失本站按保价赔偿”，该约定是否有效问题，《合同法》第三百一十一规定“承运人对运输过程中货物的毁损、灭失承担损害赔偿责任，但承运人证明货物的毁损、灭失是因不可抗力、货物本身的自然性质或者合理损耗以及托运人、收货人的过错造成的，不承担损害赔偿责任”。该条规定，承运人要对运输过程中货物的毁损、灭失承担风险责任。承运人的免责事由只有因不可抗力、货物本身的自然性质或者合理损耗以及托运人、收货人的过错造成的，承运人才不承担损害赔偿责任。而对托运人或货物所有人来讲，当货物在运输过程中因非免责事由而发生毁损、灭失，托运人或货物所有人便可向承运人主张赔偿。在货物运输合同中，承运人承担运输过程中货物的毁损、灭失风险责任是法定义务，

《合同法》未规定可以由合同当事人另行约定，将风险责任转移给托运人或货物所有人承担。只有这样，承运人才能加强保证货物安全的责任心。货物运输关系与保险合同关系是两个不同的法律关系。如果托运人同时给货物进行了投保，托运人与保险人形成保险合同关系，若货物在运输过程中发生了保险合同约定的意外损失时，投保人依保险合同可向保险人主张理赔，如果保险金额不足以赔偿货物的实际损失，托运人对不足的部分仍有权向承运人主张权利。本案中，承运人以格式条款形式将保价与赔偿损失混为一谈，试图免除对运输过程中货物的毁损、灭失承担损害赔偿责任，因此，该条款是无效条款。

第二，对货物托运单"无投保发生意外，本站按运价的5倍限额赔付"是否有效？虽然根据《合同法》第三百一十二条的规定，货运合同当事人可以对货物的毁损、灭失的赔偿额进行约定，但从该条款可以看出，承运人对于无投保发生意外，只能按运价的5倍付赔。其实际上是为减轻自己的赔偿责任而加重托运人的负担，因为运价90元的5倍即450元与电脑的价值是相差甚远，所以，该条款违反了公平原则，损害了托运人的合法权利。另外，在货物运输合同中，承运人能否要求托运人强制保险？笔者认为，答案是否定的。在国内的货物运输合同，托运人对货物进行保险是任意性的，因为托运人可基于二点考虑，一是如前面所述，风险责任本来就是由承运人负担，交纳保费只能增加成本，因此不愿意投保。另外，货物运输合同常常与货物买卖合同同时发生，根据《合同法》第一百四十五条规定："当事人没有约定交付地点或者约定不明确，依照本法第一百四十一条第二款第一项的规定标的物需要运输的，出卖人将标的物交付给第一承运人后，标的物毁损、灭失的风险由买受人承担。"因此这种情况托运人（出卖人）只要办理了货物托运手续后，将货物交付给承运人时，便完成买卖关系。是否要投保，义务不在于托运人。在国内的货物运输合同，根据合同的性质，法律未明确也不允许要求托运人强制保险，因此，本案被告以格式条款形式要求托运人投保，也违反法律、行政法规的强制性规定。

综上所述，韩某的货物托运单上的内容限制了其应对消费者王某的赔偿责任，既未采取合理的方式提请王某注意，也未向王某作出说明，损害了消费者的合法权益，应依法认定该格式条款无效。

审理结果

法院判决货物托运单上的限制韩某赔偿责任的格式条款无效，韩某应按照三台电脑的实际价值对王某予以赔偿。

13 "假一罚十"的承诺是否有效

案情回放①

郭女士在北京公主坟地区买手机时，见某移动电话超市入口处的玻璃上贴有一张告示，郑重承诺：手机"三包"，七天包退、假一罚十。因为有这个承诺，郭女士便花2 525元现金在众弘公司购买了一部摩托罗拉 A388 手机。不久，她在给手机充电时，发现手机电池鼓起了一块。经摩托罗拉公司鉴定，这个手机不是摩托罗拉公司原装手机。郭女士要求众弘公司十倍赔偿，而众弘公司只同意双倍赔偿，并称"五一"期间广告已过时。郭女士便以对方存在欺诈行为为由诉至法院。

问题归纳

1. 本案经营者和消费者在合同中关于"假一罚十"的约定是否具有法律效力？

2. 该约定与《消费者权益保护法》第五十五条、《合同法》第一百一十四条的规定如何协调适用？

法条链接

1.《中华人民共和国合同法》第一百一十四条第一、二款：当事人可以约定一方违约时应当根据违约情况向对方支付一定数额的违约金，也可以约定因违约产生的损失赔偿额的计算方法。约定的违约金低于造成的损失的，当事人可以请求人民法院或者仲裁机构予以增加；约定的违约金过分高于造成的损失的，当事人可以请求人民法院或者仲裁机构予以适当减少。

第五十四条第一款：下列合同，当事人一方有权请求人民法院或者仲裁机构变更或者撤销：（一）因重大误解订立的；（二）在订立合同时显失公平的。

2.《中华人民共和国消费者权益保护法》第五十五条：经营者提供商品或者服务有欺诈行为的，应当按照消费者的要求增加赔偿其受到的损失，增加赔偿的金额为消费者购买商品的价款或者接受服务的费用的三倍；增加赔偿的金额不足五百元的，为五百元。法律另有规定的，依照其规定。经营者明知商品或者服务存在缺陷，仍然向消费者提供，造成消费者或者其他受害人死亡或者健康严重损害的，受害人有权要求经营者依照本法第四十九条、第五十一条等法律规定赔偿损失，并有权要求所受损失二倍以下的惩罚性赔偿。

---

① 该案例来源于以下网址：http：//m. maxlaw. cn/1/21051104/832984620625. shtml.

法理导析

对于本案中所谓的“假一罚十”条款的效力，司法实践中存在两种截然不同的处理思路。一种观点认为，应当认定“假一罚十”的法律性质为“经营者邀请消费者共同约定的一种违约金的支付办法”，但属于显失公平的民事法律行为。《中华人民共和国合同法》第一百一十四条第一、二款规定：“当事人可以约定一方违约时应当根据违约情况向对方支付一定数额的违约金，也可以约定因违约产生的损失赔偿额的计算方法。约定的违约金低于造成的损失的，当事人可以请求人民法院或者仲裁机构予以增加；约定的违约金过分高于造成的损失的，当事人可以请求人民法院或者仲裁机构予以适当减少。”由于“假一罚十”的约定不符合《中华人民共和国合同法》第一百一十四条关于约定违约金的规定，因此是“可以请求人民法院予以变更的”，因为显失公平是属于“可撤销或可变更的民事行为和合同条款”。

另一种观点认为，《中华人民共和国消费者权益保护法》第五十五条的规定是一种关于违约的惩罚性规定，是为了保护消费者的合法权益，同时也是一种最低程度的保护，如果当事人在合同中约定的违约责任条款更有利于保护消费者的合法权益，应该适用当事人约定的条款。国家工商行政管理总局《关于处理侵害消费者权益行为的若干规定》第一条第二款也作出规定：“经营者与消费者有约定或者经营者向消费者作出承诺的，约定或者承诺的内容有利于维护消费者合法权益并严于法律法规强制性规定的，按照约定或者承诺履行；约定或者承诺的内容不利于维护消费者合法权益并且不符合法律法规强制性规定的，按照法律法规的规定履行。”

笔者赞成第二种观点，理由如下：

第一，“假一罚十”有其特定的适用范围，并不与合同法的补偿性赔偿规则相矛盾。“假一罚十”仅适用于消费者与经营者之间，合同法明确经营者对消费者的欺诈的赔偿适用《中华人民共和国消费者权益保护法》的有关规定。《中华人民共和国合同法》第一百一十三条第二款也规定“经营者对消费者提供商品或者服务有欺诈行为的，依照《中华人民共和国消费者权益保护法》的规定承担损害赔偿责任”。可见，合同法本身也是支持经营者对消费者负惩罚性赔偿义务的。

第二，当合同法的自愿原则与公平原则相冲突时，我们应该首先维护自愿原则。公平本身就只有相对公平，且法律并不是否定所有不公平行为的效力，只是否定非自愿条件下的不公平行为的效力。如赠与合同，虽明显不公平，但系当事人真实意思表示，合同法还通过有名合同的方式予以认可和保护。经营者作出“假一罚十”的承诺，只要系其自主自愿，为维护民事主体的意志自由，当然应该承认其效力。

第三，为贯彻与保护市场诚实信用，应承认“假一罚十”的效力。经营者承诺“假一罚十”，一般系营销的手段，而该承诺对消费者是否购买商品或服务，以及购买商品或服务的数量都具有重大影响。否定“假一罚十”承诺的效力，也就是说法律允许经营者说话不算数，漠视消费者的信赖利益，这明显与诚实信用这一民法“帝王规则”相违背。因此，依诚实信用原则，应认可“假一罚十”承诺的效力。

第四，经营者作出的“假一罚十”承诺是可以实际履行的。这一点不同于“保证无毒副作用”“终身保修”等不切实际的虚假宣传。

审理结果

法院经审理认为，证据证明众弘公司在此销售活动中确实有欺诈行为，依法判决众弘公司十倍赔偿郭女士。

14 买卖合同中的质量保证金

案情回放

2013年1月，东莞市鹏程模具公司与广州市依云机械设备公司签订买卖合同，鹏程公司向依云公司供应模胚5套，合同约定：总价款39.6万元，鹏程公司交货后，依云公司支付35万元，剩余4.6万元作为质量保证金，质量保证期1年，期满后未出现质量问题，依云公司支付剩余价款；合同双方有违约行为，应依法赔偿。依云公司在使用鹏程公司交付的模胚过程中，发现模胚材质并非合同约定的“德国原装进口”，而是国产产品，其品质与德国进口产品有较大差距。经测算，鹏程公司的违约行为给依云公司造成损失3.2万元。依云公司通知鹏程公司，不再支付质量保证金4.6万元，并要求赔偿3.2万元。鹏程公司则认为，自己按时交货，尽管模胚材质与合同不符，但并不影响其功能，遂起诉至法院索要合同余款，而依云公司提起反诉。

问题归纳

买卖合同中的质量保证金是何种法律性质?如何适用?

法条链接

《中华人民共和国合同法》第一百零七条：当事人一方不履行合同义务或者履行合同义务不符合约定的，应当承担继续履行、采取补救措施或者赔偿损失等违约责任。

第一百零九条：当事人一方未支付价款或者报酬的，对方可以要求其支付价款或者报酬。

第一百一十一条：质量不符合约定的，应当按照当事人的约定承担违约责任。对违约责任没有约定或者约定不明确，依照本法第六十一条的规定仍不能确定的，受损害方根据标的的性质以及损失的大小，可以合理选择要求对方承担修理、更换、重作、退货、减少价款或者报酬等违约责任。

法理导析

买卖合同中的质量保证金，是为了担保标的物的质量，由出卖人向买受人预先支付的一定数额的金钱或者买受人预留一定数量的价款不予支付，当质量保证期间届满而标的物无质量问题时，买受人应将该笔金钱退还出卖人或者继续支付给出卖人。

质量保证金条款作为合同买方保护自己权益的一种方式，在商品交易以及建设工程、加工承揽中被广泛运用，但由于质量保证金不是法定概念，《合同法》本身并未明确予以规范。

一、质量保证金不属于《担保法》规定的担保方式

《担保法》对担保的方式采取的是法定主义，担保的方式或形式都是法律规定，当事人只能在法律规定的担保方式中选择使用，不能在此之外另行创设新的担保方式，并且必须遵守担保法对各种担保方式具体内容相应的规定。《担保法》第二条第二款规定“本法规定的担保方式为保证、抵押、质押、留置和定金”，《最高人民法院关于适用〈中华人民共和国担保法〉若干问题的解释》第一条规定“当事人对由民事关系产生的债权，在不违反法律、法规强制性规定的情况下，以担保法规定的方式设定担保的，可以认定为有效”。由此可见在我国，担保的法定方式只有上述五种，当事人在借贷、买卖等民事活动中为保障实现其债权，能设立哪些担保方式，各种担保方式有哪些基本功能，只能由法律规定，当事人之间不能创立。而质量保证金虽是为了担保合同标的物之质量，在交易中不乏其例，但相关法律对其却未置明文，其自身不属于法定担保方式之一。从另个角度而言，担保合同是主合同的从合同，却具有相对独立性。如担保合同的成立并非必须以被担保的主合同的现实存在为基础，《担保法》第十四条、第五十九条分别规定了最高额保证和最高额抵押，允许当事人为将来发生的债权提供担保；再如，主合同无效并不引起担保合同必然无效，《担保法》第五条即允许当事人自由约定主合同无效，担保合同的效力不受影响。而相对质量保证金而言，实践中通常表现为买受人保留部分货款的形式作为标的物质量的担保，质量保证金即为特定化的货款，其本身就是主合同价款的一部分，其成立、存续、处分和消灭均随着买卖合同的变动而变动，当买卖合同不成立、无效、被撤销时，质量保证金亦随其命运。综上，笔者认为，质量保证金属于合同的特殊担保措施，但不宜解释为《担保法》所规定的担保。

二、质量保证金责任与违约责任能否并用

《合同法》第一百一十一条规定“质量不符合约定的，应当按照当事人的约定承担违约责任。对违约责任没有约定或者约定不明确，依照本法第六十一条的规定仍不能确定的，受损害方根据标的的性质以及损失的大小，可以合理选择要求对方承担修理、更换、重作、退货、减少价款或者报酬等违约责任”；《最高人民法院关于审理买卖合同纠纷案件适用法律问题的解释》第二十一条规定“买受人依约保留部分价款作为质量保证金，出卖人在质量保证期间未及时解决质量问题而影响标的物的价值或者使用效果，出卖人主张支付该部分价款的，人民法院不予支持”。如果当事人在买卖合同中约定了质量保证金条款，当出卖人违反质量瑕疵担保义务时，质量保证金与违约责任能否并用？本书认为，我国民事责任是以补偿性为原则，惩罚性为例外，若法律无特别规定民事责任具有惩罚性，则应为补偿性，属于损害填补责任。质量保证金的基本功能在于担保标的物的质量，在事前具有一般担保性，事后具有补偿性。在出卖人违反质量瑕疵担保义务，出现质量保证金责任与违约责任竞合时，由于二者责任的承担者皆为出卖人，对同一违约行为依据不同的民事法律关系给予重复制裁，有失公正。出卖人交付了质量不合格的标的物，在质量保证期间未能及时解决质量问题，影响买受人对标的物的使用效果或降低标的物的交换价值时，依据质量保证金条款，质量保证金便转化为对买受人所遭损失的一种补偿。从这一层面看，质量保证金类似违约金，可以比照合同法的违约金规则来处理。只有在出卖人承担了质量保证金责任却仍不足弥补买受人的损害时，买受人才能另行主张违约责任进行填补。

审理结果

法院认为，由于鹏程公司提供的模胚材质与合同不符，鹏程公司应承担违约责任。但鹏程公司的违约行为对依云公司造成的损失少于合同约定的质量保证金，依云公司无权扣减质量保证金之后另行要求赔偿。最终法院判决依云公司向鹏程公司支付减除违约赔偿金后的剩余货款 1.4 万元。

15 古董交易起纠纷，依靠行规还是法律

案情回放[①]

林某是一位来自香港的古董商，2005 年 6 月，他途经上海的时候，由朋友牵线，从来自台湾的古董商刘某手中以 63 万元的价格购买了一块田黄石印章。但是，当林某将这枚印章给一些朋友鉴赏的时候，有人却认为这枚印章是赝品，林某打电话质问刘某，而对方却表示自己当初专门验证过这块石头，并拿出了一份鉴定材料，结果表明这块石头确实是真正的田黄石。为一辨真伪，林某到中国最权威的鉴定机构“国家珠宝玉石质量监督检验中心”，对这块田黄石进行了最终的检测，鉴定结果表明这是一块价格低廉的普通的绿泥石。林某一气之下提出退货，而刘某则表示，自己根本就不是这枚印章的真正主人，是中介方，这枚印章的真正主人名叫陈某，是一位上海的收藏家。在林某看来既然这笔交易自始至终都是与刘某接洽的，自己根本不知道真正的卖主是谁，所以他的损失理所当然应该由刘某来补上。林某坚决的态度终于让刘某作出了让步。双方达成一致，刘某退回了 23 万元的“中介费”，而林某自己去和这位陈某先生商量退货的问题，可是当林某按照名片上的地址，找到陈某的住所时，却发现大门紧锁，陈某不肯出面，林某只有再一次把矛头指向了刘某。而刘某坚持自己的中介身份，认为按照行规自己没有责任来保障东西的质量，不愿退回剩余的 40 万元，所以在 2006 年 5 月的时候，林某将刘某告上法庭，要求解除这枚印章的买卖合同，归还自己 40 万元以及相

---

① 该案例来源于央视国际网址：http：//www.cctv.com/program/jjyf/20070308/101277.shtml.

关的利息。

在开庭过程中，法官决定首先对于刘某是否中介这个问题进行调查。因为原被告双方争议的焦点就是这笔交易是中介行为还是买卖行为，法院在调查过程中联系到了陈某。陈某将他与刘某之间签订的转让协议书提交给了法院，在这份友情转让协议书中，甲方是陈某，乙方是刘某，协议书上写明双方经多次协商，甲方愿以人民币 40 万元整价格，友情转让田黄石印章给乙方收藏，双方承诺转让成交、银货两清后，各自永不反悔。这份协议一出现，刘某的中介身份是肯定不能成立了。可是没想到，刘某又提出，即使自己是卖家，林某现在要求退货也是不可能的，因为按照古董业的行规，买了假货只能当交了“学费”，是不能退货的。而林某一方则认为买了假的东西当然应该退货，甚至还要赔偿。双方为此争论不休。

问题归纳

1. 古董交易的“行规”是否具有合理性？是否应当受到必要限制？

2. 古董交易如果发生纠纷，是按“行规”处理，还是应当遵守法律规定？

法条链接

1.《中华人民共和国民法通则》第四条：民事活动应当遵循自愿、公平、等价有偿、诚实信用的原则。

2.《中华人民共和国合同法》第五十四条第一、二款规定，因重大误解订立的合同、在订立合同时显失公平的合同，当事人一方有权请求人民法院或者仲裁机构变更或者撤销。

第九十四条第四款规定，当事人一方迟延履行债务或者有其他违约行为致使不能实现合同目的的，当事人可以解除合同。

法理导析

一、古董交易“行规”是否合理

古董交易是一种特殊的商品交易，其特殊性表现在专业性强、交易手段多样、交易物品缺乏替代性和可比性、难以确定统一的价值衡量标准等。正是基于古董交易特有的各种不确定性，长期以来，古董交易形成了自己特定的交易惯例，即所谓“行规”。古董能否购得真品，全凭买家的鉴赏能力。

（一）古董交易“行规”具有一定的合理性

近年来，我国民间古董收藏迅猛发展，真与假是其中最为敏感的话题。一旦买卖双方发生纠纷，是依靠“行规”还是“法律”，一直是一个有争议性的话题。

首先，古董交易的“行规”是否具有合理性？是否应当受到必要限制？应当说，古董交易行规，长久以来得以形成、存续并为大家普遍接受，必然在一定程度上有其内在合理性。第一，它体现了买者自慎这一合同法的古老原则。所谓“买者自慎”原则，是指在合同订立过程中一方应当依赖自己掌握的知识作出判断，另一方对于有关合同或标的物的信息没有告知的义务，合同达成之后另一方对于标的物的瑕疵概不承担责任，唯一的限制是不得使用欺诈与虚假陈述。这一原则的理论基础在于，每一个人都是自己权益的最佳维护者，在交易过程中都应妥善照管自己的利益，在订立合同的过程中，当事人应当基于自己的利益，付诸合理的努力了解与合同相关的情况，没有理由依赖对方。第二，它符合合同法领域利益与风险的分配机制。合同订立过程本身，就是当事人基于其价值判断而进行的对预期的利益和可预见的风险之间的权衡。在古董交易中，基于各人喜好和鉴赏能力而形成的价值判断标准不一，因此，对特定交易所隐含的利益与风险的评判也因人而异，利益是交易的动因，而不能确定的风险是当事人必须考量的交易成本，当事人在两者相权衡的基础上自由决定是否交易。一旦交易完成，当事人事后经鉴定或其他途径发现真正的利益与风险并不符合其当初的预期，甚至可能大相径庭，也不能以重大误解或显失公平为由要求解除合同。否则，古董作为一种蕴含高度不确定性的特殊商品，交易本身稳定性和安全性就难以保证。古董交易确立行规的目的就是为了维护和保证交易的稳定和秩序，以维系整个市场的运作和存续。这种风险与利益的分配机制也符合民事法律关系中权利与义务相适应的基本原则。

（二）“行规”也需受到一定的限制

不过，“行规”有时也需加以限制。因为，行规是基于法治的自治，其前提是合法，基点是合理，它是法律法规的补充，其有效性只能在合乎法律法规的前提下才能得以实现。行规由于受其背后的经济利益影响，不可避免地带有行业的局限性和狭隘性，所以它的适用必须受到法律的规制。

二、古董交易起纠纷，依“行规”还是遵照“法律”

古董交易如果发生纠纷，是按“行规”处理，还是应当遵守法律规定？目前古董收藏界、法律界对如何处理这类交易纠纷，在认识上还存在很大分歧，在司法操作上也有很多不同，在现实中存在法律规范缺位的问题。①

法律界人士认为，虽然目前我国对古玩交易缺乏相应的司法解释，但它作为民事行为中的一种，《民法通则》《合同法》同样可以规范。在这一点上，这个行业并没有什么特殊性。但是，基于古董行业的特殊性，立法规制也必须符合民间古董收藏的实际。

根据现有法律规定，古董交易行规的适用应遵循以下原则：首先是双方当事人地位平等，在交易过程中，不得有欺诈、胁迫、虚假陈述、利用优势地位误导等情况；其次是在交易过程中，如卖方就交易物品或交易相关的信息有明示或保证，则其应受到约束。实践中，除故意出售伪造文物的要追究其刑事责任外，另有两种情形应予区别对待：其一，卖方认为文物为真品，但出售后被鉴定为赝品的，因其主观上并无欺诈故意，不宜定性为诈骗。应属“重大误解”行为，可由法院或仲裁机关予以变更或者撤销。或者基于构成违约行为不能实现合同目的，当买方提出解除合同时，人民法院应当予以解除。其二，对交易双方受鉴赏能力限制而无法确认真伪，但买方自愿购买的，事

---

① 2002年3月，一德国人在北京买下五幅名画，后来发现全是赝品。法院最后依据《消费者权益保护法》的有关条款，判决卖方双倍返还购画款。但是此案至今仍留有争议，古玩界的人认为，买古玩是一种投资行为，并不是消费，因此不适用《消费者权益保护法》，“买古玩就是一种投资，是博彩，本身就有风险”。在2003年发生的另一起案例中，湖北省某古玩商以39 000元向罗某出售10多件藏品。后来罗某发现藏品全是假的，报了案。当地公安机关以诈骗巨额财物罪将此商贩逮捕，经法院审理被判刑。

后经鉴定属赝品的，应依照行规、行约调整。

本案中，刘某的中介身份已经不能成立，作为卖家，他已经向林某明示印章是“田黄石”材质，他就应受到这一交易条件的约束，应当交付“田黄石”材质而非其他材质的印章，否则，就构成违约，而导致买方不能实现合同目的。依照《合同法》第九十四条的规定，当事人一方有其他违约行为致使不能实现合同目的，当事人可以解除合同。因此，原告林某提出解除该买卖合同，有法律依据，应当获得法律支持。

审理结果

2006 年 11 月 16 日，上海市静安区法院对本案进行审理后，判决解除双方订立的买卖合同，被告刘某返还原告林某款项 40 万元。法官认为在古董圈子里，双方愿意按照行规来交易，或者按照行规来履行协议，法律不会干涉，但是行规不能逾越法律规定，任何行规必须在法律的规范下运行。

16 销售广告宣传资料不实，上海 38 户业主告倒开发商

案情回放①

2000 年、2001 年间，上海某房产开发商将自己建造的“静安丽舍——恒辉阁”房产对外预售。期间，房产开发商分别以 1997 年和 2000 年版《上海市商品房预售合同》，与购房业主签订合同。两版合同最大的区别在于，对于开发商擅自变更房屋建筑设计，向业主承担的违约金数额分别规定为业主所支付房价款的 5% 和 3% 。

合同签订后，业主们先后支付了全部购房款，入住所购房屋。2002 年 2 月，开发商又开始建造“静安丽舍”二期，并于同年 2 月 28 日，在“恒辉阁”大堂张贴经修改后的小区规划平面图及开工敬告。业主们这才得知，拟建的“荣辉阁”与“恒辉阁”的间距，从原来约定的 50 米缩小为 30. 4 米。业主们对开发商擅自变更小区规划表示不满，起诉要求开发商赔偿违约金损失费。

在法庭上，案件争议焦点集中在：房产开发商是否擅自改变小区规划而导致对业主们的违约？业主认为，根据开发商提供的售楼宣传资料，小区规划平面图显示“荣辉阁”应为点式高层建筑。尽管双方未将该小区规划平面图附属在合同中，但开发商在宣传资料中所附的平面图应视为对整个小区业主的承诺。开发商把“荣辉阁”点式改板式，违反了售楼时对业主的承诺。房产开发商则表示，变更小区规划已获有关部门批

① 该案例来源于新浪网：http：//bj. house. sina. com. cn/n/jf/2003-07-30/26188. html.

准，且小区变更规划系政府提出的要求，非自己的责任；宣传资料中的标图是不特定的，仅属一种方案，没有作为合同附件附属在合同中，应认定双方对小区规划并无约定。业主们的预售合同中，虽附有小区平面示意图，但示意图注明“本规划图属规划阶段方案图，最终以静安规划土地局批准文件为准”。所以才在38户业主居住的“恒辉阁”大堂张贴告知。即使构成违约，也应按照合同内容作退房处理。至于楼房间距不足50米及绿化率50%的内容，合同中并无约定，不构成对业主的违约。

问题归纳

1. 商品房销售合同的当事人双方如果违反了诚实信用原则，是否构成违约？

2. 如何理解商品房广告宣传中的要约和要约邀请？

法条链接

一、法律法规

1.《中华人民共和国合同法》第六条：当事人行使权利、履行义务应当遵循诚实信用原则。

第十四条：要约是希望和他人订立合同的意思表示，该意思表示应当符合下列规定：（一）内容具体确定；（二）表明经受要约人承诺，要约人即受该意思表示约束。

第十五条：要约邀请是希望他人向自己发出要约的意思表示。寄送的价目表、拍卖公告、招标公告、招股说明书、商业广告等为要约邀请。商业广告的内容符合要约规定的，视为要约。

2.《中华人民共和国广告法》第四条第一款：广告不得含有虚假或者引人误解的内容，不得欺骗、误导消费者。

二、其他

1.《最高人民法院关于审理商品房买卖合同纠纷案件适用法律若干问题的解释》（法释〔2003〕7号）第三条：商品房的销售广告和宣传资料为要约邀请，但是出卖人就商品房开发规划范围内的房屋及相关设施所作的说明和允诺具体确定，并对商品房买卖合同的订立以及房屋价格的确定有重大影响的，应当视为要约。该说明和允诺即使未载入商品房买卖合同，亦应当视为合同内容，当事人违反的，应当承担违约责任。

2.《房地产广告发布暂行规定》第三条：房地产广告必须真实、合法、科学、准确，符合社会主义精神文明建设要求，不得欺骗和误导公众。

法理导析

一、违反诚实信用原则，是否要承担法律责任

《合同法》第六条规定：“当事人行使权利、履行义务应当遵循诚实信用原则。”诚实信用原则被奉为民法的“帝王条款”，合同当事人从事合同行为时，应当向对方当事人承担善意、真实、守信的责任，保证不向对方实施欺诈、蒙骗、损害对方合法利益的行为。其精神已化为具体的条文规定而贯穿于合同的订立、履行至终止的各个阶段，合同当事人必须遵守。当事人在合同生效后至合同履行终止前实施的违反诚实信用的行为，属于违约行为。

当前，我国的商品房市场发展快速，在有力带动经济社会发展的同时难以避免的引发了大量的商品房买卖纠纷，一些房地产开发企业为了吸引购房者或卖出更高的价格而在销售广告中作出虚假宣传在最后交房时又无法兑现，无疑损害了广大购房者的合法利益。因此，如何规范房地产开发企业和保护购房者的合法权益更已成为理论与实务界的研究热点。

在本案中，小区楼房间距有50米、绿化率为50%，是这38位购房者选择该楼盘的重要因素，该项内容虽未成为合同条款及附件内容，但在购房者将此作为购房因素并签订购房合同、支付房款后，房产公司就受该宣传广告的约束，理应提供与其宣传相符合的外部环境。房产公司未能提供与此约定相符合的外部环境，当然违背了诚实信用原则，购房者有权请求赔偿。

二、商品房销售广告到底是“要约”还是“要约邀请”

要约是希望和他人订立合同的意思表示。而要约邀请是希望他人向自己发出要约的意思表示，又称要约引诱。两者的主要区别在于：（1）要约是当事人自己主动愿意订立合同的意思表示，以订立合同为直接目的；要约邀请是当事人希望对方主动向自己提出订立合同的意思表示。（2）要约必须包括将来可能订立的合同的主要内容，要约中含有当事人表示愿意接受要约约束的意思；而要约邀请则不含有当事人接受约束的意思。（3）要约大多数针对特定相对人，故往往采用对话或信函的方式；而要约邀请一般针对不特定相对人，故往往通过电视、报刊等媒介手段。

商品房销售广告不实引起的纠纷关键点就在销售广告到底是要约还是要约邀请，因为如果是要约，即使广告没有在双方签订买卖合同的附件中，只要消费者承诺购买，开发商违反广告中的相关约定，就构成违约，要承担相应的违约责任。如果是要约邀请，那么开发商所作的不实广告宣传没有体现在买卖合同附件中，开发商就不构成违约，所引起的广告不实纠纷的风险就转嫁给消费者。

根据法律规定，原则上商业广告和商品房的销售广告和宣传资料属于要约邀请，但是，当商品房的销售广告和宣传资料同时符合下列条件时，其性质将变为要约，出卖人违反的，将承担违约责任：（1）是出卖人就商品房开发规划范围内的房屋及相关设施所作的说明和允诺；（2）该说明和允诺具体确定；（3）该说明和允诺对商品房买卖合同的订立以及房屋价格的确定有重大影响；（4）该说明和允诺不论是否载入商品房买卖合同。

具体而言：第一，如何理解“商品房开发规划范围内的房屋及相关设施”？对此，通常情况下应理解为规划批准的项目用地范围内的所有建筑及配套的硬件设施，包括三个层次：（1）房屋结构部分，房屋内装饰装修、水电煤气、各种管线等；（2）房屋所在楼宇的公共部分，比如大堂、电梯间、楼梯间、外立面等的造型、颜色、用材及品牌、装饰装修标准等；（3）房屋所属项目的配套、绿化、规划道路、供暖方式等。软件部分则不应包括在内，如选聘的物业管理公司的品牌，服务配套中服务商的品牌。因此，在广告宣传中，对硬件部分应非常慎重，而对于在销售中作为卖点公开承诺的很具体的软件部分，只要承诺时实事求是，产品交付时与第三方的合同确实在履行，就应认定宣传者已履行承诺，不必要求软件部分像房屋一样长期不变。此外，如果对超出商品房开发规划范围外的事务的说明和承诺对客户非常重要又比较具体明确，不能排除被认定为要约。

第二，如何理解“说明和允诺具体确定”？具体确定是区分要约和要约邀请的很重要的一点。所谓具体确定，通常是指要约的内容明确、全面，受要约人通过要约能清楚地知道要约人的真实意思表示和将来可能订立的合同的主要内容。

第三，如何理解“对商品房买卖合同的订立以及房屋价格的确定有重大影响”？什么样的说明和允诺对想要订立商品房买卖合同的客户具有重大的影响，因人而异，不同的客户关注点会非常的不同，此条把握完全靠法官的自由裁量并参照社会的一般习惯，因为谁也不可能去知道消费者在买房时的真实心态，一般来说是要根据各个小区的环境情况来综合判断。

综上，如果广告宣传内容不是很具体明确，则不管涉及什么范围，都应认定为要约邀请；如果广告宣传内容具体明确，则应审慎对待，不管涉及什么范围，都有可能被认定为要约。

具体到本案中，房产开发商在销售广告和宣传资料中所附的小区规划平面示意图，显示的是小区平面布局，具体明确，这对双方预售合同的订立及房价的确定有重大影响，应视为要约。尽管平面示意图未附属在双方签订的《上海市内销商品房预售合同》中，但亦应视为合同的内容之一，对当事人双方均产生约束力。示意图中明确注明“荣辉阁”为点式高层建筑，开发商未经业主们的同意，却在“静安丽舍”二期施工中，改成了板式建筑，使得“恒辉阁”与“荣辉阁”之间的间距缩小至30.4米，明显违反了小区规划，属于违约行为，应承担相应的违约责任。

审理结果

静安区法院审理后认为，房产开发商未经业主们的同意，在“静安丽舍”二期施工中，改成了板式建筑，使得“恒辉阁”与“荣辉阁”之间的间距缩小至30.4米，明显违反了小区规划，属于违约行为，判决分别按照两版合同约定的违约金数额进行赔偿。

17 50岁的房说成30岁，法院一审判决撤销合同返定金

案情回放[①]

据刘女士称，2013年1月1日她通过我爱我家公司，与赵先生签订了房屋买卖合同，购买其位于北京海淀区西土城路的一套建筑面积为16平方米的房屋，并向赵先生支付定金7 000元。刘女士声称，在签约前，赵先生和中介都告诉她房屋建造于1982年，但是在1月9日，通过向海淀区房管局核实，得知房屋竣工于1961年。并且，其之所以购房，是因可商贷，可落户，便于孩子上学。但后经询问，该房屋不能办理二手房商贷。因此她认为赵先生与我爱我家公司在促成合同过程中，存在提供虚假信息或故意隐瞒真实情况的行为，遂诉至法院，请求判令撤销房屋买卖合同，赵先生立即双倍返还定金14 000元。房主赵先生不同意刘女士的诉讼请求，声称房屋的建造年代是中介介绍的，自己也不清楚，从未告知过刘女士，且刘女士自称关注的是落户问题，得知房屋1976年有人入住后，仍与自己签补充协议，让自己将里面两人户口迁走。2013年2月，赵先生将房屋出售过户给案外人。由此，我爱我家公司同意撤销合同，但是声称刘女士买房时就知晓房屋情况，公司是从赵先生口中得知房屋构造年代并告知刘女士的。

问题归纳

1. 什么是可撤销合同？可撤销合同具体包括哪些类型？

2. 定金担保方式具有哪些特点？

法条链接

一、法律法规

1.《中华人民共和国合同法》第八条：依法成立的合同，对当事人具有法律约束力。当事人应当按照约定履行自己的义务，不得擅自变更或者解除合同。依法成立的合同，受法律保护。

第五十四条第一、二款：下列合同，当事人一方有权请求人民法院或者仲裁机构变更或者撤销：（一）因重大误解订立的；（二）在订立合同时显失公平的。一方以欺诈、胁迫的手段或者乘人之危，使对方在违背真实意思的情况下订立的合同，受损害方有权请求人民法院或者仲裁机构变更或者撤销。

---

① 该案例来源于北京晚报网：http：//bjwb. bjd. com. cn/html/2013-06/13/content_ 81349. htm.

第五十五条：有下列情形之一的，撤销权消灭：（一）具有撤销权的当事人自知道或者应当知道撤销事由之日起一年内没有行使撤销权；（二）具有撤销权的当事人知道撤销事由后明确表示或者以自己的行为放弃撤销权。

2.《中华人民共和国民事诉讼法》第六十四条：当事人对自己提出的主张，有责任提供证据。当事人及其诉讼代理人因客观原因不能自行收集的证据，或者人民法院认为审理案件需要的证据，人民法院应当调查收集。人民法院应当按照法定程序，全面地、客观地审查核实证据。

3.《中华人民共和国合同法》第五十八条：合同无效或者被撤销后，因该合同取得的财产，应当予以返还；不能返还或者没有必要返还的，应当折价补偿。有过错的一方应当赔偿对方因此所受到的损失，双方都有过错的，应当各自承担相应的责任。

第一百一十五条：当事人可以依照《中华人民共和国担保法》约定一方向对方给付定金作为债权的担保。债务人履行债务后，定金应当抵作价款或者收回。给付定金的一方不履行约定的债务的，无权要求返还定金；收受定金的一方不履行约定的债务的，应当双倍返还定金。

二、其他

《最高人民法院关于贯彻执行〈中华人民共和国民法通则〉若干问题的意见（试行）》（简称《民通意见》）第六十八条：一方当事人故意告知对方虚假情况，或者故意隐瞒真实情况，诱使对方当事人作出错误意思表示的，可以认定为欺诈行为。

法理导析

一、本案的合同是否属于可撤销合同？具体属于哪一种类型？

所谓可撤销合同，就是因意思表示不真实，通过有撤销权的当事人行使撤销权，使已经生效的意思表示归于无效的合同。它包括因重大误解订立的合同，显失公平的合同，以及因欺诈、胁迫、乘人之危而订立的合同。

所谓因重大误解订立的合同是指当事人一方因为自己的认识错误对合同的内容产生误解而订立的合同，这种认识错误，并不是由于行为人受到对方的欺诈、胁迫或者对方乘人之危而被迫订立的合同，而使自己的利益受损，而是由于行为人自己的大意、缺乏经验或者信息不通而造成的。重大误解有双方误解和单方误解两种情况。根据我国已有的司法实践，行为人因为行为的性质，对方当事人，标的物的种类、质量、规格和数量，履行地点或者履行期限、履行方式等发生误解，使行为的后果与自己的意思相悖，足以对当事人的利益造成重大损害的，可认定为重大误解。如当事人误以为出租为出卖，把甲当事人误以为乙当事人与之签订合同，把大豆误以为黄豆加以购买，买卖双方误将本为复制品的油画当成真品买卖等，都可构成重大误解。

所谓显失公平的合同，就是一方当事人在紧迫或者缺乏经验的情况下订立的使当事人之间享有的权利和承担的义务严重不对等的合同。标的物的价值和价款过于悬殊、承担责任、风险承担显然不合理的合同，都可称为显失公平的合同。掌握显失公平制度还要搞清其与正常的商业风险的区别。在市场经济条件下，要求各种交易中给付和对价给付都达到完全的对等是不可能的，做生意都是有赔有赚，从事交易必然要承担风险，并且这种风险都是当事人自愿承担的，这种风险造成的不平衡如果是法律允许的限度范围之内，这种风险就是商业风险。显失公平制度并不是为免除当事人所应承担的正常商业风险，而是禁止限制一方当事人获得超过法律允许的利益；同时显失公平制度下，一方当事人一般是利用了另一方当事人的草率或者无经验等而订立的合同，而在正常的商业风险下，不存在这种情况。

所谓一方以欺诈、胁迫的手段或者乘人之危，使对方在违背其真实意思的情况下订立的合同，具体包括三种情形：欺诈、胁迫和乘人之危。一方当事人故意告知对方虚假情况，或者故意隐瞒真实情况，诱使对方当事人作出错误意思表示的，构成欺诈行为。胁迫是指向对方当事人表示施加危害，使其发生恐惧而订立合同。乘人之危，是指一方当事人乘对方处于危难之机，为谋取不正当利益，迫使对方违背自己的真实意愿与己订立合同。

本案中刘女士通过我爱我家公司与赵先生签订了购房合同，合同签订后对双方当事人都具有法律上的约束力，其应当按照合同约定履行自己的义务，一方当事人如果认为该合同存在可撤销的情形，就应当举证证明该合同签订过程中存在欺诈、胁迫、重大误解、乘人之危或者是显失公平的情形，并且应当在法定的一年的诉讼时效内提起诉讼，否则其主张无法得到法院的支持。原告刘女士主张合同签订过程中存在欺诈情形，故根据民事诉讼中“谁主张、谁举证”的举证规则，其需举证证明其主张，但从其提交的证据来看，其主张欺诈并不具备法律上的说服力，但是刘女士提交的证据能够证明我爱我家公司错误陈述，并且刘女士听信我爱我家公司提供的情况后未予核实，便作出错误判断，签订房屋买卖合同，不是她真实意愿的表示，所以签订的合同应当属于可撤销合同。同时，刘女士对房屋使用年限及价款产生错误认识，是由于自己的过失造成的，应属重大误解。

二、本案中为什么刘女士主张返还定金没有法律上的依据？

本案中，刘女士与赵先生签订的合同属于可撤销合同中的重大误解合同，合同如果被撤销，合同效力归于消灭，当事人取得财产的法律根据已经丧失，给付财产一方可请求受领财产的一方返还财产。如果给当事人造成损失的，有过错一方还应当向无过错一方赔偿因合同被撤销所造成的损失。双方皆有过错的情况下，应各自承当相应的责任。在法律上，这属于缔约过失责任的范畴，不属于违约责任。双方在订立合同时刘女士交付了定金，如果没有明确约定，则属于违约定金的范畴，其定金罚则仅在债务人拒绝履行、不能履行以及逾期履行或不完全履行发展到不能履行的结果等数种情况下发生效力，否则不发生不再返还或双倍返还的效果。因此，刘女士主张双倍返还，没有法律上的依据。

审理结果

法院经审理后认为，刘女士在未核实房屋真实信息的情况下，和我爱我家公司签订房屋买卖合同，应属重大误解，故判决撤销房屋买卖合同，赵先生应返还刘女士已付定金，但刘女士主张双倍返还定金无法律依据，法院不予支持。

18 无因管理引发的纠纷

案情回放[1]

2005年3月，被告彭某由原告黄某介绍帮助，在丰城市剑南信用社贷款20 000元。同年7月，被告彭某与被告刘某登记离婚。之后被告彭某离开借款所在地江西丰城。原告黄某于2005年7月、8月分两次代被告彭某付还该笔借款及利息，共计20 266元。原告黄某向两被告催讨无果，形成纠纷。

问题归纳

1. 本案原告黄某和被告彭某之间是否成立无因管理之债？
2. 无因管理之债是否应该由夫妻共同承担？

法条链接

1.《中华人民共和国民法通则》第九十三条：没有法定的或者约定的义务，为避免他人利益受损失进行管理或者服务的，有权要求受益人偿付由此而支付的必要费用。

2.《中华人民共和国婚姻法》第三十九条第一款：离婚时，夫妻的共同财产由双方协议处理；协议不成时，由人民法院根据财产的具体情况，照顾子女和女方权益的原则判决。

第四十一条：离婚时，原为夫妻共同生活所负的债务，应当共同偿还。共同财产不足清偿的，或财产归各自所有的，由双方协议清偿；协议不成时，由人民法院判决。

法理导析

无因管理就是指没有法律规定或者合同约定的义务，自动地为他人管理事务或者服务的行为。所以无因管理的构成须具备三个条件：首先有为他人管理事务或服务的目的；其次有为他人谋利益的意图；最后就是这种行为的作出无法律规定或合同约定的义务，也就是当事人为本人谋取利益，管理本人事务或者服务的行为没有任何义务的约束，既没有法律的规定，同时也没有任何合同的约定，可以说完全是一种自发的行为，无因管理人进行适当管理。而基于无因管理所形成的债务就是无因管理之债。那么对于这种债务，法律必须给予保护。

本案的原告在没有任何法定或者约定义务的情况，基于减少被害人的损失，为被害人清理偿还债务，从实际上使被告的债务合同消灭，同时不用支付债务本金和利息，被

[1] 该案例来源于以下网址：http：//case. mylegist. com/1446/2010-03-03/4602. html.

管理人已经得到了利益，那么无因管理已经形成。而原告给予无因管理行为所付出的利益，被告必须偿还，两者之间已经成立无因管理之债。这种债受法律保护，被管理人必须偿还。由于原告和被告之间的无因管理之债成立，原告就成为债权人，被告就成为债务人。

另外，我国婚姻法的司法解释规定：债权人就婚姻存续期间夫妻一方以个人名义所负债务主张权利的，应当按夫妻共同债务处理，但夫妻一方能够证明债权人与债务人明确约定为个人债务，或者能够证明属于《婚姻法》第十九条第三款规定情形的除外。由于在本案中，债务的发生就在两被告的婚姻关系存续期间，而被告丈夫未能拿出证据证明自己不该承担债务责任，所以该债务可以成立由夫妻共同承担。

审理结果

法院认为，被告彭某与丰城市剑南信用社为借贷合同关系，该合同关系中前者为债务人，后者为债权人。原告黄某在被告彭某离开借贷所在地后，为了被告彭某的利益，代其偿还了该笔借款及利息。此种情况下，被告彭某与丰城市剑南信用社的合同之债因他人的代为履行归于消灭。原告黄某自愿代被告彭某偿还前述借款及利息，被告彭某由此取得利益，两者之间形成无因管理之债。

被告彭某前述无因管理之债，应按被告彭某、刘某夫妻存续期间的共同债务处理。原告黄某诉求被告刘某亦应承担还款责任，于法有据，理由充分，本院予以支持。依照《中华人民共和国民法通则》第八十四条、第九十三条、第一百零八条、《最高人民法院关于适用〈中华人民共和国婚姻法〉若干问题的解释（二）》（简称《婚姻法解释（二）》）第二十四条、《中华人民共和国民事诉讼法》第一百三十条之规定，判决如下：被告彭某向原告黄某支付 20 266 元，限本判决生效之日起五日内付清，被告刘某承担连带清偿责任（逾期履行按《中华人民共和国民事诉讼法》第二百三十二条的规定执行）。

19 紧急避险的认定及民事责任分担

案情回放①

2006 年 5 月 13 日下午 2 时许，原告艾某驾驶一辆农用四轮车（限载量 1 吨，限载人数 2 人）为他人运送货物，其时车上载货 1.9 余吨，驾驶室乘坐 3 人。途经某公路时，被告彭某、彭某某两兄弟以原告开车碰坏其摩托车为由，骑车快速追赶原告，并在

① 该案例来源于以下网址：http：//anli. lawtime. cn/mfmsssf/20120313249743. html.

追上原告后，突然强行超车，并连人带车横拦于正常行驶的原告车前方约4米处。原告发现后，为不伤及两被告，遂将方向盘向右猛打，致使人车货一起栽入路旁排水沟内，造成各项损失共计8 258元。

问题归纳

1. 原告的行为是否构成紧急避险？
2. 原告的损害应由谁承担？

法条链接

1.《中华人民共和国民法通则》第一百二十九条：因紧急避险造成损害的，由引起险情发生的人承担民事责任。如果危险是由自然原因引起的，紧急避险人不承担民事责任或者承担适当的民事责任。因紧急避险采取措施不当或者超过必要的限度，造成不应有的损害的，紧急避险人应当承担适当的民事责任。

2.《中华人民共和国侵权责任法》第三十一条：因紧急避险造成损害的，由引起险情发生的人承担责任。如果危险是由自然原因引起的，紧急避险人不承担责任或者给予适当补偿。紧急避险采取措施不当或者超过必要的限度，造成不应有的损害的，紧急避险人应当承担适当的责任。

法理导析

一、原告行为是否构成紧急避险

所谓紧急避险是指为了保护公共利益、本人或他人的人身、财产和其他权利免受正在发生的危险，在迫不得已的情况下实施的以损害较小合法权益来保护较大合法权益的行为。其特点在于，在两个合法权益发生冲突，又只能保护其中一个的紧急情况下，允许为了保护较大的权益而牺牲较小的权益。从整体上看，紧急避险行为是有益于社会的行为，它既是公民的一项合法权利，也是公民在道义上应尽的一项义务。然而法律上对于紧急避险的界定是非常严格的，通常认为，紧急避险须由以下三个要件构成：

第一，必须有危险的存在。这种危险是正在发生的、实际存在的，不采取措施就会造成更大损害的危险。并且这种危险必须是如不采取措施就会损害社会公共利益、本人或他人的生命健康或财产的危险。对于尚未发生的危险，或者虽已发生但属于侵害人格权的危险，不能实施紧急避险。该案中，两被告连人带车违规突然横拦于正常行驶的原告车前约4米处，毫无疑问，在当时非常突然的瞬间，要求原告采取急刹车而将车子停住从而既保全两被告又保全自己是非常苛刻的，况且原告驾驶的是一辆农用四轮车且超载，在短短的4米距离将车子紧急刹停也不太可能。因此，本案中危险是客观存在的。

第二，必须有避险的行为。避险是以损害某种利益来保全另一种利益的行为。这也就是说，紧急避险须有损害某一利益而保全另一利益的目的、动机和事实。正因为避险行为是以损害一个利益来保全另一利益的损害行为，所以不在迫不得已的情况下不得采取。如果行为人损害一利益不是为了保全另一利益的，则此行为不能为紧急避险，而只能属于侵权行为。本案中，原告正是为了保全另一利益，即避免伤及两被告而在迫不得已的情况下损害自身的利益的，在当时当地情形下，原告所采取的行为是避免撞伤或撞死两被告的唯一选择。

第三，必须避险措施适当。因为紧急避险是以损害某一利益为代价的，为避免造成不应有的损害，要求避险措施应当适当。所谓适当，其基本要求就是所损害的利益必须小于保全的利益。如果因避险所损害的利益大于或等于保全的利益，此种避险就属于不适当的。

根据以上紧急避险的构成要件，从本案的具体情况来看，原告是在发生危险迫不得已的情况下，以损害自己而保全两被告的，且其损害的自身权益远远小于伤及两被告，因此原告的行为依法构成紧急避险。

二、原告的损害应由谁承担

《民法通则》第一百二十九条规定："因紧急避险造成损害的，由引起险情发生的人承担民事责任。如果危险是由自然原因引起的，紧急避险人不承担民事责任或者承担适当的民事责任。因紧急避险采取措施不当或者超过必要的限度，造成不应有的损害的，紧急避险人应当承担适当的民事责任。"如前所述，本案原告的行为属于紧急避险，而险情系由两被告引起，故原告的损害应依法由两被告承担。但原告在本案当中存在超载等违章行为，对损害后果的发生也有一定的过错。依据《民法通则》第一百三十一条，受害人对于损害的发生也有过错的，可以减轻侵害人的民事责任的规定，原告也应自行承担一定的责任。

审理结果

法院经审理认为，原告在两被告骑摩托车超越自己并违规横拦于其车前的情况下，为不伤及两被告而采取向右急打方向盘，导致翻车的行为，属紧急避险，其损害应依法由引起险情的两被告承担。但原告在运输过程中超过核定的限载量及限乘量载货、载人，其违章行为对翻车的损害后果也有一定的过错，应自行承担相应的民事责任。据此，一审判决由两被告承担主要责任，赔偿原告车辆维修费等各项损失 5 780.60 元，原告自行承担次要责任。

20 夫妻一方擅自处分共有房屋，可否适用善意取得

案情回放[①]

李某与王某于1998年登记结婚，两人用婚后所得工资于2004年购买了某小区208室房屋共同居住，房屋产权登记在王某名下。2008年6月6日，因家庭矛盾，双方发生纠纷，进行争吵，以致夫妻感情不和。7月6日，王某与张某联系，商量将房屋以30万元价格卖给张某，商谈过程中，王某出示了房屋所有权证，带张某实地察看了房屋，并谎称其妻李某同意出卖房屋。后张某付清30万元，双方在房管部门办理产权变更登记手续时，王某提交了房屋所有权证、结婚证、伪造李某签名的出售房屋委托书等，张某取得了房屋的新产权证。3个月后，此事被李某发现，找张某要房，被张某拒绝。李某以王某为被告，张某为第三人，向人民法院起诉，要求确认房屋买卖合同无效，由张某返还房屋。本案在审理过程中，经李某申请，法院委托有资质的评估鉴定所进行评估鉴定，确定讼争房屋的市场交易价为389 251.2元。

问题归纳

1. 夫妻关系存续期间，用共同收入所购买的仅登记在一方名下的房产，是否属于夫妻共同财产？

2. 夫妻关系存续期间，一方擅自处分共同所有的房产，是否属于家事代理？

3. 夫妻关系存续期间，一方擅自处分共同所有的房产，如何判断第三人是否构成善意取得？

法条链接

一、法律法规

1.《中华人民共和国婚姻法》第十七条第一款第（一）项规定，夫妻在婚姻关系存续期间所得的工资、奖金，归夫妻共同所有。

2.《中华人民共和国物权法》第一百零六条第一、二款：无处分权人将不动产或者动产转让给受让人的，所有权人有权追回；除法律另有规定外，符合下列情形的，受让人取得该不动产或者动产的所有权：（一）受让人受让该不动产或者动产时是善意的；（二）以合理的价格转让；（三）转让的不动产或者动产依照法律规定应当登记的已经

① 该案例来源于以下网址：http：//www.66law.cn/goodcase/8645.aspx.

登记，不需要登记的已经交付给受让人。受让人依照前款规定取得不动产或者动产的所有权的，原所有权人有权向无处分权人请求赔偿损失。

二、其他

1.《最高人民法院关于适用〈中华人民共和国婚姻法〉若干问题的解释（一）》第十七条：婚姻法第十七条关于“夫或妻对夫妻共同所有的财产，有平等的处理权”的规定，应当理解为：（一）夫或妻在处理夫妻共同财产上的权利是平等的。因日常生活需要而处理夫妻共同财产的，任何一方均有权决定。（二）夫或妻非因日常生活需要对夫妻共同财产做重要处理决定，夫妻双方应当平等协商，取得一致意见。他人有理由相信其为夫妻双方共同意思表示的，另一方不得以不同意或不知道为由对抗善意第三人。

2.《最高人民法院关于适用〈中华人民共和国婚姻法〉若干问题的解释（三）》（简称《婚姻法解释（三）》）第十一条：一方未经另一方同意出售夫妻共同共有的房屋，第三人善意购买、支付合理对价并办理产权登记手续，另一方主张追回该房屋的，人民法院不予支持。夫妻一方擅自处分共同共有的房屋造成另一方损失，离婚时另一方请求赔偿损失的，人民法院应予支持。

3.《最高人民法院关于贯彻执行〈中华人民共和国民法通则〉若干问题的意见（试行）》第八十九条：共同共有人对共有财产享有共同的权利，承担共同的义务。在共同共有关系存续期间，部分共有人擅自处分共有财产的，一般认定无效。但第三人善意、有偿取得该财产的，应当维护第三人的合法权益，对其他共有人的损失，由擅自处分共有财产的人赔偿。

法理导析

一、本案所涉房产是否属于夫妻共同财产

根据《婚姻法》第十七条规定，在婚姻关系存续期间，任何一方所得的财产，原则上均属夫妻共同共有财产。在双方没有特别约定的情况下，用共同收入所购买的房产，哪怕仅登记在一方名下，依然属于夫妻共同财产。本案所涉房产符合上述情形，属于夫妻共有财产。

二、本案被告处分夫妻共有房产的行为，是否属于日常家事代理

夫妻对共同所有的财产，有平等的处理权。因日常生活需要而处理夫妻共同财产的，任何一方均有权决定。而夫或妻非因日常生活需要对夫妻共同财产做重要处理决定，夫妻双方应当平等协商，取得一致意见。他人有理由相信其为夫妻双方共同意思表示的，另一方不得以不同意或不知道为由对抗善意第三人。

不动产因价值重大，一方擅自处分共有不动产的行为会严重损害配偶一方权益，故不属于日常家事代理的情形，须经双方协商一致方可为之。在本案当中，被告王某对于涉及夫妻共有财产权益的重大事项之共有房产，在夫妻关系存续期间未经对方同意作出处分的行为，严重侵犯了原告的合法权益，其处分行为构成无权处分行为，不属于日常家事代理。

三、本案中第三人张某能否适用善意取得制度，取得房屋所有权

在审判实践中，经常会遇到夫妻一方擅自转让共同所有房屋的情况，当保护房产共有人的利益与维护善意第三人权益、维护交易安全发生冲突时，是否可以适用善意取得制度？

善意取得又称为即时取得，无权处分人在不法将其受托占有的他人的财物（动产或者不动产）转让给受让人的，如受让人在取得该动产时系出于善意，则受让人取得该物的所有权，原权利人丧失所有权。从本质上讲，善意取得，是在承认财产所有权静的安全为法律保护财产秩序的基本原则的前提下，在法定场合下以牺牲所有权静的安全为代价来保障财产交易的动的安全的一项制度安排。因此，也就决定了法律要严格规范善意取得适用的范围和要件，以真正实现财产的静的安全与动的安全这两个法律价值的平衡，而不能过分偏执于一端。在司法实践中，共有房产适用善意取得制度应当具备以下条件。

第一，部分共有人实施了无权处分的行为。这一条中包含了两层含义：一方面让与人须为房产的占有人和产权登记人，如此才符合物权的公示公信原则，方能给不特定的第三人以权利外观，使其相信让与人就是真正的权利人而与之进行交易。另一方面，让与人应不享有完全产权，没有处分房产的权利。如此方有善意取得制度适用的可能性。

第二，第三人受让不动产时是善意的。善意是指不知情，即不知或不应知道让与人转让财产时，没有处分该项财产的权限，且第三人按交易的一般惯例尽到了必要的注意义务。包括两种情况：一是第三人对房产为共有财产的事实不知情；二是第三人知其为共有房产但对其他共有人不同意出让不知情。司法实践中，确定受让人是否具有善意，应考虑当事人从事交易时的客观情况具体确定。如果根据受让财产的性质、有偿或无偿、价格的高低、让与人的状况以及受让人的经验等可以知道转让人无权转让，则不能认为受让人具有善意。

第三，第三人支付了相应对价。受让人取得的房产必须是通过买卖、交易、债务清偿、出资等具有交换性质的法律行为实现的。如果通过继承、赠与等行为取得房产的，则不能产生善意取得的效力。

第四，房产已进行了产权变更登记。房产变更登记是房产转移的必备条件，只有第三人已经取得房屋所有权，才发生适用善意取得的问题。

就本案而言，张某的行为构成善意取得，理由如下：

第一，有明确的法律根据，符合我国《物权法》第一百零六条、《民通意见》第八十九条以及《婚姻法解释（三）》第十一条的规定。具体到本案中，首先，张某在与无权处分人王某商谈过程中，王某出示了房屋所有权证，带张某实地察看了房屋，并谎称其妻李某同意出卖房屋，后在双方办理产权变更登记手续时，王某又提交了房屋所有权证、结婚证、伪造李某签名的出售房屋委托书等，因此，可以认定张某已尽到了注意义务，为善意且无过失。其次，张某支付了合理的价格。经评估鉴定，本案讼争房屋整套市场交易价为 389 251.2 元，而张某与王某买卖时的实际交易价 30 万元，达到了市场交易价的 77.1%（300 000÷389 251.2），故可以认定孙某约定和实际交付的房款 30 万元是合理的。最后，双方办理了不动产的转让登记。因此，张某取得房屋完全符合不动产善意取得的构成要件，其合法权益应予保护。

第二，兼顾了其他共有人的利益。本案中，张某已尽到相应的注意义务，属于善意第三人，过错责任在王某，李某可通过向过错方主张赔偿的手段获得司法救济。如果只考虑共同共有人的权益，则有可能损害善意取得人的合法权益。法律必须在动态的财产交易安全和静态的财产权益保护这两者之间决定如何取舍和平衡，因此，《物权法》第一百零六条对善意取得设置了严格的条件，以及《婚姻法解释（三）》第十一条也明确了配偶一方的法律救济途径。如此，既保护了善意取得人的合法权益，又兼顾到共同共有人的共同利益。

第三，从社会效益的角度，若判令买卖无效，势必发生返还财产的后果，则不仅要推翻已经形成的财产关系，而且使当事人在从事交易活动时，随时担心买到的商品有可能要退还，这样就会造成当事人在交易时的不安全感，也不利于商品交换秩序的稳定 。

审理结果

法院经审理后认定,本案的第三人张某对于买卖房屋是善意的，且交付了房屋款，取得了买卖的房屋，办理了房屋所有权转移手续，买卖关系成立，应认定买卖关系有效，李某的损失可向王某另行主张。

21 相邻关系纠纷的处理规则

案情回放①

坐落在浏阳市永安镇西湖潭村扶正片中心组 127 号的房屋系原告所有，坐落在永安镇西湖潭村扶正片中心组 128 号的房屋系被告所有。原、被告两家房屋并排相邻而建，屋前院落以原告修建的围墙（该围墙一直延伸至出路口）隔开。原告家出入需经被告家院门前经过。原告准备建新房，需运送建筑材料进入原告家的院落内。

原告李某祥诉称，原告家准备在老屋现址上建造新房，但是由于被告栽种的六棵杉树将原告家出入的必经之路封堵，致使原告建房用的建筑材料无法进场。原告曾多次向有关部门反映情况，有关领导均已责成被告限期自行处理，但是被告一直置若罔闻。

被告李某阳、罗某银反诉并辩称，六株杉树系被告的合法财产，所有权归属被告，原告在未经被告同意的情况下，没有处分此六株杉树的权利。原告的要求不合理，因为根据现实情况没有清除杉树的必要，原告通过填平被告屋前荒废的菜园或者将排水沟加盖夯土的方式都可以使其运载建材的车辆顺利出入；同时原告自己修建的严重偏向被告

① 该案例来源于以下网址：http：//case. mylegist. com/1441/2009-12-07/3254. html.

房屋一边的围墙也是阻挡道路的主要障碍，被告曾向原告协商如果原告愿意拆除此围墙或者在建新房时将新房连同围墙一起向东移 5~6 米，则被告同意砍掉杉树，但原告完全拒绝，并且在不愿做任何让步的情况下要求被告砍掉杉树，原告的要求实在无理，因此请求驳回原告的诉讼请求。同时，2008 年 9 月 14 日，原告趁被告家中无人时，将被告栽种的除六株较大的杉树以外的所有杉树全部砍伐，大小共计 9 棵，原告的行为侵犯了被告的合法权益。原告家的房屋屋檐在与被告家的房屋交界处，并伸入被告家院中 35 厘米，一遇雨天，雨水全部滴到被告院中，该屋檐离地高仅 1.15 米，离被告房屋外墙也只有 50 厘米，致使被告日常生活过往都必须侧身而过。原告还故意搭铁皮板与本在其围墙内的屋檐连接，将雨水导过围墙，流入被告家中，严重影响了被告家的日常生活。

问题归纳

相邻关系纠纷应当按照什么规则处理？

法条链接

一、法律法规

1.《中华人民共和国物权法》第八十四条：不动产的相邻权利人应当按照有利生产、方便生活、团结互助、公平合理的原则，正确处理相邻关系。

第八十七条：不动产权利人对相邻权利人因通行等必须利用其土地的，应当提供必要的便利。

2.《中华人民共和国民事诉讼法》第五十一条：原告可以放弃或者变更诉讼请求。被告可以承认或者反驳诉讼请求，有权提起反诉。

二、其他

《最高人民法院关于贯彻执行〈中华人民共和国民法通则〉若干问题的意见（试行）》第一百零二条：处理相邻房屋滴水纠纷时，对有过错的一方造成他方损害的，应当责令其排除妨碍、赔偿损失。

法理导析

本案双方当事人的房屋紧密相邻，双方就通行、改建房屋、房檐滴水等问题发生争议，属于相邻关系纠纷。

对于相邻关系纠纷的处理，我国法律规定了不同于其他物权的原则：不动产的相邻权利人应当按照有利生产、方便生活、团结互助、公平合理的原则，正确处理相邻关系。

我国法律之所以这样规定，是有一定的法理作为支撑的。我国自古以来便是一个熟人社会，虽然现代城市发展快速，邻里之间往来减少，但是在占我国大部分面积的广大农村地区，邻里之间低头不见抬头见，每天接触的几乎就是邻居。于是，要想构筑一个和谐融洽的生活环境，处理好邻里关系就显得尤为重要了。那么，邻里之间一旦发生纠纷诉诸法律的时候，双方当事人需要怎样的一个法律制度来解决相邻关系纠纷呢？无疑，他们需要一个相对柔性的法律规定，注重协商，注重权利义务的合理平衡，按照有利生产、方便大家生活的方式来心平气和地解决纠纷，而不是让这个民事诉讼的阴影即便是在解决之后也长期地笼罩在日日碰面的邻里之间。

审理结果

法院认为,被告所种的杉树虽然对原告的通行有一定的影响，但是并非根本性质的影响，原告可以选择拆除部分两家相隔的围墙，扩大出口的方式更有利于通行，故对于原告要求被告彻底清除原告房前路障的诉讼请求，本院不予支持。由于两家房屋相邻而建，原告家屋檐滴水入被告家院中，也不会对被告家的日常生活造成实质影响，被告可以利用排水沟将雨水排走，故对于被告要求原告拆除伸入被告家院中的屋檐的反诉请求，本院不予支持。同时，被告未提供证据证实原告砍伐九棵杉树的侵权事实，也未证实该九棵杉树为被告所有，因此，对于被告要求原告赔偿杉树损失的反诉请求，亦不予支持。

22 胡某诉湖南经济电视台名誉权侵权纠纷案

案情回放①

原告胡某于1999年间由于建筑工地安全事故致脚残截肢，至今理赔未果，生活不能自理，生活难以为继。宾某是原告的弟媳妇，其与原告弟弟分居多年，宾某意欲离婚，未能如愿。原告胡某在离婚案中担任弟弟的代理人，宾某认为离婚不成是由于原告阻拦。宾某于2009年2月5日，带领被告湖南经济电视台都市频道来采访，宾某向湖南经济电视台、原告之母、弟弟等诉说原告与其有不正当关系，意欲挑拨、离间原告兄弟之间的关系，以达到离婚之目的。被告湖南经济电视台录制了节目，并于2009年2月9日擅自播出，宾某在节目中的言行极尽挑拨，毁尽了原告的名誉。被告湖南经济电视台将宾某侮辱原告的言行，在未得到原告或有关部门证实的情况下擅自播出，严重侵害了原告的名誉权、隐私权，导致在社会上造成对原告极坏的影响。原告一回到家中就遭到母亲、弟弟等人的破口大骂，还不准进屋。并宣布断裂兄弟、母子关系，驱赶原告，使原告有家不能归，在外流浪度日，在外还遭到质问和讽刺。为维护原告的合法权益，特起诉要求被告支付精神损害抚慰金5 000元及因诉讼支出的交通费、伙食费3 500元，并要求被告在原媒体相同栏目赔礼道歉、澄清事实。

① 该案例来源于以下网址:http://www.110.com/panli/panli_98197.html.

被告湖南经济电视台辩称：原告所诉部分属实，同意适当赔偿原告损失。

经法院审理查明：宾某于2009年2月5日，带领被告湖南经济电视台都市频道来采访。宾某向湖南经济电视台、原告之母、弟弟等诉说原告与其有不正当关系。被告湖南经济电视台录制节目后，在2009年2月9日播出，宾某的言行损害了原告的名誉。被告湖南经济电视台将宾某侮辱原告的言行，在未得到原告或有关部门的证实情况下播出，对原告的名誉权、隐私权造成了一定的损害，在一定范围内对原告产生了影响。

问题归纳

被告的行为是否侵犯了原告的名誉权?

法条链接

1.《中华人民共和国宪法》第三十八条：中华人民共和国公民的人格尊严不受侵犯。禁止用任何方法对公民进行侮辱、诽谤和诬告陷害。

2.《中华人民共和国民法通则》第一百零一条：公民、法人享有名誉权，公民的人格尊严受法律保护，禁止用侮辱、诽谤等方式损害公民、法人的名誉。

3.《中华人民共和国侵权责任法》第二条：侵害民事权益，应当依照本法承担侵权责任。本法所称民事权益，包括生命权、健康权、姓名权、名誉权、荣誉权、肖像权、隐私权、婚姻自主权、监护权、所有权、用益物权、担保物权、著作权、专利权、商标专用权、发现权、股权、继承权等人身、财产权益。

法理导析

名誉权是人格权的基本权利之一,每一个民事主体都享有名誉权。

名誉权侵权行为是否成立至少要确定三个事实，一是看有没有侵权行为，二是看有没有损害结果，最后一个就看侵权行为和损害结果之间有没有因果联系。

首先，作为被告，该电视台在消息没有得到确认是否可信的情况下，就在其他人的怂恿下，录制拍摄了该节目，其节目录制拍摄行为，就已经干涉了原告的肖像权、姓名权。但是其后的肆意播放该采访行为，造成该电视台的观众认为原告与怂恿人之间有不正当关系，那么侵权行为就已经形成，而且达到了相当严重的程度，因为作为一家省电视台，其播放行为，很显然有相当的观众群体，会形成对原告不好的行为影响。

而事实上，原告的确因为该播放的采访行为而被周围的人以及亲戚朋友认为与被怂恿人有不正当的关系，在生活上遭受前所未有的遗弃。这对于一个身体有残疾的人来说，其所遭遇的困难难以想象。而这所有的一切损害结果都是因为该电视台在相关当事人的怂恿下，未经调查核实，就进行大范围的播放行为引起的。所以电视台的行为有严重的侵权性质，而且极大地侵犯了原告的名誉权和隐私权，而正因为这种侵权的行为事实，造就原告名誉权以及隐私权受损的损害结果。所以被告的侵权行为与原告的损害结果之间存在必然的因果联系，电视台的行为已经侵害了原告的名誉权，应该为自己的过错和侵权行为承担责任。

需要提醒的是，电视台作为主要传播媒介之一，应该为自己的采访报道行为调查证实，而没有调查证实的报道就更不能随意报道。同时即使是真实的消息也要得到相关当事人的同意，不然就会侵犯他人的人格权，从而要承当相应的法律责任，对自身的权威性也是极大的损害。

审理结果

本案在审理过程中，经人民法院主持调解，双方当事人自愿达成如下协议：（1）由被告湖南经济电视台15日内到原告胡某住所地湘潭县花石镇涓江村范围内澄清采访事实；（2）被告湖南经济电视台自愿于15日以内一次性支付原告胡某名誉损失及因诉讼支出的交通费等损失7 000元；（3）原告胡某自愿放弃要求被告湖南经济电视台赔礼道歉等请求。本案受理费300元，减半收取150元，原告胡某自愿负担。

23 佛山市新一佳百货超市有限公司与张某人身自由权纠纷案

案情回放①

2003年9月20日晚上，原告张某到被告佛山市新一佳百货超市有限公司商场购物。在商场三楼原告挑选了猪骨、鸡心枣和鸡蛋各1包，豆角1扎（商场标明为特价蔬菜），于9时10分左右到收款台核价付款。被告的收款员收取10.20元后将付款凭据电脑小票交给原告，电脑小票上打印有商品名称、数量、单价及金额。随后原告携带所购商品经过三楼的出口处，将电脑小票交给被告的防损员，由其在小票上加盖一个“多谢惠顾”的红色印章。当原告走到手扶电梯处准备搭乘电梯时，被告的一个女员工上前拦住她，要查看原告的电脑小票，认为原告没有对全部商品付款，需要补钱。双方为此发生争执，被告的员工将原告带到防损部办公室，检查原告所购商品，认为其中豆角应为两小把捆成一扎，而原告的这扎豆角有三小把，怀疑原告偷窃。原告表示不知为何会是三小把。原告随即拨打电话110报警。警察到场处理后，被告在场的管理人员林某表示这是一次误会，并向原告进行赔礼道歉。到场的警察也认为既然被告的人员已赔礼道歉，可了结此事，随后离去。原告坚持要求与其发生争执的两名员工向其赔礼道歉，双方僵持不下。庭审中原告称其当晚11时05分离开被告商场，被告则称是商场晚上10时关门前原告离去。之后原、被告协商无果。至同月24日，原告为此事到佛山市禅城区公安局江湾派出所报案。原告是佛山市港联大不锈钢有限公司的员工，任车间后勤主管。原告于2003年10月8日起，多次到佛山市第二人民医院、佛山市第三人民医院

① 该案例来源于以下网址：http://www.110.com/panli/panli_54663.html.

门诊就诊，症状为头晕、头痛、失眠、胸闷、情绪低落等，佛山市第三人民医院诊断为抑郁症。

问题归纳

如何认定侵犯人身自由权？

法条链接

1.《中华人民共和国宪法》第三十七条：中华人民共和国公民的人身自由不受侵犯。任何公民，非经人民检察院批准或者决定或者人民法院决定，并由公安机关执行，不受逮捕。禁止非法拘禁和以其他方法非法剥夺或者限制公民的人身自由，禁止非法搜查公民的身体。

2.《中华人民共和国消费者权益保护法》第二十七条：经营者不得对消费者进行侮辱、诽谤，不得搜查消费者的身体及其携带的物品，不得侵犯消费者的人身自由。

第五十条：经营者侵害消费者的人格尊严、侵犯消费者人身自由或者侵害消费者个人信息依法得到保护的权利的，应当停止侵害、恢复名誉、消除影响、赔礼道歉，并赔偿损失。

3.《中华人民共和国侵权责任法》第二条：侵害民事权益，应当依照本法承担侵权责任。本法所称民事权益，包括生命权、健康权、姓名权、名誉权、荣誉权、肖像权、隐私权、婚姻自主权、监护权、所有权、用益物权、担保物权、著作权、专利权、商标专用权、发现权、股权、继承权等人身、财产权益。

法理导析

本案系原告认为被告强行扣留原告,搜查原告携带的物品，侵犯了原告的人身自由权而引致的纠纷。人身自由权作为一项基本的人格权利，是指自然人的活动不受非法干涉、拘束或者妨碍的权利。本案中，原告将选购的商品全部交由被告收款人员核对计价，支付相应价款，拿走已付款商品时，原、被告的买卖合同关系即已履行完毕，这些商品已属原告所有。被告安排其防损员在顾客付款后核对其付款凭证，加盖印章，是其实施的防止商品损耗的检查措施。本案中原告自愿将电脑小票交由防损员核对盖章，视为原告接受被告的检查行为。被告庭审中称防损员在电脑小票上盖章目的是欢迎顾客再次光临，这一解释明显不合情理。原告经过被告的检查放行后，双方的消费法律关系已经终止。被告在没有证据证实原告偷窃了被告商品的情况下，阻拦准备搭乘电梯的原告，将原告带往办公室，检查原告携带的物品，显然违反了原告的意志，超出了经营者的权利范围，具有明显过错，构成了对原告人身自由权的侵犯，依法应承担侵权民事责任。被告虽提出原告所购豆角与当时商场所售有异，但无法指出是原告的行为所致，不能证明原告存在过错。原告要求被告书面赔礼道歉，于法有据，予以支持。被告以原告偷窃为由限制原告人身自由，必然会造成原告情绪和心理上的伤害，所以可以判断，原告随后出现的头痛、失眠等身体症状与被告的侵权行为有相对的因果关系，被告应赔偿原告就医所花费的医疗费。因双方发生纠纷，原告当时所购商品没有食用，搁置至开庭时已变质，被告应赔偿价款10.20元给原告。原告虽受到精神伤害，但从纠纷发生情形分析，损害后果并不严重，原告请求精神损害抚慰金，不符合《最高人民法院关于确定民事侵权精神损害赔偿责任若干问题的解释》第八条第一款“因侵权致人精神损害，但未造成严重后果，受害人请求赔偿精神损害的，一般不予支持，人民法院可以根据情形判令侵权人停止侵害、恢复名誉、消除影响、赔礼道歉”的规定，不应支持。

需要提醒的是，公民到超市等经营场所购物、消费时，首先应该做到清洁自律，所谓人正不怕影子斜；其次，应该有积极的维权意识，在消费的过程中要保留好相关的凭证，要掌握正确的维权渠道。对于经营场所来说，要树立与顾客之间平等的意识，不要“店大欺客”，要注意到自己不是执法者，确实有证据证明或者能够合理的怀疑某个顾客侵犯了自己的合法权益，应该及时报警，由政府执法部门来处理。

审理结果

一审法院判决：（1）被告佛山市新一佳百货超市有限公司于判决发生法律效力之日起5日内向原告张某书面赔礼道歉。赔礼道歉的具体内容须经原审法院审查。（2）被告佛山市新一佳百货超市有限公司于判决发生法律效力之日起5日内向原告张群赔偿医疗费476.20元及其他经济损失10.20元。（3）驳回原告张某的其他诉讼请求。本案受理费100元，由被告承担。

24 丘某诉中国法制出版社侵犯荣誉权案

案情回放①

原告丘某诉称：被告中国法制出版社2004年9月出版了《典型案例与法律适用·行政类·行政赔偿诉讼》一书。该书中第6则案例为“汤某诉福建省龙岩市交警支队直属大队违法扣车申请行政赔偿案”，我是此案原告汤某的委托代理人，但该案例中却未列明我的代理人身份。我认为，一个案例的产生，是当事人、法官和代理人三方参与而成的劳动成果。法制出版社在该书案例中有意删减代理人情况，内容与案例事实不符，无从体现诉讼关系，忽略了代理人的劳动价值，侵犯了我享有的三项权利：（1）劳动成果权，即就劳动成果要求劳动所得的权利，包括物质所得和精神所得，接近于知识产权；（2）列名权，指劳动者对自己的劳动成果列名的权利，与著作权中的

① 该案例来源于以下网址：http：//www.law-lib.com/cpws/cpws_ view.asp？id=200400894637.

署名权和专利权人表明身份的权利有类似又有区别；（3）荣誉权，案件中代理人作为智力劳动者参与创造了作品（劳动成果），有权获得社会正面的评价，可以带来一定的名声，被隐名后就无从获得。请求法院判令法制出版社：（1）停止侵权；（2）为我消除影响、恢复名誉，向我赔礼道歉；（3）赔偿我因本案支出的费用，并赔偿我精神损失费 1.2 元。

被告法制出版社辩称：首先，丘某在汤某诉福建省龙岩市交警支队直属大队违法扣车申请行政赔偿案中的身份是原告的委托代理人，在该案中并无独立主体资格，仅在原告授权范围内以原告的名义为诉讼行为，相关法律后果归属原告，其与该案无直接利害关系，不承担该案所产生的法律后果，不能成为与原、被告和法院并列的一方诉讼参与人，不能以自己的名义影响诉讼进程，也不能影响对既定事实的法律适用。其次，我社《典型案例与法律适用·行政类·行政赔偿诉讼》一书的案例 6 既不是原、被告的诉讼文书，也不是法院的庭审记录或裁判文书，更不是整个案件的流水记录，而是一篇案例综述，不可能、也没有必要列出案件进程中的所有情节。该文的立足点在于对法律事实和法律适用作出阐释，即什么样的纠纷得到了怎样的处理。文中涉及的纠纷主体、过程、双方的争议、法院的裁决等内容仅是对当事人之间发生的事实和法院裁决的一种表述，而委托代理人既不是上述事实的构成要素，也不是阐释上述事实的必要条件，故无需为其具名。最后，丘某所谓列名权并不存在；即使其在代理汤某进行诉讼的过程中有劳动成果，也应向该劳动成果的使用者和享有者汤某主张权利，与我社无关；在案例中未注明丘某的代理人身份并不影响其申请荣誉和获得奖励，故未对其荣誉权造成侵害。综上，丘某的起诉缺乏基本的事实和理由，请求法院驳回其起诉。

法院经开庭审理查明：在原告汤某诉被告龙岩市公安局交通警察支队直属大队违法扣车申请行政赔偿案中，丘某是原告汤某一审、二审的委托代理人。2004 年 9 月，中国法制出版社出版《典型案例与法律适用·行政类·行政赔偿诉讼》一书。该书第一部分“典型案例”中案例 6 为“汤某诉龙岩市公安局交警支队直属大队违法扣车申请行政赔偿案”，该文分“问题提示”、“案情”、“审判”、“评析”四部分，在“案情”部分仅载明原告和被告的基本情况，未列明委托代理人情况。

法条链接

1.《中华人民共和国民法通则》第一百零二条：公民、法人享有荣誉权，禁止非法剥夺公民、法人的荣誉称号。

第一百二十条：公民的姓名权、肖像权、名誉权、荣誉权受到侵害的，有权要求停止侵害，恢复名誉，消除影响，赔礼道歉，并可以要求赔偿损失。

2.《中华人民共和国侵权责任法》第二条：侵害民事权益，应当依照本法承担侵权责任。本法所称民事权益，包括生命权、健康权、姓名权、名誉权、荣誉权、肖像权、隐私权、婚姻自主权、监护权、所有权、用益物权、担保物权、著作权、专利权、商标专用权、发现权、股权、继承权等人身、财产权益。

法理导析

首先,本案中，丘某认为其享有权利的事实依据是其作为代理人参与了汤案的诉讼，并在其中付出了劳动，形成了劳动成果。然而，尽管委托代理人在诉讼过程中能够形成某些劳动成果，并可能以起诉状、代理词、质证意见等形式体现，但这并不能等同于案件事实本身。对于具体的劳动成果，丘某可以依据合同约定或法律规定享有获得报酬等权利，并可依个人意愿进行处分。但对于其与汤某存在委托代理关系等与汤案有关的案件事实，一经发生便成为一种客观存在，包括丘某在内的任何人均无法加以控制或改变，而只能通过描述、评价等方式加以利用。对于劳动成果，除合同约定或法律另有规定外，他人在使用时通常应征得其所有人的同意。然而对于客观事实，只要不损害社会公共利益或侵犯他人合法权益，法律并未禁止人们予以正当利用。

就某一客观事实而言，可能存在诸多有关时间、地点、人物等方面的内容和细节，其中某些内容和细节甚至亲身经历的当事人也无法全面掌握。因此，在他人对该事实加以利用时，要求其毫无遗漏地予以再现既无可能亦无必要。故除法律明确予以禁止的情况外，只要未对事实进行歪曲、篡改而导致公众的误解，他人即可以根据使用目的、方式的不同对客观事实的内容和细节进行适当的选择，以服务于特定的表达主题。就本案所指向的文章而言，作为一篇案例分析，其价值在于通过介绍具体案件，对相关法律问题作出评价、探讨以供研究和借鉴，其核心是对法律问题的分析而非对案件事实的全面再现，故对案情的描述应服务于评析法律问题这一目的。而汤案作为一起行政赔偿纠纷，当事人一方是否有委托代理人以及委托代理人是谁，既不是案件纠纷的原因也非双方争议的焦点，更不是形成裁判结果的必要因素。在此情况下，本案所涉文章未注明丘某的代理人身份，并未偏离文章的主题，亦不会使读者对该文所表述的内容产生错误的理解，并无不当之处。

最后，荣誉是指特定民事主体因其突出贡献或特殊劳动成果而从特定组织获得的专门性和定性化的积极评价，而荣誉权是指民事主体对其所获荣誉享有的保持、支配并享受利益的权利。荣誉权并非所有民事主体均应享有的固有权利，其须由特定民事主体基于一定事实、经过专门程序受到特定组织的表彰或奖励后方可取得，即只有实际获得荣誉才能成为荣誉权的主体。本案中，并无证据表明丘某因其在汤案中的贡献或劳动成果而被特定组织授予荣誉，故其获得荣誉仅为一种可能而非事实。在尚未获得荣誉之前，丘某并不享有其所主张的荣誉权，法制出版社侵犯其荣誉权更无从谈起。

民事诉讼的原告应是与案件有直接利害关系的公民、法人或其他组织。通过上述分析可知，本案所涉文章中并不包含丘某的劳动成果，未注明其委托代理人身份亦不会对其合法享有的权利造成任何影响，故丘某与该文的创作、出版和发行缺乏法律上的直接利害关系，其对法制出版社的起诉，法院应依法予以驳回。

需要提醒的是，荣誉是对民事主体（公民、法人、集体、其他组织等）一种正面、积极的评价，它能在一定程度上提升荣誉权人的名誉。正确地利用、支配获得的荣誉，可提高民事主体的社会地位和市场信誉度，实现既得或预期利益。保护自己的荣誉权，要积极防止他人抢夺、诋毁自己的荣誉。但对于荣誉权也要有正确的认识，荣誉的取得必须经过特定的程序，由国家机关或社会组织给予表彰的方式授予，而本案中的原告丘某就没有认识到这一点，误认为自己享有荣誉权。

审理结果

法院一审裁定：驳回原告丘某对被告中国法制出版社的起诉。

25 李某诉沈某侵扰生活安宁权纠纷案

案情回放[①]

原告李某诉称，被告沈某于 2000 年 12 月 29 日至 2001 年 1 月 6 日夜间频繁向其住宅打骚扰电话，严重干扰了其和家人的正常生活；为找到骚扰人，其专门安装了来电显示电话；其由于休息不好，紧张失眠，影响了工作，并在骑摩托车时摔了一跤，为解决纠纷，其家人陪同其参加派出所的调解花费交通费 300 余元；要求被告在市级电视台或报纸上公开赔礼道歉，并赔偿其经济损失和精神损失费人民币 3 000 元。

被告沈某辩称，其以前亦曾接到过夜间骚扰电话，因听到电话中有奶瓶声，原告是送奶员，即怀疑是原告所为，故其对原告进行了电话骚扰，其愿意当庭向原告赔礼道歉，并愿意给予原告适当经济补偿 100~200 元。

法条链接

一、法律法规

《中华人民共和国侵权责任法》第二条：侵害民事权益，应当依照本法承担侵权责任。本法所称民事权益，包括生命权、健康权、姓名权、名誉权、荣誉权、肖像权、隐私权、婚姻自主权、监护权、所有权、用益物权、担保物权、著作权、专利权、商标专用权、发现权、股权、继承权等人身、财产权益。

二、其他

《最高人民法院关于确定民事侵权精神损害赔偿责任若干问题的解释》第一条：自然人因下列人格权利遭受非法侵害，向人民法院起诉请求赔偿精神损害的，人民法院应当依法予以受理：（一）生命权、健康权、身体权；（二）姓名权、肖像权、名誉权、荣誉权；（三）人格尊严权、人身自由权。违反社会公共利益、社会公德侵害他人隐私或者其他人格利益，受害人以侵权为由向人民法院起诉请求赔偿精神损害的，人民法院

---

① 该案例来源于北大法意法院案例数据库。

应当依法予以受理。

第十条第一款：精神损害的赔偿数额根据以下因素确定：（一）侵权人的过错程度，法律另有规定的除外；（二）侵害的手段、场合、行为方式等具体情节；（三）侵权行为所造成的后果；（四）侵权人的获利情况；（五）侵权人承担责任的经济能力；（六）受诉法院所在地平均生活水平。

法理导析

沈某在长达9天的夜间，陆续对李某进行电话骚扰，侵扰了李某的休息、生活安宁的权利，其依法应承担相应的民事责任。沈某在答辩中及庭审中已向李某表示了赔礼道歉，且沈某的侵权范围并未扩大，故对李某要求在市级电视台或报纸上公开赔礼道歉的请求不予支持。

由于沈某的侵权行为，使李某在经济上和精神上受到一定的损害，沈某对李某所造成的直接经济损失和精神损害应予以赔偿。李某为知晓打电话者的电话号码，专门安装了来电显示装置，该费用应属于李某的直接损失。对其要求的精神损失费，应根据侵权人的过错程度、侵权行为的具体情节等并依据有关法律规定综合考虑。

值得提醒的是：每个人都有自己的个人隐秘空间，希望不受外界的打扰。为保护自己享受生活安宁的人格权不受侵犯，首先应该保护好自己的个人隐私，不要随意向外界泄露自己的通信号码及联系地址等；其次要积极收集、保留好相关的证据，以便在维权时使用，本案当事人就做得较好。对于常见的垃圾短信，不要一删了之，应履行一个公民的义务，积极向有关部门举报。

审理结果

法院审理查明，2000 年 12 月 29 日至 2001 年 1 月 6 日夜间，原告李某在家中频繁接到骚扰电话，经安装了来电显示电话后得知是被告沈某所为，即向当地派出所报案，派出所调解未果，李某即于 2001 年 3 月诉至本院，要求赔礼道歉并赔偿损失。又查明，李某为安装来电显示电话，花费人民币 130 元。沈某在提交给法院的书面答辩状中及庭审中均向李某表示了赔礼道歉。

法院一审判决：（1）驳回李某要求在市级电视台或报纸上公开赔礼道歉的诉讼请求。（2）沈某于本判决发生法律效力之日起十日内赔偿李某经济损失和精神损害赔偿金共计人民币 400 元。

26 侵犯亲属权也应承担责任

案情回放[①]

吴某霞、吴某华与吴某（1927年出生）系同胞姐妹。吴某与丈夫高某婚后无子女，高某于1997年前后去世。1983年，苏某（1943年1月1日出生）因租用吴某邻居吴某才的房屋与吴某相识。吴某认苏某为其干儿子。2003年底，吴某在清河区繁荣村的房屋面临拆迁，便要求住到苏某家，苏某同意。2004年4月1日，吴某因房屋被拆迁而与淮安市清河区拆迁办公室签订了《拆迁安置协议》1份，协议约定吴某回迁安置房位于清河区金佳园小区B1幢506室与202室，面积合计为193.43平方米。同年5月6日，吴某与苏某在淮安市清浦区浦楼法律服务所签订了《赠与书》1份，并由该所进行了见证。赠与书载明：（1）赠与人吴某（丈夫高某、父母双亡、无子女）将其所有的坐落在淮安市金佳园小区二套房屋产权（二楼202室98.66平方米、五楼506室94.77平方米）和土地使用权同时赠与苏某所有，并且当场移交原被拆迁房屋土地使用证和拆迁安置协议等相关资料给受赠人苏某所有，无任何附加条件。（2）受赠与人苏某自愿接受吴某的房产，并对吴某年迈后给予养老送终。2005年5月上旬，吴某生病。5月15日零点后，苏某发现吴某死亡，于当夜二、三点钟通知吴某原邻居吴某友等人帮助操办后事。

凌晨四五点钟，苏某到淮三路社区居委会开吴某死亡证明，因吴某户籍不在当地未果，后苏某去吴某原住所地繁荣村开死亡证明，途中因淮阴区殡仪馆火化不要死亡证明而返回。早晨6时左右，苏某将吴某遗体送到淮阴区殡仪馆火化，苏某在火化申请单中与死者关系一栏填写“母子”。火化后，苏某为吴某买了棺材和墓地，对吴某进行了安葬。2006年4月12日，吴某霞、吴某华在淮安市清浦区人民法院起诉苏某、淮阴区殡仪馆，要求两被告公开赔礼道歉，并赔偿精神损害抚慰金50 000元。审理过程中，吴某霞、吴某华撤回对淮阴区殡仪馆的起诉。后经人民法院调解，苏某自愿补偿原告吴某霞、吴某华20 000元。

2006年5月15日，吴某霞、吴某华又到淮安市淮阴区人民法院起诉，认为殡仪馆工作人员在不通知死者亲属的情况下，也不认真审查必要的证明材料，违反了相关规定，就给予火化，致使吴某死亡真实原因不能查明，也让他们不能瞻仰吴某的遗容，侵犯了他们作为死者亲属对遗体享有的管理权、处分权、吊唁权。现要求殡仪馆公开赔礼道歉，并赔偿其精神损害赔偿金20 000元。

---

① 该案例来源于以下网址：http：//anli. lawtime. cn/mfmsssf/20120313249742. html.

淮阴区殡仪馆辩称，原告诉称的吊唁权，没有法律依据。本案中的苏某与吴某是民间风俗上的母子关系，并且双方也签订了赠与协议，约定由苏某负责吴某的养老送终义务。而两原告并没有对吴某尽赡养义务，也不具有对吴某的丧事处理权。2006 年 4 月 5 日，两原告就本案同一事实，向清浦区人民法院诉讼，要求被告与苏某连带赔偿其精神损失。在诉讼中，两原告主动撤回对被告的诉讼请求，并与苏某达成调解协议，由苏某赔偿两原告 20 000 元的精神损害赔偿。所以，两原告已不再具有诉讼的权利。被告在没有死亡证明情况下火化遗体，即使存在违规情形，也是违反行政规章，与原告主张的民事侵权没有法律上的关联性。综上，请求驳回两原告的诉讼请求。

问题归纳

本案原告主张的吊唁权属于什么法律性质？

法条链接

《中华人民共和国侵权责任法》第二条：侵害民事权益，应当依照本法承担侵权责任。本法所称民事权益，包括生命权、健康权、姓名权、名誉权、荣誉权、肖像权、隐私权、婚姻自主权、监护权、所有权、用益物权、担保物权、著作权、专利权、商标专用权、发现权、股权、继承权等人身、财产权益。

第八条：二人以上共同实施侵权行为，造成他人损害的，应当承担连带责任。

第二十二条：侵害他人人身权益，造成他人严重精神损害的，被侵权人可以请求精神损害赔偿。

法理导析

本案是一起因自然人死亡后,围绕遗体的处理而产生纠纷的案件，案件的争议主要涉及以下法律问题。

一、原告主张的吊唁权系亲属权的一种，应当受到法律保护

关于吊唁权，我国《民法通则》对此没有明确的规定。但立法没有明确规定的，并不表示该项权利不受法律保护。笔者认为，原告主张的吊唁权属于人身权的一种。根据民法理论，人身权包含人格权和身份权两部分。而亲属权是身份权的一部分。亲属权是除去配偶关系和亲子关系以外的其他近亲属之间的身份权，也就是除了配偶和父母与未成年子女之外的其他近亲属之间的权利义务关系。这种权利义务关系标志的是这些近亲属之间的身份地位以及相互之间的权利义务关系。亲属权应该包括尊敬权、帮助体谅权、扶养权、吊唁权等内容。对这些权利的民法保护，根据民事法律适用的原则，有法律依法律，没有法律依民事习惯。正如本案中原告主张的所谓吊唁权，法律虽然没有明确规定予以保护，但按照我国民间的善良风俗习惯，人死亡后，近亲属瞻仰死者的遗容、参加火化及悼念等是其应尽的义务，更是其享有的权利。对其作为近亲属的吊唁权的剥夺，既违反了中国的善良风俗和社会公德，也会让其精神遭受巨大的痛苦。故本案中，原告主张的吊唁权是为法律所保护的。

二、苏某与吴某签订的《赠与书》不能使原告的亲属权丧失

本案中，吴某与苏某于2004年5月6日签订了《赠与书》，当中约定受赠与人苏某自愿接受吴某的房产，并对吴某年迈后给予养老送终。这一赠与合同是有效合同。从合同当事人的权利义务来说，苏某根据合同享有吴某房产的所有权，并有义务为吴某养老送终。该《赠与书》约定由苏某对吴某给予养老送终主要是强调苏某的义务，并不是排除作为吴某的亲属有权瞻仰吴某遗容、对其进行祭奠。因为两原告的吊唁权是基于吴某妹妹身份而产生的亲属权，只有在吴某生前明确表示不要原告参与处理其后事的情况下，原告才不享有这一权利。故本案中原告的吊唁权不因《赠与书》的签订而丧失。

三、殡仪馆侵犯原告的亲属权，应承担精神损害赔偿责任

本案中，殡仪馆的行为侵犯了原告的亲属权，理由是：

1. 被告的行为违反了法律规定。国务院《殡葬管理条例》第十三条第（二）项规定，火化遗体必须凭公安机关或者国务院卫生行政部门规定的医疗机构出具的死亡证明。本案中，被告殡仪馆在苏某未出示死亡证明，且未出具亲属关系证明的情况下就对吴某遗体进行火化。

2. 原告的损害事实客观存在。两原告和吴某居住在同一城市，由于没有参与办理吴某的丧事并对吴某进行吊唁，在正常情况下，作为吴某的妹妹，其精神上所受到的损害是显而易见的。

3. 被告主观上有过错。《殡葬管理条例》规定了火化遗体必须要出具死亡证明，而本案中被告在既没有死亡证明，又没有核实苏某与吴某是否为母子关系的情况下，应当能够预见火化吴某的遗体的行为可能带来的后果，即无法鉴定吴某的死亡原因，且死者亲属可能会因此丧失吊唁的权利。

4. 被告火化遗体的行为与原告损害后果之间有因果关系。本案中，原告精神受到损害这一结果是两个原因结合而形成的，一个原因是苏某在吴某死亡后没有及时通知原告便将遗体火化，另外一个原因是殡仪馆在苏某没有出具死亡证明的情况下将遗体火化。故殡仪馆和苏某对原告构成共同侵权。本案中原告以殡仪馆为被告提起诉讼并无不当。

由于被告的侵权行为，使原告的精神遭受了巨大的痛苦，故被告应承担精神损害赔偿责任。在2006年4月5日，两原告就本案同一事实，曾向淮安市清浦区人民法院诉讼，要求被告与苏某连带赔偿其精神损失。在诉讼中，两原告主动撤回对殡仪馆的起诉，并与苏某达成调解协议，由苏某补偿两原告20 000元的精神损害赔偿。这一事实不能认定为原告对实体权利的放弃。因为原告仅是撤回对殡仪馆的起诉，并没有放弃对殡仪馆的诉讼请求。况且苏某所支付的20 000元双方约定是“补偿款”，而非赔偿款。故殡仪馆在本案中仍然要承担法律责任。

审理结果

2006年8月24日，淮安市淮阴区人民法院依照《中华人民共和国民法通则》第一百零六条第二款、《最高人民法院关于确定民事侵权精神损害赔偿责任若干问题的规定》第三条第（三）项的规定，判决：（1）被告淮阴区殡仪馆于本判决生效后十日内赔偿原告吴某霞、吴某华精神损害抚慰金5 000元。（2）驳回原告吴某霞、吴某华的其他诉讼请求。宣判后，原、被告均未提起上诉，判决已发生法律效力。

27 韩某诉高某、李某精神损害赔偿案

案情回放①

2006年，被告高某决定在自家住房的窗台上安装防盗网，于是与某装修公司的李某签订了封阳台的协议。2006年3月24日，因为被告李某操作不当发生了火灾，烧毁了二楼的原告韩某家中的不少财物和其唯一一张父母生前的照片，索赔未果后韩某将雇主高某和施工单位负责人李某告上法庭，要求其承担由火灾造成的照片毁损的精神损害抚慰金3 000元整。

被告高某认为事故与自己无关，其已与装修公司达成协议，事故由李某而起，故不需承担责任；而且原告无证据证明该照片的有无、是否毁损，故请求驳回原告的诉讼请求。原告认为雇主和雇员之间的协议并不能免除雇主的赔偿责任，且其是基于具有人格纪念价值的照片毁损要求精神抚慰金的赔偿，具有法律依据。而由于遗像的不可再生性使得自己无法提供相关证据证明，仅能提供父母已故的证明。

问题归纳

如何主张适用精神损害赔偿？

法条链接

一、法律法规

《中华人民共和国侵权责任法》第三十五条：个人之间形成劳务关系，提供劳务一方因劳务造成他人损害的，由接受劳务一方承担侵权责任。提供劳务一方因劳务自己受到损害的，根据双方各自的过错承担相应的责任。

二、其他

1.《最高人民法院关于确定民事侵权精神损害赔偿责任若干问题的解释》第四条：具有人格象征意义的特定纪念物品，因侵权行为而永久性灭失或者毁损，物品所有人以侵权为由，向人民法院起诉请求赔偿精神损害的，人民法院应当依法予以受理。

第九条：雇员在从事雇佣活动中致人损害的，雇主应当承担赔偿责任。雇员因故意或重大过失致人损害的，应当与雇主承担连带赔偿责任。雇主承担连带赔偿责任的，可以向雇员追偿。

---

① 该案例来源于以下网址：http：//case. mylegist. com//1446/2009-12-16/3554. html.

2.《最高人民法院关于民事诉讼证据的若干规定》第七十三条：双方当事人对同一事实分别举出相反的证据，但都没足够的依据否定对方证据的，人民法院应当结合案件情况，判断一方提供证据的证明力是否明显大于另一方提供证据的证明力，并对证明力较大的证据予以确认。因证据的证明力无法判断导致争议事实难以认定的，人民法院应当依据举证责任分配的规则作出裁判。

法理导析

分析本案需要从原被告双方争论的焦点来梳理线索。

首先，原告有无精神抚慰金的赔偿依据？

根据《最高人民法院关于确定民事侵权精神损害赔偿责任若干问题的解释》的规定，精神损害赔偿主要针对人格权受到侵害导致的精神上的痛苦而提出的物质弥补责任，旨在为受害人在无形的精神受损而无从恢复原状的情况下提供救济途径，用金钱等物质性的财产来缓解受害者的精神痛苦。因为精神损害赔偿的特殊性和判断标准上的高概括性，因此其适用范围也需要严格控制。

一般情况下，精神抚慰金主要适用于人身损害赔偿，财产损害赔偿案件中一般不能要求精神抚慰金赔偿，主要是为了防止精神损害赔偿责任的滥用以及公平责任的实现，但法律规定了例外：如果涉及人格纪念价值的物品及弥足珍贵、无法再生的物品被毁损，可以要求精神损害赔偿。而本案即属于此种由财物毁损引发的精神损害赔偿，因而是具备法律依据的。

其次，雇主责任的界定。

雇主责任也称替代责任或转承赔偿责任，是指雇员在从事雇佣活动中致他人损害的，雇主应当承担赔偿责任。法律给雇主设定了一个监管责任，作为雇佣者，其应当对其所选任的雇员的行为及过错承担法律上的赔偿责任，保证受害者的求偿权利。如果侵害行为为雇员故意或者重大过失所致，雇主可在承担责任后向雇员追偿。

在本案中，如果原告求偿的依据充分的话，被告高某是需要承担雇主责任的，其与李某之间的协议由于合同的相对性不能对抗第三人，故其以协议在先来对抗韩某的求偿是不成立的。

最后，高度盖然性证明标准的适用。

民事诉讼上的盖然性标准是指当事人在对同一事实举出相反的证据而且都无法否定对方证据的情况下，由法官对当事人证据的证明力进行衡量的规则。如果一方提供的证据证明力明显大于另一方，则可以认为证明力较大的证据所支持的事实具有高度盖然性，法官应依据这一事实作出裁判；如果通过对证明力的比较仍无法对待证事实作出认定，待证事实仍处于真伪不明的状态，双方证据的证明力大小不明显或者无法判断，即双方证据所支持的事实均不能达到高度盖然性的程度，法官就应当依据举证责任分配原则作出不利于负有举证责任一方当事人的不利判决。

在本案中，由于原告不能提供足够充分的证据证明其拥有其父母的照片是唯一的，其之前存在而现在由于火灾受损，其应当承担民事诉讼上的举证不力导致的举证责任风险，因而其要求得不到支持。

审理结果

由于证据不足，法院驳回了原告要求被告赔偿 3 000 元精神抚慰金的诉讼请求。

28 恋人分手引发纠纷，1%产权为何取得讼争房屋

案情回放①

王先生与孙小姐原系恋爱关系，张女士系孙小姐之母亲。2006 年 11 月，王先生与孙小姐共同购买房屋一套，房价为 55 万元。支付的房款中：5 万元定金由孙小姐支付，11 万元由王先生向他人借款，35 万元由王先生向银行贷款，余款 4 万元由两人共同承担，并办理了两人共有该房的权证。次年 1 月，王先生向张女士借款 12 万元，归还了前期买房借款 10 万元。房屋装修后，王先生与孙小姐、张女士共同入住。不久，双方发生矛盾，女方搬出房屋在外居住。

2007 年 5 月中旬，双方和好，孙小姐母女又回来居住。同年 7 月，王先生与孙小姐母女签订一份房地产买卖合同，约定由王先生将房屋产权的 1% 转让给张女士，48% 的产权转让给孙小姐，但未支付对价，从而使该房产权登记在三人名下，其中王先生享有 1%的产权，孙小姐享有 98% 的产权，张女士享有 1% 的产权。8 月，王先生以银行转账形式归还张女士借款 10 万元。不久，因双方再次发生矛盾，孙小姐与张女士相继搬出房屋，恋爱关系就此破裂。

王先生诉称，为表示和好诚意，他才签订上述合同，房产应归自己所有，孙小姐与张女士则反诉要求判令房屋归己所有，由王先生迁出该房，自己同意归还房屋贷款、支付王先生房款 1 万元。

问题归纳

1. 非婚同居关系是否受法律保护？
2. 非婚同居期间双方的财产关系如何认定？

法条链接

一、法律法规

1.《中华人民共和国民法通则》第四条：民事活动应当遵循自愿、公平、等价有

① 该案例来源于新浪网：http：//news. sina. com. cn/s/2008-07-14/152914162072s. shtml.

偿、诚实信用的原则。

2.《中华人民共和国物权法》第一百零三条：共有人对共有的不动产或者动产没有约定为按份共有或者共同共有，或者约定不明确的，除共有人具有家庭关系等外，视为按份共有。

第一百条第一款：共有人可以协商确定分割方式。达不成协议，共有的不动产或者动产可以分割并且不会因分割减损价值的，应当对实物予以分割；难以分割或者因分割会减损价值的，应当对折价或者拍卖、变卖取得的价款予以分割。

二、其他

1.《最高人民法院关于适用〈中华人民共和国婚姻法〉若干问题的解释（二）》第一条：当事人起诉请求解除同居关系的，人民法院不予受理……当事人因同居期间财产分割或者子女抚养纠纷提起诉讼的，人民法院应当受理。

2.《最高人民法院关于人民法院审理未办结婚登记而以夫妻名义同居生活案件的若干意见》第八条：人民法院审理非法同居关系的案件，如涉及非婚生子女抚养和财产分割问题，应一并予以解决。具体分割财产时，应照顾妇女、儿童的利益，考虑财产的实际情况和双方的过错程度，妥善分割。

第十条：解除非法同居关系时，同居生活期间双方共同所得的收入和购置的财产，按一般共有财产处理……

法理导析

一、非婚同居期间男女双方财产纠纷的不同观点

非婚是指无法律障碍的两性双方尚未形成法律上的婚姻状态，而不论双方是否有结婚的意图。本案例中所涉及和讨论的非婚同居关系是指男女双方在不违反法律的强制性规定下，未缔结婚姻而长期共同生活在一起的事实状态，不包括姘居等法律所禁止的婚外同居。根据《婚姻法解释（二）》第一条规定，当事人起诉请求解除同居关系的，人民法院不再受理。人民法院对这一类案件不予受理，意味着法律将非婚同居关系的身份完全交由道德来调整。因此，在我国当前的法律框架下，同居关系不受法律保护，当事人之间不具有夫妻间的权利和义务。

非婚同居的当事人之间不构成配偶关系，因此婚姻法中关于夫妻共同财产分割的规定并不适用于同居期间的财产分割。此时双方的财产关系如何认定？是个人所有关系还是共有关系？如果是共有关系，是共同共有关系还是按份共有关系？对此问题，婚姻法中欠缺规范同居关系的条款，并无明确规定，理论界也有不同意见。

一种观点认为，同居关系不受法律保护，双方不存在合法的人身关系，不存在共有关系基础，因此，同居双方的财产关系应为个人所有，同居期间所得的财产应为个人所有。另一种观点认为，同居双方财产关系首先是一种共有关系。同居关系毕竟有别于合法有效的婚姻关系，如果选择共同共有认定同居关系的财产关系性质，就体现不了与夫妻共有财产的区别，不利于保障婚姻关系的合法性和稳定性，也不能保障行政机关婚姻登记的权威性。因此，同居双方的财产关系性质应选择按份共有。还有一种观点认为，选择个人所有或者按份共有认定同居双方财产关系性质，在分割财产时，难以认定各自财产或财产份额，可操作性差且容易产生矛盾纠纷，应选择共同共有规定同居双方的财产关系。

二、针对上述三种观点的评析

笔者认为，三种观点都有可取之处，但都存在一定的缺陷。第一种观点混淆了“不合法”与“非法”的概念，同居关系虽不合法但也不违法，同居双方在同居期间不可避免的会产生事实上的共有关系。从另一角度看，同居关系一般是以夫妻名义共同生活，对于不知情的第三人来说，同居双方为“夫妻”。如果将同居双方财产关系定性为个人所有，对不知情的第三人不利。第二种观点认为将同居关系的财产关系认定为共同共有会破坏婚姻关系的合法性与稳定性，会损害婚姻登记的权威性，这显然也是片面之词。一方面，规定同居关系的财产关系并不是要将同居关系“合法化”，而是为了调整同居期间不稳定的财产关系。另一方面，选择与夫妻共有财产一样的财产关系，并不当然为同居双方带来利益，更加不会为同居关系带来合法的婚姻效力，由此可见，破坏婚姻关系合法性和稳定性，损害婚姻登记权威性的是不进行结婚登记的同居行为，而不是对同居关系的财产关系作出的规定。第三种观点出于财产份额认定困难，主张按共同共有关系处理，具有合理性。但选择和夫妻共有财产关系完全一样的财产关系也不妥当，因为同居关系与合法的夫妻关系毕竟是有区别的，同居双方的财产关系应区别于夫妻财产关系。

在符合法理的基础上，出于可操作性的考虑，笔者认为，对于双方同居期间所取得的财产应当以协议制为原则，分别财产制和共有制为补充。体现照顾妇女、儿童的利益原则，考虑财产的实际情况和双方的过错程度，妥善分割。首先，在双方当事人的共有财产问题上，法律采取尊重当事人意愿的原则，将当事人之间的财产处理协议看作是解决他们之间财产纠纷的根据，只要该约定不违反法律和公序良俗，一般应予认可。当然，此种原则以非婚同居当事人在同居时或同居结束时订有财产处置协议为条件。其次，如果非婚同居当事人在同居时或同居结束时不能就他们共同生活期间共同取得的财产达成处理协议，则我国法律应对非婚同居当事人间的财产采取分别财产制，即双方在同居期间各自劳动所得、因继承所得、因受赠所得和因其他原因所得，均为个人所得，解除同居关系时，对方无权要求分割。比如，同居时间较短，又因为感情不和而请求解除同居关系，此时，对于一方所得的明确属于个人的大额收入如年终奖金、意外收获如彩票中奖所得，适用共有财产制就有失公平。在这样的情况下，坚持个人财产制更能彰显法律维护公民权益的有效性。此为当事人舍弃合法婚姻，选择未婚同居而须承担的相应后果。最后，对同居期间共同取得财产，以及无法分清是否是一方财产的一般认定为共同财产，采取共有财产制。非婚同居期间的“共同所得”应与夫妻共同财产制相区别，这种“共同所得”必须同时具备两个条件：一是共同生活，这是形成共有关系的基础；二是双方共同劳动、经营或管理，这是产生共有关系的前提条件。只有同时具备这两个条件，才能构成共同所得，否则只能视为个人所得。非婚同居期间共同所得的财产，从理论上讲，应属于按份共有。在分割共同财产时法院应根据《民法通则》以及《最高人民法院关于人民法院审理未办结婚登记而以夫妻名义同居生活案件的若干意见》中的相关规定进行分割，也就是根据对共同财产的贡献大小、出资比例并适当照顾共有人生产、生活的实际需要等因素进行分割，此外还应根据该若干意见的规定在分割共同财产时适当考虑照顾妇女、儿童以及无过错方。

本案例中，考虑到出资情况和原、被告双方购买系争房屋时的特殊关系，以及产权登记在3人名下的情况，应当认定系争房屋为按份共有。现共有购房基础瓦解，根据物权法相关规定，共有人可协商确定分割共有物。此时，合理分割财产、理性对待非常重要。当双方涉及产权问题时，双方应该根据实际情况，对产权进行合理的调整和分割。在本案当中，当事人双方就系争房屋的产权归属无法取得一致，因此，法院应根据《民法通则》以及《最高人民法院关于人民法院审理未办结婚登记而以夫妻名义同居生活案件的若干意见》中的相关规定进行分割，也就是根据对共同财产的贡献大小、出资比例并适当照顾共有人生产、生活的实际需要等因素进行分割。具体而言，55万元的房款中，王先生承担了前期购房的11万元房款、35万元的房贷，以及余款中的2万元，共计48万元款项，孙小姐承担了其中的7万元，产权转让时未支付相应对价，房屋的权证登记额不能体现双方的出资情况，且房屋现实际为王先生居住。因此，可以判定房屋归王先生所有，同时给予孙小姐相应补偿。

审理结果

上海市南汇区人民法院审理后作出一审判决，认为男方虽只占婚房1%的权证份额，但根据公平原则及双方对房屋的实际出资额等情况，确定房屋归男方王先生所有，房贷由其负责归还；由孙小姐、张女士协助将房屋权证办理在王先生名下；由王先生支付孙小姐房屋及装修补偿款15万元、归还张女士借款2万元。

29 人工授精之子讨遗产继承权

案情回放①

上海人卢某和丈夫黄某婚后数年不孕，经检查是丈夫的问题。2007年，经夫妻俩协商，卢某接受了人工授精手术，于2008年8月生下一名男孩。不幸的是，男孩在半岁时被诊断患有严重听力缺陷，双耳几乎完全失聪，与孩子的疾病伴随而来的还有丈夫黄某的离婚协议书。两人离婚后，孩子归卢某抚养，黄某每月支付抚养费3 000元。离婚后，黄某购买了一套房子，很快再婚，再婚一年多以后，黄某患胃癌去世，留下一份遗嘱，将自己在二婚前购买的那套产权房，以及一部分存款交与再婚后的妻子林某继承。在卢某为前夫凭吊的时候得知其将自己的绝大部分财产都留给了再婚妻子，这也就

① 该案例来源于新浪网：http：//news. sina. com. cn/c/2011-09-04/140023103286. shtml.

意味着，他们之前约定好的孩子的抚养费将没有着落。卢某认为，“虽然孩子比较特殊，但他毕竟是我们的婚生子，他有权继承他爸爸的遗产”。因此，卢某以黄某的遗嘱侵犯了儿子相关继承权为由，将林某诉至法院。

问题归纳

1. 人工生育子女具有怎样的法律地位?
2. 如何保障人工生育子女合法的继承权?
3. 人工生育子女是否享有知情权?

法条链接

一、法律法规

1.《中华人民共和国婚姻法》第二十四条第二款：父母和子女有相互继承遗产的权利。

2.《中华人民共和国继承法》第十条：遗产按照下列顺序继承：第一顺序：配偶、子女、父母……本法所说的子女，包括婚生子女、非婚生子女、养子女和有扶养关系的继子女……

第五条：继承开始后，按照法定继承办理；有遗嘱的，按照遗嘱继承或者遗赠办理；有遗赠扶养协议的，按照协议办理。

第十九条：遗嘱应当对缺乏劳动能力又没有生活来源的继承人保留必要的遗产份额。

二、其他

1.《最高人民法院关于夫妻离婚后人工授精所生子女的法律地位如何确定的复函》：在夫妻关系存续期间，双方一致同意进行人工授精，所生子女应视为夫妻双方的婚生子女，父母子女之间权利义务关系适用《婚姻法》的有关规定。

2. 卫生部发布的《人类辅助生殖技术管理办法》第三条第二款：禁止以任何形式买卖配子、合子、胚胎。医疗机构和医务人员不得实施任何形式的代孕技术。

3.《最高人民法院关于贯彻执行〈中华人民共和国继承法〉若干问题的意见》第三十七条：遗嘱人未保留缺乏劳动能力又没有生活来源的继承人的遗产份额，遗产处理时，应当为该继承人留下必要的遗产，所剩余的部分，才可参照遗嘱确定的分配原则处理。继承人是否缺乏劳动能力又没有生活来源，应按遗嘱生效时该继承人的具体情况确定。

4.《人类精子库管理办法》第二十一条：人类精子库应当建立供精者档案，对供精者的详细资料和精子使用情况进行计算机管理并永久保存。人类精子库应当为供精者和受精者保密，未经供精者和受精者同意不得泄漏有关信息。

法理导析

一、人工生育子女的法律规范缺位的问题

人工生育子女，是指利用现代科技通过人工操作而孕育出来的子女。人工生育子女主要包括人工授精、胚胎移植和代理孕母等几种。人工生育子女的法律地位，是指与法律规定的血亲关系下和拟制血亲关系下的父母子女关系相比，该子女所处的法律地位。目前，世界上大多数国家对人工生育子女尚无明确的法律规定，少数已立法的国家规定的内容也不尽相同。但是，对于在婚姻关系存续期间，因夫妻双方同意而进行人工生育的子女与该夫妻间具有亲子关系，则基本达成共识：不论是接受人工授精，或者是胚胎移植，只要经夫妻双方一致同意，事后不得否认对因此而出生的子女的权利义务。

人工生育技术的开发与利用给社会带来积极作用的同时，也给父母子女关系带来新的变化，传统的父母子女关系分类，已不能涵盖人工生育的亲子关系。当前我国对于人工生育子女的法律地位问题，没有一部专门的法规予以规范，仅在上文所提到的司法解释以及2001年2月20日的《人类辅助生殖技术管理办法》中对确认子女的父母身份方面作了简单规定，而且规章中只是规定不得进行代孕手术，并没有解决实践中代孕所引发的问题。我国目前已经出现了为数不少的人工技术生育子女案件，针对这一新的社会问题，迫切需要对人工生育子女的法律地位予以明确，并完善其法律规制，促进社会和谐发展。如果能在《婚姻法》中专设亲子关系一章，对人工生育问题作出系统规定，明确规定人工生育子女的法律地位问题，以法律而不是规章的形式规范人工生育子女权利义务，将会有利于对这些孩子及他们的母亲的合法权益的保护。

二、本案中人工生育子女的继承权能否得到保护

根据现有规定，女方通过人工授精所生子女其法律地位不是当然确定的，人工授精所生子女的法律地位可以分为以下三种情况：

第一，精子与卵子来源于夫妻双方，只是采用科学技术辅助使之结合怀孕所生的，该子女与父母双方均有血缘上的联系，是夫妻双方的亲生子女，属于婚生子女。其法律地位适用《婚姻法》关于父母子女关系的规定。

第二，如果在婚姻关系存续期间，事先经过丈夫同意或事后丈夫明确表示无异议，妻子采用人工授孕技术怀孕，精子不是生育妇女丈夫提供的，尽管子女与生育母亲的丈夫无血缘联系，但该子女仍应认为生育妇女的丈夫的婚生子女，生育妇女的丈夫应视为该子女法律上的父亲。

第三，在婚姻关系存续期间，如果妻子未经丈夫同意，采用他人精子人工授精生育子女，所生子女与生育妇女丈夫无法律上的父子关系。

故对于人工授精所生子女是否享有继承权，应依具体情况确定。

本案中的人工授精子女基于法律所赋予的婚生子女地位，理所当然享有合法的继承权，这一点是毋庸置疑的。那么黄某立下遗嘱将自己所有的财产全部交与再婚后的妻子林某继承，其行为是否侵害了其与卢某之间人工受精所生育的小孩的合法权益呢？诚然，作为自然人，黄某依法享有权利将自己所有的财产经过订立遗嘱的方式，指定其法定继承人即现任妻子林某继承。但法律同时规定，“遗嘱应当对缺乏劳动能力又没有生活来源的继承人保留必要的遗产份额”。而本案中，拥有法律赋予的法定继承人身份的人工受精子女，鉴于其严重的听力障碍，生活势必会因此受到严重的影响，基于法律的精神与本意，遗嘱应当为其保留必要的遗产份额。这也是法律公平与公正的一种体现。

三、人工生育子女是否享有知情权

每个人都有弄清楚自己身世的权利。对于人工生育子女来说，这种权利恰好与捐精者以及不孕不育夫妇的隐私权相矛盾，对于这两种权利如何取舍的问题，主要存在两种观点：一是终身隐瞒，二是在子女成人后告知其身世，尊重其隐私权。前一种观点有一定的道理，对于捐精人而言，其本意只是希望给不孕家庭提供生育上的帮助，并非想给自己带来无谓的麻烦，不能保证其隐私权势必会造成捐精者捐精的顾虑，不利于人工生育技术的发展，不利于社会的进步。对于接受人工生育技术的家庭而言，采取隐瞒态度显然有利于亲子间和睦关系的培养和孩子的成长。但这种观点显然忽视了人工生育子女的婚姻问题，最关键的问题是，如果人工生育子女都不知道自己受孕的真实情况，如何能阻止《婚姻法》中所禁止的近亲结婚的问题？他们的婚恋对象是否有可能是自己同父异母的同胞？因此，笔者赞成后一种观点，认为在子女成人后，应告知其身世，尊重其知情权，但知情权的范围应该受到一定限制，应该只允许其了解有关捐赠者种族背景和遗传健康的有限资料，而不能了解其生物学上的父亲的有关情况。因为，孩子的知情权和捐精者的隐私权都属于人身权，当两种人身权之间相冲突时，解决的原则是看保护哪一个人身权产生更大的社会效益。如前文所述，如果不能对捐精者的隐私权给予保护，恐怕很难找到捐精者，人工生育技术就无法开展。所以，《人类精子库管理办法》中规定，在助孕程序上实行互盲的办法，即受孕妇女不知道精子是谁捐献的，捐精者也不知道精子给谁使用。综上所述，在保障人工生育子女知情权的同时，对其进行必要限制是道德和法律的双重要求，符合社会的实际情况。要切实保障人工生育子女的知情权，需要相关的配套措施。全国应该建立一个人工生育管理中心，其职责是监管国内所有的人工生育治疗中心的运作状况，在全国范围内建立人工生育档案，所有的不育治疗的个案资料都统一保存并采取保密措施，如此方可消除人工生育的后顾之忧。

审理结果

法院审理后认为，卢某人工生育的孩子应视为双方的婚生子，黄某在遗嘱中却并未给缺乏劳动能力且尚需抚养的孩子留下必要的遗产份额，故判决在黄某的遗产中划出一定数额作为孩子的抚养费用和成年后维持生活所必须支出的费用。

30 伟华公司诉大华公司侵犯商标专用权案

案情回放[①]

原告伟华公司是1990年2月成立的经营销售液体鞋油擦鞋器等产品的台商独资企业，其使用的商标是“POCKET皮盖特”。原告于1992年5月6日提出“POCKET皮盖特”英、中文两种文字的商标注册申请，并已经国家工商行政管理局商标局于1993年第11期《商标公告》予以公告，并核发了“POCKET皮盖特”商标注册证。1992年5月12日该公司向专利局提出“液体鞋油擦鞋器”实用新型专利申请。1992年10月7日国家专利局经审查对该专利申请予以公告，并于1993年5月6日授予《实用新型专利证书》。被告大华公司于1991年5月开始生产皮盖特液体鞋油擦鞋器，使用“意达”牌注册商标；在其生产销售的“意达”牌液体鞋油擦鞋器的商标标识上印有“POCKET”字样。大华公司在伟华公司该项专利申请日之后仍在原有范围内继续生产销售，而且既无扩大生产规模，也未将此项技术转让他人；在伟华取得“POCKET皮盖特”商标专用权后，大华公司既没有立即停止使用印有“POCKET”字样的商标标识，也未收回其已投放市场的带有“POCKET”字样的商标标识的液体轻油擦鞋器或更换商标标识，公司尚有库存约20万个带“POCKET”字样的商标标识产品。伟华公司在取得商标专用权和实用新型专利证书后，发现被告在其生产的擦鞋器上使用原告注册的“POCKET”商标，而且生产、销售的擦鞋器同原告已经取得实用新型专利的液体鞋油擦鞋器相同，认为是对其商标专用权和实用新型专利权的严重侵犯，因此向秦皇岛市中级人民法院起诉，提出如下诉讼请求：（1）依法责令被告立即停止侵权行为，并赔偿原告经济损失50万元；（2）本案诉讼费用全部由被告负担。

问题归纳

1. 什么是商标专用权？侵犯商标专用权的情形包括哪些？
2. 什么是专利权？侵犯专利权的情形包括哪些？不视为侵权专利权的情形包括哪些？
3. 商标使用与商标注册有何关系？

---

① 该案例来源于法搜网：http：//www.fsou.com/html/text/fnl/1176779/117677993.html.

法条链接

一、法律法规

1.《中华人民共和国专利法》第六十九条：有下列情形之一的，不视为侵犯专利权：（一）专利产品或者依照专利方法直接获得的产品，由专利权人或者经其许可的单位、个人售出后，使用、许诺销售、销售、进口该产品的；（二）在专利申请日前已经制造相同产品、使用相同方法或者已经作好制造、使用的必要准备，并且仅在原有范围内继续制造、使用的；（三）临时通过中国领陆、领水、领空的外国运输工具，依照其所属国同中国签订的协议或者共同参加的国际条约，或者依照互惠原则，为运输工具自身需要而在其装置和设备中使用有关专利的；（四）专为科学研究和实验而使用有关专利的；（五）为提供行政审批所需要的信息，制造、使用、进口专利药品或者专利医疗器械的，以及专门为其制造、进口专利药品或者专利医疗器械的。

2. 2001 年《中华人民共和国商标法》第三条第一款：经商标局核准注册的商标为注册商标，包括商品商标、服务商标和集体商标、证明商标；商标注册人享有商标专用权，受法律保护。

第二十八条：申请注册的商标，凡不符合本法有关规定或者同他人在同一种商品或者类似商品上已经注册的或者初步审定的商标相同或者近似的，由商标局驳回申请，不予公告。

第二十九条：两个或者两个以上的商标注册申请人，在同一种商品或者类似商品上，以相同或者近似的商标申请注册的，初步审定并公告申请在先的商标；同一天申请的，初步审定并公告使用在先的商标，驳回其他人的申请，不予公告。

第三十一条：申请商标注册不得损害他人现有的在先权利，也不得以不正当手段抢先注册他人已经使用并有一定影响的商标。

2013 年《中华人民共和国商标法》第五十七条第（一）、（二）项：未经商标注册人的许可，在同一种商品上使用与其注册商标相同的商标的；未经商标注册人的许可，在同一种商品上使用与其注册商标近似的商标，或者在类似商品上使用与其注册商标相同或者近似的商标，容易导致混淆的。

第六十条第一款：有本法第五十七条所列侵犯注册商标专用权行为之一，引起纠纷的，由当事人协商解决；不愿协商或者协商不成的，商标注册人或者利害关系人可以向人民法院起诉，也可以请求工商行政管理部门处理。

二、其他

《最高人民法院关于审理商标民事纠纷案件适用法律若干问题的解释》第二十一条第一款：人民法院在审理侵犯注册商标专用权纠纷案件中，依据民法通则第一百三十四条、商标法第五十三条的规定和案件具体情况，可以判决侵权人承担停止侵害、排除妨碍、消除危险、赔偿损失、消除影响等民事责任，还可以作出罚款，收缴侵权商品、伪造的商标标识和专门用于生产侵权商品的材料、工具、设备等财物的民事制裁决定。罚款数额可以参照《中华人民共和国商标法实施条例》的有关规定确定。

法理导析

一、大华公司侵犯了伟华公司的商标专用权

商标专用权指的是商标注册人拥有在核定商品上垄断使用该注册商标的权利。商标专用权包含两方面的内容，一方面是注册人享有在指定的商品上使用其注册商标的权利，而且这种使用不承担任何侵犯他人注册商标专用权的风险，即使其商标与他人在同一种商品上所注册的商标完全相同时也不构成商标侵权，更无须承担侵权责任；另一方面，注册人享有禁止他人在相同或类似商品上使用与其商标相同或近似的商标的权利。

侵犯商标专用权的行为主要有如下几种类型：（1）假冒注册商标。假冒注册商标是指未经注册商标所有人的许可，在同一种商标商品或者类似商品上使用与其注册商标相同或者近似商标的行为。（2）销售侵犯商标专用权的产品。并非所有销售假冒注册商标商品的行为都要承担赔偿责任，只有明知或者应知是侵犯他人商标专用权的商品，仍然进行销售的，才构成侵犯他人商标专用权，同时必须承担赔偿责任。销售不知道是侵犯商标专用权的商品，能证明其销售的商品是自己合法取得的并说明商品的提供者的，不承担赔偿责任。（3）伪造、擅自制造他人注册的商标标识或者销售伪造、擅自制造的注册商标标识。（4）未经商标注册人同意，更换其注册商标并将该更换商标的商品投入市场。（5）给他人的商标专用权造成其他损害的行为。这一类侵权行为主要包括：① 在同一种或者类似的商品上，将与他人注册商标相同或者近似的标志作为商品名称或者商品装潢使用，误导公众的行为；② 故意为侵犯他人商标专用权行为提供仓储、运输、邮寄、隐匿等便利条件的行为；③ 将与他人注册商标相同或者相近似的文字作为企业的字号在相同或者类似商品上突出使用，容易使相关公众产生误认的行为；④ 复制、摹仿、翻译他人注册的驰名商标或者其主要部分在不相同或者不相类似的商品上作为商标使用，误导公众，致使该驰名商标注册人的利益可能受到损害的行为；⑤ 将与他人注册商标相同或者相近似的文字注册为域名，并且通过该域名进行相关商品交易的电子商务，容易使相关公众产生误导的行为。《商标法》第三条明确规定，经商标局核准注册的商标受法律保护，注册人享有商标专用权。本案中，大华公司在伟华公司告取得"POCKET 皮盖特"注册商标专用权后，仍生产、销售带有"POCKET"商标标识的液体鞋油擦鞋器，该行为属于侵犯商标专用权当中的"未经注册商标所有人许可，在同一种商品或者类似商品上使用与其注册商标相同的商标"的行为，侵犯了原告注册商标专用权，应承担侵权责任。

二、大华公司未侵犯伟华公司的专利权

专利权，是指国家专利机关授予发明人、设计人或者其所在单位对发明创造在期限内所享有的专有权。侵犯他人专利权的行为包括两种情形：（1）未经专利权人许可，以商业营利为目的使用他人专利。（2）行为人假冒他人专利。具体指未经专利权人许可，以营利为目的，制造、使用、销售专利产品，窃用专利方法，冒充他人专利产品的行为。

国家为了鼓励发明创造，促进科学技术的繁荣和发展，切实保护权利人的权益，建立了专利管理制度。本案中，大华公司在伟华公司实用新型专利权申请日之前，已经生产、销售液体鞋油擦鞋器，伟华公司被授予专利权后，大华公司仍在原有范围内继续生产销售该种擦鞋器，并未扩大生产规模，属于先用权人的制造和使用，不视为侵犯专利权的行为，不应承担责任。

三、商标注册和商标使用的关系

商标注册，是指商标使用人将其使用的商标依照法律规定的条件和程序，向国家商标主管机关（国家工商局商标局）提出注册申请，经国家商标主管机关依法审查，准予注册登记的法律事实。在我国，商标注册是商标得到法律保护的前提，是确定商标专用权的法律依据。商标使用人一旦获准商标注册，就标志着它获得了该商标的专用权，并受到法律的保护。而商标的使用是指以经营为目的，将商标用于商品、商品包装或者容器上，用于服务或者与服务有关的物件上，用于商品或者服务交易文书上；或者将商标用于商品或者服务的广告宣传、展览以及其他商业活动中，足以使相关公众认其为区别该商品或者服务来源的标志的实际使用。

对于经营者而言，既可以使用注册商标，也可以使用未注册商标，使用注册商标毫无疑问可以获得最大限度的法律保障，而如果使用未注册商标，则存在如下的弱点：第一，最致命的弱点是商标使用人对该商标不享有商标专用权。任何商家都可以使用，这就使商标标明商品来源的基本作用受到了影响，也导致商标代表一定商品质量和信誉的作用大打折扣。第二，一旦他人将该商标抢先注册，该商标的最先使用人反而不能再使用该商标。根据《商标法》的相关规定，商标专用权的原始取得只有通过商标注册取得，而申请商标注册，又采用申请在先原则，即对一个未注册商标来讲，谁先申请注册，该商标的专用权就授予谁。因此，不管经营者使用一个商标多久，如果没有将该商标注册，那么只要他人在申请商标注册的时候，不存在《商标法》第三十一条所规定的“以不正当手段抢先注册他人已经使用并有一定影响的商标”的情形，商标专用权就有可能授予他人。第三，未注册商标有可能与使用在相同或类似商品上的已注册商标相同或者近似，从而发生侵权行为，就要由侵权人承担相应的法律后果。

所以，使用未注册商标，存在侵犯他人注册商标专用权的可能性较大。而侵权行为所导致的法律后果又势必会影响经营者的生产经营活动。因此，为了经营者的正常经营与发展，也为了尊重他人注册商标专用权起见，使用未注册商标的经营者应当申请商标注册。

审理结果

秦皇岛市中级人民法院经审理后判决如下：（1）被告不构成侵犯原告专利权，对原告关于被告侵犯其专利的诉讼请求，不予支持。（2）被告的行为侵犯了原告的注册商标专用权，应承担侵权责任，责令被告立即停止使用印有“POCKET”字样的商标标识，收缴其库存的印有“POCKET”字样的全部商标标识，被告应将其投放市场的带有“POCKET”字样的商标予以更换，并应赔偿原告因此所受损失。（3）原告要求被告赔偿经济损失 50 万元缺乏依据，不予支持。

第三编

刑　法

31 交通肇事罪还是以危险方法危害公共安全罪

——孙伟铭案

案情回放①

2008年12月14日下午，刚参加完一场80寿宴的金亚民、张景全两夫妇和他们的朋友代玉秀共同乘坐一辆灰色长安“奔奔”回家。行至卓锦城路口时，绿灯变黄，“奔奔”停在了路口最靠近黄色双实线的车道。他们没有料到，这短短几十秒等待时间竟成为他们生命的倒数计时。

在城市的另一边，29岁的孙伟铭也刚参加完一场寿宴，他是某IT公司营销总监，去年刚买了辆黑色别克。当天在酒桌上他喝了大约七八两白酒，但为了在亲戚面前有面子，他还是坚持开车送父母去了火车站。此后，孙伟铭折返向龙泉方向行驶，酒精的后劲开始发作。

17时20分，一声巨响。孙伟铭驾驶的黑色别克车越过道路中间的黄色双实线，一头撞向了停在最近车道的“奔奔”，连撞四车后终于停下。下午6点过，车祸现场一片繁忙。交警们有的正在指挥交通，有的忙着拖车。一辆长安和奥拓车骑在绿化带上，绿色QQ车横在路中间，这几辆车受损严重，车头被严重撞瘪，车内残留着摊摊血渍。另外一辆汽车比较完好地保留在现场。

市民胡明远目睹了交通事故的整个过程，事发后，胡明远与同伴赶紧跑去救人，有两人当场被120救护人员宣布死亡。

车祸发生后，事故民警当场给孙伟铭抽取了血液样本，进行酒精测试，孙伟铭的血液酒精含量检测结果出来了：135.8mg/100ml，属于醉酒驾驶。事故民警调查确认了孙伟铭的肇事经过。孙伟铭驾驶车牌为川A43K66别克车由成龙路向龙泉驿区方向出城，行至蓝谷地路口时，与正常行驶的川A9T332比亚迪发生追尾。孙伟铭随即驾车离开现场。逃逸过程中行至卓锦城路段越中心线，与相对方向行驶的川AVZ872长安奔奔相撞，奔奔车失控后冲向左侧的绿化带。随后，孙伟铭的别克车又与奔奔后面的川AK1769奥拓车相撞，接着又与一辆川AVB241蒙迪欧发生擦剐，与川AMC337QQ车相撞。奔奔车上5名乘客中4人死亡（其中两人当场死亡，两人送医院抢救无效死亡），另一人重伤。

随后的调查中，交警又发现孙伟铭居然没有驾驶执照，系无证驾驶。事发前他已有

---

① 该案例来源于：最高人民法院．刑事审判参考：第71集．北京：法律出版社，2010：1-8．

10余次违章记录。

2009年5月23日，该案在成都市中级人民法院开庭，在法庭上孙伟铭说，他原本是个非常谨慎的人，案发当天，父母来了成都，为了“绷面子”，尽管喝醉了酒，他还是亲自开车送父母去火车北站。“我对不起大家……”“我知道再多的道歉也弥补不了对你们的伤害。如果我有走出监狱的那天，希望能够用余生来弥补……”孙伟铭泣不成声，站在法庭上向旁听席上的受害人家属鞠了三个躬。

在法庭上，控辩双方的焦点集中在孙伟铭是故意还是过失？是构成交通肇事罪还是构成以危险方法危害公共安全罪？

问题归纳

1. 刑法中的故意和过失是如何规定的？过于自信的过失与间接故意有何区别？

2. 交通肇事罪、危险驾驶罪和以危险方法危害公共安全罪的概念和特征分别是什么？

3. 交通肇事罪、危险驾驶罪和以危险方法危害公共安全罪的区别有哪些？

法条链接

一、法律法规

《中华人民共和国刑法》第十四条：明知自己的行为会发生危害社会的结果，并且希望或者放任这种结果发生，因而构成犯罪的，是故意犯罪。故意犯罪，应当负刑事责任。

第十五条：应当预见自己的行为可能发生危害社会的结果，因为疏忽大意而没有预见，或者已经预见而轻信能够避免，以致发生这种结果的，是过失犯罪。过失犯罪，法律有规定的才负刑事责任。

第一百一十五条：放火、决水、爆炸、投毒或者以其他危险方法致人重伤、死亡或者使公私财产遭受重大损失的，处十年以上有期徒刑、无期徒刑或者死刑。过失犯前款罪的，处三年以上七年以下有期徒刑；情节较轻的，处三年以下有期徒刑或者拘役。

二、其他

1. 2000年11月10日《最高人民法院关于审理交通肇事刑事案件具体应用法律若干问题的解释》第二条：交通肇事具有下列情形之一的，处三年以下有期徒刑或者拘役：（一）死亡一人或者重伤三人以上，负事故全部或者主要责任的；（二）死亡三人以上，负事故同等责任的；（三）造成公共财产或者他人财产直接损失，负事故全部或者主要责任，无能力赔偿数额在三十万元以上的。交通肇事致一人以上重伤，负事故全部或者主要责任，并具有下列情形之一的，以交通肇事罪定罪处罚：（一）酒后、吸食毒品后驾驶机动车辆的；（二）无驾驶资格驾驶机动车辆的；（三）明知是安全装置不全或者安全机件失灵的机动车辆而驾驶的；（四）明知是无牌证或者已报废的机动车辆而驾驶的；（五）严重超载驾驶的；（六）为逃避法律追究逃离事故现场的。

第三条：“交通运输肇事后逃逸”，是指行为人具有本解释第二条第一款规定和第二款第（一）至（五）项规定的情形之一，在发生交通事故后，为逃避法律追究而逃跑的行为。

第四条：交通肇事具有下列情形之一的，属于“有其他特别恶劣情节”，处三年以上七年以下有期徒刑：（一）死亡二人以上或者重伤五人以上，负事故全部或者主要责任的；（二）死亡六人以上，负事故同等责任的；（三）造成公共财产或者他人财产直接损失，负事故全部或者主要责任，无能力赔偿数额在六十万元以上的。

第五条第一款：“因逃逸致人死亡”，是指行为人在交通肇事后为逃避法律追究而逃跑，致使被害人因得不到救助而死亡的情形。

2. 2009 年 9 月 15 日《最高人民法院关于醉酒驾车犯罪法律适用问题的意见》规定：行为人明知酒后驾车违法、醉酒驾车会危害公共安全，却无视法律醉酒驾车，特别是在肇事后继续驾车冲撞，造成重大伤亡，说明行为人主观上对持续发生的危害结果持放任态度，具有危害公共安全的故意。对此类醉酒驾车造成重大伤亡的，应依法以以危险方法危害公共安全罪定罪。

法理导析

本案主要涉及交通肇事罪、危险驾驶罪、以危险方法危害公共安全罪等罪的认定以及他们之间的相互区别。

交通肇事罪是指违反道路交通管理法规，发生重大交通事故，致人重伤、死亡或者使公私财产遭受重大损失的行为。[①]

交通肇事罪的客体是交通运输安全。一般而言，交通运输是指与一定的交通工具与交通设备相联系的铁路、公路、水上及空中交通运输，但本罪中的交通运输是把铁路运输和空中运输排除在外的，只包括公路和水路运输，因为我国刑法已把铁路运输事故和航空运输的相关危害行为分别规定为“铁路运营安全事故罪”和“重大飞行事故罪”。这类交通运输的特点是与广大人民群众的生命财产安全紧密相连，一旦发生事故，就会危害到不特定多数人的生命安全，造成公私财产的严重破坏，所以，该行为属于危害公共安全犯罪。

危险驾驶罪是 2011 年刑法修正案（八）新规定的犯罪，是指在道路上驾驶机动车追逐竞驶情节恶劣的，或者在道路上醉酒驾驶机动车的行为。危险驾驶罪主要有两种行为方式，一是飙车，二是醉酒驾驶。前者是情节犯，情节恶劣的才构成犯罪；后者是行为犯，只要达到醉酒状态进行驾驶，不要求造成重大事故，就可以构成此罪。所谓醉酒状态，是指车辆驾驶人员每 100 毫升血液中的酒精含量大于或等于 100 毫克。

以危险方法危害公共安全罪，是指故意以放火、决水、爆炸以及投放危险物质以外的并与之相当的危险方法，危害公共安全的行为。该罪侵犯的客体是公共安全，即不特定的多数人的生命、健康或者重大公私财产的安全。该罪在客观方面表现为以其他危险方法危害公共安全的行为。所谓其他危险方法是指放火、决水、爆炸以及投放危险物质以外的，但与上述危险方法相当的危害公共安全的犯罪方法。该罪在主观方面表现为犯罪的故意，包括直接故意和间接故意。即行为人明知其实施的危险方法会危害公共安

① 高铭暄，马克昌．刑法学．北京：北京大学出版社，高等教育出版社，2007：402.

全，即危害不特定的多数人的生命、健康或者公私财产安全的严重后果，并且希望或者放任这种结果发生。

该案发生在2008年年底，当时刑法中还没有规定“危险驾驶罪”，所以控辩双方的争议焦点是孙伟铭构成“交通肇事罪”还是构成“以危险方法危害公共安全罪”。自1997年新刑法实施以来，类似案件全部都是以交通肇事罪定罪判刑的。但在2008年下半年，全国都在严厉打击醉驾行为，而孙伟铭案造成的后果特别严重，一时激起民愤，网络新闻媒体要求严惩孙伟铭的声音不绝于耳，这就使得以往的判决面临较大挑战。

交通肇事罪与以危险方法危害公共安全罪最主要区别在于：第一，在主观方面，交通肇事罪是过失，行为人对发生的危害结果既不希望，也不放任，结果的发生违背行为者的意志；后者是故意，包括直接故意或间接故意，结果的发生不违背行为者的意志。第二，在客观方面表现不同，前者是在违反交通安全法规后造成严重后果才构成犯罪，不发生严重后果不构成此罪；后者是危险犯，只要达到特定的危险状态就构成犯罪，不要求造成严重的后果，如果发生严重后果，则是法定的从重情节。

在本案中，孙伟铭存在着醉酒、无证驾驶等违反交通法规的行为，而且造成了四死一伤的严重后果，对不特定多数人的生命健康造成损害，在客观特征上符合两个罪的要求，所以判断构成何罪，关键要看其主观罪过属于故意还是过失。法官认为，孙伟铭主观上属于故意，因此应定以危险方法危害公共安全罪。其理由是：孙伟铭属于长期无证且酒后驾驶，作为心智健全、具有完全刑事责任能力的人，完全能够预见到酒后在人口密集的道路上驾车可能造成严重危害公共安全的后果，虽然并不积极追求这种结果的发生，但也并未采取任何预防措施，在主观上属于放任危害结果的发生，按照我国《刑法》第十四条的规定，其罪过形式应为间接故意。无证、醉酒、高速驾车发生交通事故，造成重大损害结果的发生是必然的，其主观心理状态上的自信没有客观根据，因而其主观上不属于过于自信的过失。[①] 但是，第一，孙伟铭是在事发现场被公安机关抓获的，法院所称的“连续冲撞”，实际上是孙伟铭在发生普通车辆追尾事故后为逃避责任驾车逃逸时与反向行驶的车辆连环相撞，这并不同于不顾他人死活横冲直撞。第二，这显然忽视了主观心态是针对构成要件结果而言的，无证驾驶、多次违规也并不必然表明孙伟铭就一定具有危害公共安全的故意，况且违反相应规范恰是过失犯的特征所在，因而该理由难说妥当。第三，同样是位于交通要道，在酒精的刺激作用下超速行驶与在正常情况下为追求刺激而超速行驶，哪一个更应当责难？虽然对这个问题的回答可能因人而异，但很难说前者会比后者更应责难。如果仅因醉酒而定以危险方法危害公共安全罪，正常出事故定交通肇事罪，不符合刑法的精神和原则。

从立法目的上看，以危险方法危害公共安全罪中的“其他危险方法”必须与“放火、决水、爆炸以及投放毒害性、放射性、传染病病原体等物质”具有同等破坏性，必须性质相当。那么，因醉酒超速驾车引致的危险与放火、决水、爆炸以及投放毒害性、放射性、传染病病原体等物质引致的危险之间是否具有同质性？人们发明了与汽车

---

① 四川省高级人民法院（2009）川刑终字第690号刑事判决书//最高人民法院．刑事审判参考：第71集．北京：法律出版社，2010：170.

相关的各种规则、设施，并不断翻新汽车自身的安全系统，因而极大地提高了汽车的可驾驭性，降低了危险发生的几率，因此从危险的可控性来说，它与放火、决水、爆炸等相比是存在明显区别的，这也是人们可以接受将汽车作为日常代步工具的原因。此外必须承认，超速驾车与发生事故之间的紧密性远远低于放火、决水、爆炸等引发事故的危险性，否则超速驾车者极有可能成为第一个受害者。而且超速驾驶所引发的危险，通常情况下其毁坏力也远低于放火、决水、爆炸等。因此，将超速驾车暗含的危险同质于放火、决水、爆炸以及投放毒害性、放射性、传染病病原体等的做法是难言妥当的。[①]

从罪行均衡的角度进行分析，交通肇事罪有三个刑罚幅度，最高甚至可达到 15 年有期徒刑，完全能与其“不愿看到危害结果的发生”这种主观恶性相适应。以危险方法危害公共安全罪的法定最高刑是死刑，在国家大力倡导宽严相济的刑事政策、严格限制死刑适用的社会背景下，适用死刑显然不合时宜；而且一旦对这种情况适用死刑，对于那些将汽车作为杀人工具造成重大伤亡的行为人最多也只有死刑可以适用，这显然违背了罪刑均衡的理念。

综上所述，孙伟铭的行为应当以交通肇事罪进行论处。

审理结果

成都市中级人民法院审理认为:被告人孙伟铭作为心智健全、受过一定教育的成年人，在明知驾驶车辆必须经过相关培训，并通过国家有关机关考试的情况下，仍无视国家交通安全法规，置不特定多数人的生命安全于不顾，长期无证驾驶车辆并多次违章；在严重醉酒的情况下，驾车行驶于车辆、人群密集之处，并最终造成四死一重伤及他人财产损失数万元的严重后果，其行为已构成以危险方法危害公共安全罪，且情节特别恶劣，应予以严惩。依照《中华人民共和国刑法》第一百一十五条第一款、第五十七条第一款之规定，认定被告人孙伟铭犯以危险方法危害公共安全罪，判处死刑，剥夺政治权利终身。

孙伟铭上诉提出：第一，其不具有以危险方法危害公共安全的主观故意，一审判决定性不准，适用法律错误。其虽然从 2008 年 7 月开始无证驾驶机动车辆并多次交通违法，但主观上并非是对他人生命、健康和财产安全的漠视；事发当天其酒后驾车是违反交通管理法规，不是以汽车作为犯罪工具危害公共安全；酒后驾车追尾、超速、跨双实线发生交通事故，都是在不清醒的状态下实施的行为，没有危害公共安全的主观故意。第二，原判量刑过重。

辩护人辩护提出：（1）原判定性不准，量刑不当。孙伟铭犯罪时的主观心理状态应为对自己驾驶机动车的能力过于自信而轻信可以避免的过失，不是故意实施危害公共安全的行为，应以交通肇事罪施予相应刑罚。（2）原判遗漏重要事实。根据“天网”监控视频，孙伟铭车辆在发生交通事故前，曾与一辆白色微型车发生擦刮，导致车辆偏向，为躲避前方行人，措施失当才造成严重后果。（3）原判认定孙伟铭所驾车辆与比亚迪汽车发生追尾的证据有瑕疵，证据不足；对孙伟铭发生车祸后要求对被害人救援的

---

① 马寅翔．醉酒驾车连续冲撞致多人死亡行为之定性研究．中国刑事法杂志，2010（10）．

情节未予认定。(4) 孙伟铭有真诚悔罪表现。案发后其和家人积极赔偿被害人经济损失，并获得被害人方的谅解，应酌情从轻处罚。

四川省高级人民法院认为，对上诉人（原审被告人）孙伟铭应以以危险方法危害公共安全罪定罪处罚。孙伟铭所提不是故意犯罪的辩解及其辩护人所提孙伟铭的行为应构成交通肇事罪的辩护意见，与查明的事实及相关法律规定不符，不予采纳。辩护人提出的原判存在重大事实遗漏的辩护意见，因证据不足且所提情节与本案事实及定性没有关联，不予采纳。孙伟铭及其辩护人所提的有真诚悔罪表现、原判量刑过重的意见成立，予以采纳。原判认定事实和定罪正确，审判程序合法，但量刑不当。依照《中华人民共和国刑事诉讼法》第一百八十九条第（二）项和《中华人民共和国刑法》第一百一十五条第一款、第五十七条第一款之规定，判决如下：（1）维持四川省成都市中级人民法院（2009）成刑初字第158号刑事判决中对被告人孙伟铭的定罪部分；（2）撤销四川省成都市中级人民法院（2009）成刑初字第158号刑事判决中对被告人孙伟铭的量刑部分；（3）上诉人（原审被告人）孙伟铭犯以危险方法危害公共安全罪，判处无期徒刑，剥夺政治权利终身。

“当全社会都处在感性和激情之中时，理性变得非常脆弱，满足社会激情的手段就是颠覆理性，以罪定刑悄然转变成以刑定罪。”[①] 有学者认为：“备受瞩目的孙伟铭案终审判决书在刑法理论和事实认定方面存在诸多问题，如误认预见和放任的对象、混淆具体结果和抽象结果、混淆具体危险和抽象危险、忽略对实行行为及其他犯罪事实的认定等，因而值得商榷。”[②]

32 亿万富姐的罪与罚

——吴英案

案情回放[③]

从2006年一夜暴富，到2007年深陷囹圄，2009年12月18日下午一审被判死刑，28岁的吴英走过了极不平凡的3年。吴英的罪名是集资诈骗罪。在民间金融极为活跃的浙江，尽管有丽水集资案主角杜益敏被判死刑的先例，吴英的死刑判决结果依然引发了公众、包括法院内部人士在内对其罪是否至死的争议。

2000年，还在姑姑处学美容的吴英认识了东阳人周红波。次年，两人订婚。此时，

---

① 易益典．醉酒驾车犯罪案件三议——从孙伟铭和黎景全醉驾犯罪案谈起//刘宪权．刑法学研究（交通肇事罪研究专号）：第6卷．上海：上海人民出版社，2009：110.

② 黄丽勤．孙伟铭交通肇事案判决评析．中国刑事法杂志，2010（1）.

③ 该案例来源于以下网址：http：//news. qq. com/a/20091228/001582. htm.

吴英已积累了不少客源。以周红波为主要出资人，吴英出任老板，两人在东阳市区十字街开了一家“一生美美容美体沙龙”店。

2002 年 6 月，吴英和周红波登记结婚。2003 年 8 月，吴英盘掉原来的美容店，在周红波家所在的西街，新开了“贵族美容美体沙龙”，生意越加火爆。当地人士透露，东阳市某些政府机关的女公务员，都成为吴英的长期客户。在美容店，吴英积累了众多人脉基础，亦掘到了人生的第一桶金。

2006 年 4 月开始，本色集团突然在东阳横空出世：本色商贸、本色洗业、本色广告、本色酒店、本色电脑网络、本色装饰材料、本色婚庆服务、本色物流……本色系公司一家接一家注册，仅当年 8 月 14 日，吴英就一口气注册了 3 家公司。吴英的本色版图，直至当年 10 月 10 日本色控股集团成立（注册资金 1 亿元）方才组建完毕。

2006 年 10 月底，因为杭州、上海几家媒体的连续报道，吴英及本色集团开始闻名全国。本色集团高层甚至对外宣称，本色在购买物业和装修上的固定资产投资超过 3.5 亿元，但没有一分钱是银行贷款，全部是自有资金。

事实上，此时吴英的资金链已经趋紧。12 月底，吴英在接受采访时说，她刚脱离义乌几个债权人的软禁，回到东阳。本色集团资金紧张的情况此后可见一斑：先是东阳、义乌等很多民间借贷人频频向吴英催债，然后是本色集团 4900 万元假汇票被没收、光彩事业 500 万元捐款被本色收回。此时的吴英未必料到自己即将面临牢狱之灾。2007 年 2 月 7 日晚 10 时，因涉嫌非法吸收公众存款，正在北京筹措资金的吴英被东阳市公安机关刑事拘留。10 日下午，本色集团亦被查封。

在吴英被刑拘前，包括媒体在内，几乎无人知道，本色集团投在东阳的数亿资金究竟来自何方。

直到相关案情公布，吴英的资金往来脉络方才清晰：几乎所有的资金都来自民间高利贷。已知的银行贷款，只有工商银行东阳支行一笔 1 550 万元的短期贷款。

金华市中级人民法院关于吴英案的判决书认定，早在 2006 年 4 月成立本色公司前，吴英即以每万元每日 35 元、40 元、50 元，或每季度分红 30%、60%、80% 的高息，从俞亚素、唐雅琴、夏瑶琴等人处集资 1 400 余万元。这些人大多系吴英在宁波慈溪认识的朋友，或此后经人介绍认识的 1979 年出生的义乌人杨军，然后通过杨军认识了杨卫江，并借到了首批资金 600 万元。

2006 年 3 月 30 日，吴英以到广州投资白马服装城商铺缺少资金为由，从林卫平处借到了首批 500 万元，此后经常每隔几天就有数百乃至上千万元的借款入账。至 2007 年 1 月 5 日最后一笔 200 万元入账时，短短 9 个月时间，吴英从林卫平处借到了 4.7 亿元。

经杨卫江介绍，吴英又认识了杨卫陵，并与其合作投资铜期货。在期货投资出现 4 740 万元亏损的情况下，吴英仍然“信守诺言”，归还杨卫陵等人 3 300 万元投资，并“支付利润”1 400 万元。

此后，吴英又经杨卫陵等人介绍，认识了律师杨志昂，并从杨志昂处借到 3 000 多万元。

法院认定，从 2005 年 5 月至 2007 年 2 月，吴英以高额利息为诱饵，以投资、借款、资金周转等为名，先后从林卫平、杨卫陵、杨卫江等 11 人处非法集资人民币 7.7 亿元，用于偿还本金、支付高额利息、购买房产、汽车及个人挥霍等，实际集资诈骗人民币 3.8 亿元。

问题归纳

1. 如何认定集资诈骗罪中的“非法占有为目的”？
2. 集资诈骗罪的诈骗对象是否为“社会公众”？
3. 集资诈骗罪与非法吸收公众存款罪有何区别？
4. 集资诈骗罪最高刑期为死刑是否适当？

法条链接

一、法律法规

《中华人民共和国刑法》第一百九十二条：以非法占有为目的，使用诈骗方法非法集资，数额较大的，处五年以下有期徒刑或者拘役，并处二万元以上二十万元以下罚金；数额巨大或者有其他严重情节的，处五年以上十年以下有期徒刑，并处五万元以上五十万元以下罚金；数额特别巨大或者有其他特别严重情节的，处十年以上有期徒刑或者无期徒刑，并处五万元以上五十万元以下罚金或者没收财产。

第一百七十六条第一款：非法吸收公众存款或者变相吸收公众存款，扰乱金融秩序的，处三年以下有期徒刑或者拘役，并处或者单处二万元以上二十万元以下罚金；数额巨大或者有其他严重情节的，处三年以上十年以下有期徒刑，并处五万元以上五十万元以下罚金。

二、其他

《最高人民法院关于审理非法集资刑事案件具体应用法律若干问题的解释》（简称《非法集资解释》）第一条：违反国家金融管理法律规定，向社会公众（包括单位和个人）吸收资金的行为，同时具备下列四个条件的，除刑法另有规定的以外，应当认定为刑法第一百七十六条规定的“非法吸收公众存款或者变相吸收公众存款”：（一）未经有关部门依法批准或者借用合法经营的形式吸收资金；（二）通过媒体、推介会、传单、手机短信等途径向社会公开宣传；（三）承诺在一定期限内以货币、实物、股权等方式还本付息或者给付回报；（四）向社会公众即社会不特定对象吸收资金。

未向社会公开宣传，在亲友或者单位内部针对特定对象吸收资金的，不属于非法吸收或者变相吸收公众存款。

第二条：实施下列行为之一，符合本解释第一条第一款规定的条件的，应当依照刑法第一百七十六条的规定，以非法吸收公众存款罪定罪处罚：（一）不具有房产销售的真实内容或者不以房产销售为主要目的，以返本销售、售后包租、约定回购、销售房产份额等方式非法吸收资金的；（二）以转让林权并代为管护等方式非法吸收资金的；（三）以代种植（养殖）、租种植（养殖）、联合种植（养殖）等方式非法吸收资金的；（四）不具有销售商品、提供服务的真实内容或者不以销售商品、提供服务为主要目的，以商品回购、寄存代售等方式非法吸收资金的；（五）不具有发行股票、债券的真实内容，以虚假转让股权、发售虚构债券等方式非法吸收资金的；（六）不具有募集基金的真实内容，以假借境外基金、发售虚构基金等方式非法吸收资金的；（七）不具有销售保险的真实内容，以假冒保险公司、伪造保险单据等方式非法吸收资金的；（八）以投资入股的方式非法吸收资金的；（九）以委托理财的方式非法吸收资金的；（十）利用民间“会”、“社”等组织非法吸收资金的；（十一）其他非法吸收资金的行为。

第三条：非法吸收或者变相吸收公众存款，具有下列情形之一的，应当依法追究刑事责任：（一）个人非法吸收或者变相吸收公众存款，数额在20万元以上的，单位非法吸收或者变相吸收公众存款，数额在100万元以上的；（二）个人非法吸收或者变相吸收公众存款对象30人以上的，单位非法吸收或者变相吸收公众存款对象150人以上的；（三）个人非法吸收或者变相吸收公众存款，给存款人造成直接经济损失数额在10万元以上的，单位非法吸收或者变相吸收公众存款，给存款人造成直接经济损失数额在50万元以上的；（四）造成恶劣社会影响或者其他严重后果的。

具有下列情形之一的，属于刑法第一百七十六条规定的“数额巨大或者有其他严重情节”：（一）个人非法吸收或者变相吸收公众存款，数额在100万元以上的，单位非法吸收或者变相吸收公众存款，数额在500万元以上的；（二）个人非法吸收或者变相吸收公众存款对象100人以上的，单位非法吸收或者变相吸收公众存款对象500人以上的；（三）个人非法吸收或者变相吸收公众存款，给存款人造成直接经济损失数额在50万元以上的，单位非法吸收或者变相吸收公众存款，给存款人造成直接经济损失数额在250万元以上的；（四）造成特别恶劣社会影响或者其他特别严重后果的。

非法吸收或者变相吸收公众存款的数额，以行为人所吸收的资金全额计算。案发前后已归还的数额，可以作为量刑情节酌情考虑。

非法吸收或者变相吸收公众存款，主要用于正常的生产经营活动，能够及时清退所吸收资金，可以免予刑事处罚；情节显著轻微的，不作为犯罪处理。

第四条：以非法占有为目的，使用诈骗方法实施本解释第二条规定所列行为的，应当依照刑法第一百九十二条的规定，以集资诈骗罪定罪处罚。

使用诈骗方法非法集资，具有下列情形之一的，可以认定为“以非法占有为目的”：（一）集资后不用于生产经营活动或者用于生产经营活动与筹集资金规模明显不成比例，致使集资款不能返还的；（二）肆意挥霍集资款，致使集资款不能返还的；（三）携带集资款逃匿的；（四）将集资款用于违法犯罪活动的；（五）抽逃、转移资金、隐匿财产，逃避返还资金的；（六）隐匿、销毁账目，或者搞假破产、假倒闭，逃避返还资金的；（七）拒不交代资金去向，逃避返还资金的；（八）其他可以认定非法占有目的的情形。

集资诈骗罪中的非法占有目的，应当区分情形进行具体认定。行为人部分非法集资行为具有非法占有目的的，对该部分非法集资行为所涉集资款以集资诈骗罪定罪处罚；非法集资共同犯罪中部分行为人具有非法占有目的，其他行为人没有非法占有集资款的共同故意和行为的，对具有非法占有目的的行为人以集资诈骗罪定罪处罚。

法理导析

吴英案在全国的影响极大,其原因除了该案数额巨大、吴英的传奇经历之外，更多的是关于该罪中“非法占有为目的”的认定标准、诈骗对象是否为社会公众、该罪与非法吸收公共存款罪有何区别以及对吴英适用死刑是否合理等问题上。

集资诈骗罪是指以非法占有为目的，使用诈骗方法非法集资，数额较大的行为。因此，集资诈骗罪成立的关键条件是：第一，是否以非法占有为目的；第二，是不是属于非法集资；第三，是否数额较大。

非法吸收公众存款罪是指非法吸收公众存款或变相吸收公众存款，扰乱金融秩序的行为。

本案涉及金额 77 339.5 万元，至案发尚有 38 426.5 万元没有归还，所以符合“数额特别巨大”的标准，关键要探讨一下该案是否符合“非法占有为目的”和“非法集资”两个条件。

《非法集资解释》第四条第二款规定：“使用诈骗方法非法集资，具有下列情形之一的，可以认定为‘以非法占有为目的’：（一）集资后不用于生产经营活动或者用于生产经营活动与筹集资金规模明显不成比例，致使集资款不能返还的；（二）肆意挥霍集资款，致使集资款不能返还的；（三）携带集资款逃匿的；（四）将集资款用于违法犯罪活动的；（五）抽逃、转移资金、隐匿财产，逃避返还资金的；（六）隐匿、销毁账目，或者搞假破产、假倒闭，逃避返还资金的；（七）拒不交代资金去向，逃避返还资金的；（八）其他可以认定非法占有目的的情形。”

检察院认为吴英具有非法占有集资款的主观目的，主要理由是：第一，吴英明知自己在负债经营并且所投资项目获取的收益不足以支付借款利息，仍大量借债集资，足以证明吴英是明知没有归还能力而仍然向社会公众借款，主观上具有非法占有的目的。第二，吴英不计后果，开发房地产项目，盲目投资土地开发，斥巨资购买珠宝送人挥霍。吴英将所借资金的四百万元为自己买服饰买包，用 600 万元用于请客吃饭。吴英用集资款购买大量的高档轿车，大肆挥霍集资款。第三，吴英在案发前四处躲债，足以说明其具有非法占有集资款的目的。

对于上述第一项控诉理由，最高院对于集资诈骗案件中非法占有目的的认定标准已经采用了 2010 年 12 月 13 日《非法集资解释》的规定。因此，控方指控的理由与新的司法解释不一致，于法无据。吴英是否明知自己没有归还能力而仍然集资对认定犯罪是否成立已无实际意义。当然，针对控方的此项指控，辩方也进行了回应，即吴英在借款时虽然知道自己是在负债经营，但她始终相信自己的投资计划、经营模式会营利并且可以用获取的利润偿还借款，而且案发后很多经济学专家对吴英的经营模式理念及发展给予很高的评价。如果吴英不被羁押，本色集团不被查封，很难讲吴英的企业没有未来。商业经营瞬息万变，经营时机不同，获得的收益就可能不同。

至于第二项指控，吴英开发地产项目，无论是盲目也好，理性也罢，她是在将集资款用于投资实业。吴英用集资款购买的大量高档轿车，实际上都是本色集团公司所买，除了少量用于公司管理层公务用车之外，大部分用于汽车租赁以及婚庆公司用车。吴英斥巨资购买珠宝送人是出于商业经营、企业发展的需要。吴英花六百万元用于请客吃饭，也是为了公司发展需要。因此，斥巨资买珠宝送人、购买大量轿车以及花六百万元用于请客吃饭从广义上来说都属于“生产经营”，是为公司发展进行的必要的商业行为，不属于挥霍。这一点应该不难理解。原因就在于，中国在现阶段仍然是一个“熟人社会”。在“熟人社会”里，人际关系对个人前途和企业发展起着至关重要的作用，有时甚至是决定性的作用。吴英将珠宝送人、花重金请人吃饭的行为或许会被评价为其他犯罪（例如行贿罪），但是绝不能将其评价为随意处置财产，肆意挥霍。

关于第三项指控，二审裁定认定吴英在案发前四处躲债。但吴英辩护律师杨照东及吴英父亲吴永正称，吴英是在外地洽谈商务返回东阳的途中被抓的。并且这一情节在控方起诉及一审判决中未曾提及。

从以上分析来看，检察院认定吴英具有非法占有集资款的理由并不充分。司法机关所认定的吴英“非法占有的目的”其实就是“放任给出借人造成财产损失，严格来说只是一种间接故意，与犯罪目的的概念并不一致”。①

是否属于非法集资，这是该罪成立的必要客观要件。一般认为，成立集资诈骗罪应当以成立非法吸收公共存款罪为客观前提。② 关于集资诈骗罪与非法吸收公众存款罪的区别，权威教科书认为主要存在以下几个方面：“第一，侵犯的客体不同，前者侵犯的是复杂客体，包括金融管理秩序和公私财产所有权；后者侵犯的是单一客体，即金融管理秩序。第二，客观方面的表现不同，前者是结果犯，表现为使用诈骗的方法，进行非法集资，数额较大的行为；后者是行为犯，表现为行为人不具有吸收公众存款的主体资格而非法吸收公众存款，或者虽然具有吸收公众存款的主体资格，但却采取非法的方法吸收公众存款。第三，犯罪目的不同，前者的犯罪目的在于将非法筹集的资金占为己有，而后者的犯罪目的是通过非法吸收存款进行盈利活动，并无将非法吸收的存款据为己有的目的。”③ 综合来看，两罪在客观方面并无本质差异，区别的关键还在于是否具有非法占有的目的。简而言之，行为人在客观上具有非法吸收公众存款的行为，才能成立集资诈骗罪。

何谓“公众”？一般认为公众是不特定的多数人，根据《全国法院审理金融犯罪案件工作座谈会纪要》，个人非法吸收公众存款或者变相吸收公众存款 30 户以上的，单位吸收或变相吸收公众存款 150 户以上的，可以视为是非法吸收公众存款的行为。而在吴英案中，吴英集资的对象只有 11 人，仅从林卫平一人处就借到了 4.7 亿元。司法机关认定吴英是向公众集资，未免过于牵强。

综合来看，吴英非法占有集资款的目的并不明确，仅向 11 人进行借款不应认定为向公众进行集资，因此，认定吴英构成集资诈骗罪缺乏事实依据和法律依据。

即使判决有罪，也不应当判处死刑。从人权保障的理念和刑法发展的趋势上看，对集资诈骗罪处以极刑都过于苛刻。

---

① 张绍谦．论吴英罪不当死．法学，2012（3）．

② 叶良芳．从吴英案看集资诈骗罪的司法认定．法学，2012（3）．

③ 高铭暄，马克昌．刑法学．北京：北京大学出版社，高等教育出版社，2007：469.

审理结果

浙江省金华市中级人民法院认为,被告人吴英以非法占有为目的,隐瞒事实真相,虚构资金用途,以高额利息或高额投资回报为诱饵,骗取集资款人民币 77 339.5 万元,实际集资诈骗人民币 38 426.5 万元,数额特别巨大,其行为不仅侵犯了他人的财产所有权,而且破坏了国家的金融管理秩序,已构成集资诈骗罪。公诉机关指控罪名成立,本院予以支持。被告人吴英及其辩护人提出,被告人吴英的行为属正常的民间借贷,不构成集资诈骗罪的意见,与本院查明的事实及法律规定不符,本院不予采纳。鉴于被告人吴英集资诈骗数额特别巨大,给国家和人民利益造成了特别重大损失,犯罪情节特别严重,应依法予以严惩。为保护公民的财产不受非法侵犯,维护国家正常的金融管理秩序,依照《中华人民共和国刑法》第一百九十二条、第一百九十九条、第五十七条第一款、第六十四条之规定,判决如下:(1)被告人吴英犯集资诈骗罪,判处死刑,剥夺政治权利终身,并处没收其个人全部财产。(2)被告人吴英违法所得予以追缴,返还被害人。

吴英不服,提起上诉,浙江省高级人民法院维持原判,驳回上诉。最高人民法院在死刑复核时认为,被告人吴英集资诈骗数额特别巨大,给受害人造成重大损失,同时严重破坏了国家金融管理秩序,危害特别严重,应依法惩处。吴英归案后,如实供述所犯罪行,并供述了其贿赂多名公务人员的事实,综合全案考虑,对吴英判处死刑,可不立即执行。根据《中华人民共和国刑事诉讼法》第一百九十九条和《最高人民法院关于复核死刑案件若干问题的规定》第四条的规定,裁定不核准被告人吴英死刑,发回浙江省高级人民法院重新审判。

浙江省高院重新审理此案,最终判定吴英构成非法集资罪,判处死刑,缓期二年执行,没收个人全部财产,附加剥夺政治权利终身。

吴英案的判决是否正确,最终还要接受历史的考验。

33 从首富到囚犯

——黄光裕案

案情回放[①]

黄光裕(北京鹏润投资公司总裁,国美电器创始人)从汕头农村一路打拼到京城,最后荣登中国富豪榜首。直到 2008 年 11 月 18 日,黄光裕的星光大道戛然而止。当日,黄因涉嫌内幕交易罪被北京市公安局监视居住。

---

① 该案例来源于以下网址:http://finance.qq.com/a/20120522/006751.htm.

自2006年起，黄光裕及其公司就曾被公安部、国税总局等部门调查，但都被黄光裕用金钱“摆平”。这一次，黄终于难逃法网。黄光裕案发后，多名省部级官员相继被查。

据多名知情人士透露，案发后不久，即2008年底，黄光裕和许钟民（原北京中关村科技发展股份公司董事长）就供述了部分行贿行为。但直到2010年初，检察院才追加了单位行贿罪。最终进入黄光裕案中的受贿官员中级别最高者是相怀珠——原公安部经侦局副局长兼北京经侦总队总队长。

黄光裕开始积极活动。大约两个月后，经人介绍，许钟民结识了相怀珠，请求在办案中给予关照，希望尽快结案。相怀珠当时表示，在法律允许的范围内能关照就关照。后来的事实表明，相怀珠的态度甚为积极。

此后，相怀珠与黄光裕关系日益密切。在2007年七八月间，许钟民在饭桌上告诉相怀珠夫妇，中关村要重组，股票肯定要涨，可以借给其100万元买股票。一个多星期后，许钟民在公安部附近的路边，将装有100万元现金的箱子交给相怀珠。相怀珠告知其妻李善娟，这100万元是许钟民借来炒股的。后来，李善娟将该款连同家里的一部分钱买了中关村股票，共计181万余元。此笔“借款”，相怀珠一直没有归还。黄光裕对相怀珠的“答谢”还包括另一笔行贿，金额6万余元，发生在相怀珠装修房屋购买电器时。其情节展现了黄光裕疏通人脉的一贯手法。

在收受了黄光裕的钱物后，相怀珠主动积极庇护黄光裕。2008年8月底9月初，公安部经侦局将“ST金泰（600385）”涉嫌内幕交易和鹏润投资公司涉嫌非法经营等案件线索，移交北京市局经侦处，并指示该处要予以重视，抓紧查办。过了一段时间，相怀珠给该处打电话说，在办理时不要费太多警力，不要费太长时间，尽快有个结果，给局里打报告。黄光裕案发后，在2008年12月的某一天，相怀珠打电话让黄光裕的部下去他办公室，交予一个手包，告知里面是许钟民帮忙买电器的钱和电器卡。黄光裕和许钟民在解决另外一件涉税事件中，也涉及行贿。2006年8月，国税总局稽查局召集六省市税务稽查局负责人开会，统一部署对国美公司的税务检查。北京国税稽查局指派梁丛林和凌伟参加专案组。得知消息后，许钟民求助于时任北京市局经侦处四队、四大队副大队长的靳红利。经靳红利牵线，许钟民、黄光裕得以结识时任国税总局稽查局稽查三处处长孙海渟。在多次的饭局上，黄光裕表示，希望孙对国美公司给予关照。2006年9月，借助于靳红利，许钟民和黄光裕数次约梁丛林和凌伟到潮好味餐厅等地吃饭，并在席间由靳红利提出，希望他们关照国美公司。

北京市人民检察院第二分院起诉黄光裕三宗罪——非法经营罪，内幕交易、泄露内幕信息罪，单位行贿罪。起诉书中涉及的国美公司、鹏房公司、黄光裕的涉罪事实为：2007年9月至11月，黄光裕违反国家有关规定，非法买卖港币8.22亿余元；2007年4月至9月，黄光裕作为北京中关村科技发展（控股）股份有限公司的实际控制人、董事，在决定该公司与其他公司资产重组、置换事项期间，指使他人使用其控制的82个股票账户购入该公司股票，成交额累计人民币14.15亿余元。至上述资产重组、置换信息公告日，上述股票账户的账面收益额为人民币3.09亿余元。此外，2006年至2008年间，黄光裕作为北京鹏润房地产开发有限责任公司及国美电器有限公司的主管人员，指使许钟民向原公安部经侦局副局长相怀珠提出请托，要求其在对这两家公司有关案件办理中提供违法违规的帮助，并先后两次单独或者指使许钟民给予相怀珠款、物共计106万元。此外，黄光裕还指使许钟民，通过北京市公安局经济犯罪侦查处靳红利（另案处理），分别向原国家税务总局稽查局的处长孙海渟、北京市国家税务局稽查局梁丛林、凌伟（另案处理）提出请托，要求上述人员在国美电器涉税案件调查中提供违法违规的帮助，并先后单独或者指使许钟民给予靳红利150万元、孙海渟100万元，梁丛林、凌伟各50万元。

问题归纳

1. 非法经营罪、内幕交易罪的特征有哪些？
2. 单位行贿罪与行贿罪的区别有哪些？
3. 单位犯罪的刑事责任如何承担？

法条链接

一、法律法规

《中华人民共和国刑法》第一百八十条：证券、期货交易内幕信息的知情人员或者非法获取证券、期货交易内幕信息的人员，在涉及证券的发行，证券、期货交易或者其他对证券、期货交易价格有重大影响的信息尚未公开前，买入或者卖出该证券，或者从事与该内幕信息有关的期货交易，或者泄露该信息，或者明示、暗示他人从事上述交易活动，情节严重的，处五年以下有期徒刑或者拘役，并处或者单处违法所得一倍以上五倍以下罚金；情节特别严重的，处五年以上十年以下有期徒刑，并处违法所得一倍以上五倍以下罚金。

单位犯前款罪的，对单位判处罚金，并对其直接负责的主管人员和其他直接责任人员，处五年以下有期徒刑或者拘役。

内幕信息、知情人员的范围，依照法律、行政法规的规定确定。

证券交易所、期货交易所、证券公司、期货经纪公司、基金管理公司、商业银行、保险公司等金融机构的从业人员以及有关监管部门或者行业协会的工作人员，利用因职务便利获取的内幕信息以外的其他未公开的信息，违反规定，从事与该信息相关的证券、期货交易活动，或者明示、暗示他人从事相关交易活动，情节严重的，依照第一款的规定处罚。

第二百二十五条：违反国家规定，有下列非法经营行为之一，扰乱市场秩序，情节严重的，处五年以下有期徒刑或者拘役，并处或者单处违法所得一倍以上五倍以下罚金；情节特别严重的，处五年以上有期徒刑，并处违法所得一倍以上五倍以下罚金或者没收财产：（一）未经许可经营法律、行政法规规定的专营、专卖物品或者其他限制买卖的物品的；（二）买卖进出口许可证、进出口原产地证明以及其他法律、行政法规规定的经营许可证或者批准文件的；（三）未经国家有关主管部门批准非法经营证券、期货、保险业务的，或者非法从事资金支付结算业务的；（四）其他严重扰乱市场秩序的非法经营行为。

第三百九十三条：单位为谋取不正当利益而行贿，或者违反国家规定，给予国家工作人员以回扣、手续费，情节严重的，对单位判处罚金，并对其直接负责的主管人员和其他直接责任人员，处五年以下有期徒刑或者拘役。因行贿取得的违法所得归个人所有的，依照本法第三百八十九条、第三百九十条的规定定罪处罚。

第三十条：公司、企业、事业单位、机关、团体实施的危害社会的行为，法律规定为单位犯罪的，应当负刑事责任。

第三十一条：单位犯罪的，对单位判处罚金，并对其直接负责的主管人员和其他直接责任人员判处刑罚。本法分则和其他法律另有规定的，依照规定。

二、其他

1.《全国人民代表大会常务委员会关于惩治骗购外汇、逃汇和非法买卖外汇犯罪的决定》第四条第一款：在国家规定的交易场所以外非法买卖外汇，扰乱市场秩序，情节严重的，依照刑法第二百二十五条的规定定罪处罚。

2.《最高人民法院、最高人民检察院关于办理内幕交易、泄露内幕信息刑事案件具体应用法律若干问题的解释》第一条：下列人员应当认定为刑法第一百八十条第一款规定的“证券、期货交易内幕信息的知情人员”：（一）证券法第七十四条规定的人员；（二）期货交易管理条例第八十五条第十二项规定的人员。

第二条：具有下列行为的人员应当认定为刑法第一百八十条第一款规定的“非法获取证券、期货交易内幕信息的人员”：（一）利用窃取、骗取、套取、窃听、利诱、刺探或者私下交易等手段获取内幕信息的；（二）内幕信息知情人员的近亲属或者其他与内幕信息知情人员关系密切的人员，在内幕信息敏感期内，从事或者明示、暗示他人从事，或者泄露内幕信息导致他人从事与该内幕信息有关的证券、期货交易，相关交易行为明显异常，且无正当理由或者正当信息来源的；（三）在内幕信息敏感期内，与内幕信息知情人员联络、接触，从事或者明示、暗示他人从事，或者泄露内幕信息导致他人从事与该内幕信息有关的证券、期货交易，相关交易行为明显异常，且无正当理由或者正当信息来源的。

法理导析

本案涉及非法经营罪、内部交易罪、单位行贿罪的具体认定，也涉及数罪并罚等相关刑罚制度。

非法经营罪是指违反国家规定，从事非法经营活动，扰乱市场秩序，情节严重的行为。

内幕交易、泄露内部信息罪是指证券、期货交易内幕信息的知情人员或者非法获取证券、期货交易内幕信息的人员，在涉及证券的发行，证券、期货交易或者其他对证券、期货交易价格有重大影响的信息尚未公开前，买入或者卖出该证券，或者从事与该内幕信息有关的期货交易，或者泄露该信息，或者明示、暗示他人从事上述交易活动，情节严重的行为。

单位行贿罪是指公司、企业、事业单位、机关、团体为谋取不正当利益而行贿，或者违反国家规定，给予国家工作人员以回扣、手续费，情节严重的行为。

本案对黄光裕的首项指控是非法经营罪。该罪是 1979 年刑法“投机倒把罪”分解出来的一个罪名，该罪依然具有“口袋罪”的特征。对于本罪的去留，存在着两种观点。一种观点认为，该条文罪状的设置及其司法解释严重违背罪刑法定原则，在刑事司法中已造成了刑罚权的滥用，而且“非法经营罪”的设立及适用也与市场经济的价值取向相悖，因此，要根本解决问题，只有像 1997 年修订刑法时取消“投机倒把罪”那样，取消模糊而含混的“非法经营罪”这个罪名，按实际行为进行分解，对确需予以刑事打击的非法经营行为单独设置具体罪名。① 另一种观点认为，由于要取消类推制度，对“口袋罪”进行分解之后，如果对某些罪状规定得过于确定、具体而毫无弹性，对各种犯罪行为又难以尽列无遗，特别是在经济犯罪形态发展变化较快的经济变革时期，倘若有的条款一点“口袋”都不留，可能不利于及时打击花样翻新的经济犯罪，也不利于刑法典的相对稳定，因此有限制地设置一点“其他”之类的拾遗补漏条款还是必要的。新刑法关于非法经营罪的规定正是更多地考虑了后一种意见而设置了第四项内容。

非法经营罪侵犯的客体是社会主义市场经济秩序，具体包括专营专门秩序，进出口许可秩序，证券、保险、期货正常秩序以及其他经济管理秩序。该罪在客体方面表现为以下几个方面：第一，未经许可经营法律、行政法规规定的专营、专卖物品或者其他限制买卖的物品。为了保证市场正常秩序，在中国对一些有关国计民生、人们生命健康安全以及公共利益的物资实行限制经营买卖。只有经过批准，获取经营许可证后才能从事诸如收购、储存、运输、加工、批发、销售等经营活动。没有经过批准而擅自予以经营的，就属非法经营。所谓限制买卖物品，是指依规定不允许在市场上自由买卖的物品，如国家不允许自由买卖的重要生产资料和紧俏消费品；国家指定专门单位经营的物品，如烟草专卖品（卷烟、雪茄烟、烟丝、复烤烟卷烟纸、滤嘴棒、烟用丝束、烟草专用机械）、外汇、金银及其制品、金银工艺品、珠宝及贵重药材等。哪些物品限制买卖，由国家法律、行政法规规定。所有这些都是国家为调控特定物品的经营市场而作的特殊规定，非经许可即经营限制买卖的物品，给国家限制买卖物品市场造成了很大的混乱。第二，买卖进出口许可证、进出口原产地证明以及其他法律、法规规定的经营许可证或者批准证件。第三，在国家规定的交易场所以外非法买卖外汇的。第四，未经国家主管部门批准，非法经营证券、保险、期货业务。第五，其他严重扰乱市场管理秩序的非法经营行为。至于其他的范围，我国出台了数个相关的司法解释，主要的行为方式包括：非法经营出版物、非法经营电信业务、在生产销售饲料中添加禁止性物品、非法经营互联网业务、非法经营彩票等。在相当长的一段时间，相关司法解释把组织、领导传销的行为也规定为本罪，但刑法修正案（七）规定了“组织、领导传销活动罪”，这样，就不能再把组织、领导传销行为“装进”“非法经营罪”这个“口袋”了。

在本案中，黄光裕在 2007 年 9 月至 11 月期间，违反国家有关规定，非法买卖港币 8.22 亿余元。外币是指人民币之外的流通货币，港币属于外币的一种。《全国人民代表大会常务委员会关于惩治骗购外汇、逃汇和非法买卖外汇犯罪的决定》第四条规定：

---

① 徐松林．我国刑法应当取消“非法经营罪”．法学，2003（6）．

“在国家规定的交易场所以外非法买卖外汇，扰乱市场秩序，情节严重的，依照刑法第二百二十五条的规定定罪处罚。”根据两高的立案标准，非法购买外汇 20 万美元以上或违法所得 5 万元人民币的就应当立案，而本案中的数额 8.22 亿元港币，折算后远远超过立案标准，因而以非法经营罪定罪处罚。

黄光裕受指控的第二项罪名是内幕交易、泄露内幕信息罪。根据《证券法》的规定，内幕人员是指发行股票或者公司债券的公司董事、监事、经理、副经理及有关的高级管理人员；持有公司百分之五以上股份的股东；发行股票公司的控股公司的高级管理人员；由于所任公司职务可以获取公司有关证券交易信息的人员；证券监督管理机构工作人员以及由于法定的职责对证券交易进行管理的其他人员；由于法定职责而参与证券交易的社会中介机构或者证券登记结算机构、证券交易服务机构的有关人员；国务院证券监督管理机构规定的其他人员。根据《期货交易管理条例》的规定，期货交易内幕信息的知情人员是指由于其管理地位、监督地位或者职业地位，或者作为雇员、专业顾问履行职务，能够接触或者获得内幕信息的人员。所谓“内幕信息”是指涉及证券的发行，证券、期货的交易或者其他对证券、期货交易价格有重大影响的，尚未公开的信息。由于证券交易和期货交易不同，因此其内幕信息的范围也有所不同。证券交易内幕信息主要包括：公司的重大经营活动；公司资产、债务方面的重大变动；涉及公司的重大诉讼事项等。期货交易内幕信息主要包括证监会等政府相关部门制定的对期货交易价格可能发生重大影响的政策；期货交易所作出的可能对期货交易价格发生重大影响的决定；期货交易所会员、客户的资金和交易动向等。该罪的客观方面表现为行为人在客观上实施了内幕交易或者泄漏内幕信息的行为。内幕交易是指利用掌握内幕信息的便利条件，买入或者卖出有关证券或者期货，牟取非法利益的行为。泄露是指以明示或者暗示的方式将内幕信息透露、提供给不应知道该信息的人，让他人利用该信息买入或者卖出股票或者进行期货交易，获取不正当利益。

本案中黄光裕作为北京中关村科技发展（控股）股份有限公司的实际控制人、董事，在决定该公司与其他公司资产重组、置换事项期间，指使他人使用其控制的 82 个股票账户购入该公司股票，成交额累计人民币 14.15 亿余元。至上述资产重组、置换信息公告日，上述股票账户的账面收益额为人民币 3.09 亿余元。这些重组信息是影响股票价格的重要因素，在该信息发布之前，买入了该股票，获益巨大，属于情节严重的行为，因而构成了内幕交易罪。

黄光裕受指控的第三项犯罪是单位行贿罪。单位行贿罪的犯罪主体必须是单位。这里所讲的单位，根据《刑法》第三十条的规定，应指公司、企业、事业单位、机关、团体。而根据《最高人民法院关于审理单位犯罪案件具体应用法律有关问题的解释》的规定：“公司、企业、事业单位”，既包括国有、集体所有的公司、企业、事业单位，也包括依法设立的合资经营、合作经营企业和具有法人资格的独资、私营等公司、企业、事业单位。关于单位的内设机构是否属于“单位”，存在着争议。肯定论的理由包括：首先，由于财务管理的不健全，各单位内部机构存在的“小金库”是产生行贿犯罪的物质基础，而这些内部机构为谋取本“小集团”的局部利益，又是产生行贿犯罪的动因，因而，为本内部机构谋取不正当利益，经集体决定或由其负责人决定实施的本内部机构的行贿犯罪，其行为符合单位行贿犯罪的特征，实质仍属单位行贿罪。其次，《刑法》之所以规定单位犯罪而没有采用“法人犯罪”的称谓，正是考虑到目前中国大量不具有法人资格的非法人组织犯罪的存在，其中包括行贿犯罪。使用单位犯罪这一外延比较宽泛的概念可以防止犯罪主体的缺漏。最后，单位行贿犯罪并不指单位中的每个部门都行贿，因此，对单位内部机构的行贿犯罪，在前面仍冠以单位名称作为被告人，不会株连无辜。[①] 否定论的理由包括：首先，把单位的内设机构作为单位对待，不符合刑法用语的逻辑含义。其次，单位的内设机构通常并不具有承担法律责任的能力，难以成为单位犯罪的主体。最后，对单位内设机构行贿不以单位行贿罪论处并不意味着对这种行为不能追究，从实质上看，内设机构行贿，实际上是一种自然人共同行贿的行为。[②] 单位行贿罪在主观方面只能是直接故意，并且具有为本单位谋取不正当利益的目的。该罪的客观方面表现为直接负责的主管人员或直接责任人员根据本单位的意志以单位名义实施的行贿行为。具体包括以下两种情形：一是为谋取不正当利益而行贿；二是违反国家规定，给予国家工作人员以财物、回扣、手续费。

单位行贿罪与行贿罪的区别主要表现为：第一，主体不同，前者的主体是单位，以单位名义、经单位研究、为了单位的不正当利益而行贿；后者的主体是自然人，是为了个人利益而去行贿的。第二，立案标准不同，按照两高的《立案标准》，单位行贿罪的数额在20万元以上，或者行贿10万至20万之间但有其他严重情节；行贿罪的数额是1万元以上。

本案中黄光裕作为北京鹏润房地产开发有限责任公司及国美电器有限公司的主管人员，指使许钟民向原公安部经侦局副局长相怀珠提出请托，要求其在对这两家公司有关案件办理中提供违法违规的帮助，并先后两次单独或者指使许钟民给予相怀珠款、物共计106万元。此外，黄光裕还指使许钟民，通过北京市公安局经济犯罪侦查处靳红利（另案处理），分别向原国家税务总局稽查局的处长孙海渟、北京市国家税务局稽查局梁丛林、凌伟（另案处理）提出请托，要求上述人员在国美电器涉税案件调查中提供违法违规的帮助，并先后单独或者指使许钟民给予靳红利150万元、孙海渟100万元，梁丛林、凌伟各50万元。这些行为都是以单位名义、为单位利益而实施的，因而构成单位行贿罪，应当对单位判处罚金，对主管人员和直接责任人判处相应的刑罚。

最后，黄光裕共实施了三种犯罪行为，应当分别量刑后，再按照数罪并罚的原则和规则确定宣告刑。

审理结果

北京市第二中级人民法院经审理认为：被告人黄光裕违反国家外汇管理制度，在国家规定的交易场所以外非法买卖外汇，破坏国家金融管理法规，扰乱金融市场秩序，其行为已构成非法经营罪，且数额特别巨大，情节特别严重。被告人黄光裕、许钟民、杜

---

① 周其华．我国刑法对单位犯罪的规定及适用研究//丁慕英，等．刑法实施中重点难点问题研究．北京：法律出版社，1998：302-303.

② 该张智辉以下网址．单位贿赂罪之检讨．政法论坛，2007（6）.

鹊作为证券交易内幕信息的知情人员，在涉及对证券交易价格有重大影响的信息尚未公开前，买入该证券，且内幕交易成交额及其所控制的股票账户在内幕信息公告目的账面收益额均特别巨大，情节特别严重；被告人许钟民还向他人泄露该信息，情节严重，被告人黄光裕、杜鹃的行为已构成内幕交易罪，被告人许钟民的行为已构成内幕交易、泄露内幕信息罪，三被告人系内幕交易犯罪的共犯，其中黄光裕系主犯，许钟民、杜鹃系从犯。被告人黄光裕作为被告单位国美公司、鹏房公司的法定代表人，与被告人许钟民共谋，为二被告单位谋取不正当利益，单独或伙同许钟民向国家执法机关的工作人员提出请托，并给予国家机关工作人员财物，数额巨大，情节严重，二被告单位和被告人黄光裕、许钟民的行为均已构成单位行贿罪，黄光裕、许钟民构成单位行贿的共同犯罪。对上述二被告单位及三被告人所犯各罪，依法均应予惩处，对被告人黄光裕、许钟民所犯数罪依法应予并罚。北京市人民检察院第二分院指控被告单位国美公司、鹏房公司犯单位行贿罪，被告人黄光裕犯非法经营罪、内幕交易罪、单位行贿罪，被告人杜鹃犯内幕交易罪，被告人许钟民犯内幕交易、泄露内幕信息罪、单位行贿罪的事实清楚，证据确实、充分，指控的罪名成立。鉴于被告人黄光裕作为被告单位国美公司、鹏房公司的法定代表人，在被采取强制措施后，如实供述了司法机关不掌握的部分单位行贿的犯罪事实，可认定黄光裕及国美公司、鹏房公司均具有自首情节，故依法对黄光裕和国美公司、鹏房公司所犯单位行贿罪分别予以从轻处罚。鉴于被告人杜鹃系内幕交易共同犯罪的从犯，且认罪悔罪，依法予以减轻处罚。鉴于被告人许钟民被采取强制措施后，如实供述了司法机关不掌握的泄露内幕信息及部分单位行贿的犯罪事实，具有自首情节，且系内幕交易共同犯罪的从犯，依法对许钟民所犯内幕交易、泄露内幕信息罪减轻处罚，对许钟民所犯单位行贿罪予以从轻处罚。据此，本院根据被告单位国美公司、鹏房公司和被告人黄光裕、杜鹃、许钟民犯罪的事实，犯罪的性质、情节及对于社会的危害程度，依照《中华人民共和国刑法》第二百二十五条，第一百八十条第一款、第三款，第三百九十三条，第二十五条第一款，第二十六条第一款、第四款，第二十七条，第三十条，第三十一条，第五十二条，第五十三条，第五十九条，第六十七条，第六十九条，第六十一条，第六十四条和《全国人民代表大会常务委员会关于惩治骗购外汇、逃汇和非法买卖外汇犯罪的决定》第四条第一款及《最高人民法院关于审理骗购外汇、非法买卖外汇刑事案件具体应用法律若干问题的解释》第三条和《关于处理自首和立功具体应用法律若干问题的解释》第二条之规定，判决如下：（1）被告单位国美电器有限公司犯单位行贿罪，判处罚金人民币 500 万元。（2）被告单位北京鹏润房地产开发有限责任公司犯单位行贿罪，判处罚金人民币 120 万元。（3）被告人黄光裕犯非法经营罪，判处有期徒刑八年，并处没收个人部分财产人民币 2 亿元；犯内幕交易罪，判处有期徒刑九年，并处罚金人民币 6 亿元；犯单位行贿罪，判处有期徒刑二年，决定执行有期徒刑十四年，并处罚金人民币 6 亿元，没收个人部分财产人民币 2 亿元。

黄光裕不服一审判决并提出上诉，北京市高级人民法院驳回了黄光裕的上诉请求，维持了原判。

34 从撞人到杀人

——音乐才子药家鑫的不归路

案情回放①

2010年10月20日22时30分许，药家鑫驾驶陕A419N0号红色雪弗兰小轿车从西安外国语大学长安校区返回市区途中，将前方在非机动车道上骑电动车同方向行驶的被害人张妙撞倒。药家鑫恐张妙记住车牌号找其麻烦，即持尖刀在张妙胸、腹、背等处捅刺数刀，将张妙杀死。逃跑途中又撞伤二人。同月22日，公安机关找其询问被害人张妙被害案是否系其所为，药家鑫矢口否认。同月23日，药家鑫在其父母陪同下到公安机关投案。

药家鑫说，当日他开车行至事发地时，正在给车里的音响换碟，不清楚车是否在走直线，突然听见“嗵”地一声，感觉出事了便下车察看。结果发现车后有一个女的侧躺在地上，发出呻吟声。“天太黑，我不清楚她伤的程度，心里特别害怕、恐慌，害怕她以后无休止地来找我看病、索赔。”于是，两三秒后，“一念之差”下，药家鑫从随身带的包里取出一把单刃刀，向张妙连捅数刀，然后驾车逃跑。据调查，被害人张妙被撞时，伤势是左腿骨折、后脑部被磕伤，法医称如抢救及时不至于丧命。验尸时，张妙共有8处刀伤，左手上有3道划痕，前胸有1道刺穿伤，后背中4刀。经法医鉴定，张妙死因系左前胸受锐器穿透伤致动脉血管破裂大出血，导致失血性休克而死亡。

开出一段路后，因为“心里发慌，手打颤，脚也不听使唤”，药家鑫又撞上两名行人。这次，他没能跑掉，被赶来的村里人堵住了。之后，肇事车辆被交警大队暂扣，药家鑫和父母赶往医院处理后来的两名伤者治疗事宜。在经历了警方的两次询问后，2010年10月23日，药家鑫向父母说出实情，并向警方投案。

受害人张妙的家人提起了附带民事赔偿请求，请求法庭从重追究药家鑫刑事责任，并判令赔偿受害方死亡赔偿金、精神损害赔偿等共计53万余元。

面对公诉人的指控，药家鑫表示对罪名与事实均“没有异议”，并在公诉人宣读完起诉书时，向受害人家属下跪表达歉意，同时称“愿和父母尽最大努力赔偿受害人”。

当庭，各方对案发日的事实基本没有争议。药家鑫辩护律师称他的行为应为“激情杀人”，请法庭酌情量刑。庭审现场，公诉方当庭出示了多组证据，包括捅刺张妙的作案刀具、带血的裤子等。庭审还首次证实，经法医鉴定，药家鑫共捅了张妙6刀，而非之前所传的8刀。

① 该案例来源于以下网址：http：//baike.baidu.com/view/5485564.htm？fromId=5601506.

"药家鑫自首情节是否应该被认定"、"即便认定有自首情节，是否足以影响量刑"成为庭审焦点。对此，控方、民事原告方、辩护方意见并不一致，有待法庭查明。此外，药家鑫的辩护人还向法庭递交了一组证据，包括药家鑫从小获得各种奖励13份，同学等联名书写的请愿书，希望证明药家鑫平日表现良好。但受害人家属对此不予认可，公诉人亦认为与案情无关。

在一审最后陈述时，药家鑫边哭边说："我知道我的行为深深伤害了两个家庭，我和我的家人将会尽最大的努力赔偿张妙的家人，希望张妙的家人、父母还有孩子能好过一些。"说到这里，药家鑫的声音颤抖不停："我会怀抱着一颗忏悔的心、感恩的心，回报社会给我的机会，向受害人的家属赎罪。如果有可能的话，我愿意给张妙的父母养老，给他们当牛做马，请求他们的宽恕……我对不起他们……"最后，药家鑫向法庭递交了悔过书，以表达自己的忏悔之意。

问题归纳

1. 故意杀人罪的概念和特征是什么？
2. 自首一定会免死吗？
3. 积极赔偿受害人是否是从轻情节？
4. 死刑的适用条件有哪些？死刑应当保留还是废除？

法条链接

一、法律法规

《中华人民共和国刑法》第二百三十二条：故意杀人的，处死刑、无期徒刑或者十年以上有期徒刑；情节较轻的，处三年以上十年以下有期徒刑。

第四十八条：死刑只适用于罪行极其严重的犯罪分子。对于应当判处死刑的犯罪分子，如果不是必须立即执行的，可以判处死刑同时宣告缓期二年执行。死刑除依法由最高人民法院判决的以外，都应当报请最高人民法院核准。死刑缓期执行的，可以由高级人民法院判决或者核准。

第四十九条：犯罪的时候不满十八周岁的人和审判的时候怀孕的妇女，不适用死刑。审判的时候已满七十五周岁的人，不适用死刑，但以特别残忍手段致人死亡的除外。

第五十七条第一款：对于被判处死刑、无期徒刑的犯罪分子，应当剥夺政治权利终身。

第六十七条第一款：犯罪以后自动投案，如实供述自己的罪行的，是自首。对于自首的犯罪分子，可以从轻或者减轻处罚。其中，犯罪较轻的，可以免除处罚。

二、其他

1.《最高人民法院关于处理自首和立功具体应用法律若干问题的解释》第一条：……并非出于犯罪嫌疑人主动，而是经亲友规劝、陪同投案的；公安机关通知犯罪嫌疑人的亲友，或者亲友主动报案后，将犯罪嫌疑人送去投案的，也应当视为自动投案……

2.《最高人民法院关于处理自首和立功若干具体问题的意见》第一条第四款：犯

罪嫌疑人被亲友采用捆绑等手段送到司法机关，或者在亲友带领侦查人员前来抓捕时无拒捕行为，并如实供认犯罪事实的，虽然不能认定为自动投案，但可以参照法律对自首的有关规定酌情从轻处罚。

第八条第一、二、三款：对具有自首、立功情节的被告人是否从宽处罚、从宽处罚的幅度，应当考虑其犯罪事实、犯罪性质、犯罪情节、危害后果、社会影响、被告人的主观恶性和人身危险性等。自首的还应考虑投案的主动性、供述的及时性和稳定性等……具有自首或者立功情节的，一般应依法从轻、减轻处罚；犯罪情节较轻的，可以免除处罚。类似情况下，对具有自首情节的被告人的从宽幅度要适当宽于具有立功情节的被告人。虽然具有自首或者立功情节，但犯罪情节特别恶劣、犯罪后果特别严重、被告人主观恶性深、人身危险性大，或者在犯罪前即为规避法律、逃避处罚而准备自首、立功的，可以不从宽处罚。

法理导析

该案涉及故意杀人罪、自首、死刑的适用等问题。

故意杀人罪是刑法中最重的犯罪之一，历来都是刑法的重点打击对象，而且适用最重的刑罚。《刑法》第二百三十二条规定，故意杀人的，处死刑、无期徒刑或者十年以上有期徒刑；情节较轻的，处三年以上十年以下有期徒刑。故意杀人罪是行为犯，只要行为人实施了故意杀人的行为，就构成故意杀人罪。由于生命权利是公民人身权利中最基本、最重要的权利，因此，不管被害人是否实际被杀，不管杀人行为处于故意犯罪的预备、未遂、中止等哪个阶段，都构成犯罪，应当立案追究。

故意杀人罪侵犯的客体是他人的生命权。法律上的生命是指能够独立呼吸并能进行新陈代谢的活的有机体，是人赖以存在之前提。生命权始于出生，终于死亡。何谓出生，存在独立呼吸说、完全脱离母体说、部分脱离母体说等，现在一般以完全脱离母体作为生命权的开始，因此，胎儿不具有生命权，不能成为被杀的对象。何谓死亡，存在呼吸停止说、心脏停止跳动说、脑死亡说，有些国家在法律中明文规定采用脑细胞死亡的标准。我国没有法律规定采用何标准，但在司法实践中多采用心脏停止跳动的标准。可见，“杀害”死人不能构成故意杀人罪，但误把死人当作活人“杀害”，可以构成故意杀人罪的未遂形态。

该罪的客观方面表现为：首先，必须有剥夺他人生命的行为，作为、不作为均可以构成。以不作为行为实施的杀人罪，只有那些对防止他人死亡结果发生负有特定义务的人才能构成。其次，剥夺他人生命的行为必须是非法的，即违反了国家的法律。执行死刑、正当防卫均不构成故意杀人罪。经受害人同意而剥夺其生命的行为，也构成故意杀人罪。对所谓的“安乐死”，仍应以故意杀人罪论处，当然，量刑时可适用从轻或减轻的规定。最后，直接故意杀人罪的既遂和间接故意杀人罪以被害人死亡为要件，但是，只有查明行为人的危害行为与被害人死亡的结果之间具有因果关系，才能断定行为人负罪责。“杀”的方式多种多样，至于“气死”、“骂死”、“吓死”算不算“杀”，在刑法学界一直都存在着争议。

故意杀人罪的主体是一般主体，即我国刑法分则规定的达到法定刑事责任年龄、具备刑事责任能力的一般身份的犯罪主体。我国刑法规定，年满 14 周岁、精神正常的人可以构成故意杀人罪。

故意杀人罪在主观上须有非法剥夺他人生命的故意，包括直接故意和间接故意。即明知自己的行为会发生他人死亡的危害后果，并且希望或者放任这种结果的发生。故意杀人的动机是多种多样和错综复杂的。常见的如报复、图财、拒捕、义愤、气愤、失恋、流氓动机等。动机可以反映杀人者主观恶性的不同程度，对正确量刑有重要意义。

对于“相约自杀”、“致人自杀”“逼迫、引诱他人自杀”、“教唆、帮助他人自杀”应否以故意杀人罪论处，应根据具体情况而定。“相约自杀”指相互约定自愿共同自杀的行为。因行为人均不具有故意剥夺他人生命的行为，所以对其中自杀未逞的，一般不能认为是故意杀人罪。但是，如果行为人受托而将对方杀死，继而自杀未逞的，应构成故意杀人罪，量刑时可考虑从轻处罚。以相约自杀为名，诱骗他人自杀的，则应按故意杀人罪论处。“致人自杀”是指由于行为人先前所实施的行为，而引起他人自杀结果的发生。对此，应区别三种情况分别处理：第一，行为人的先前行为是正当的或只是一般错误、一般违法行为，他人自杀的主要原因是由于自杀者本人的心胸过于狭窄，这时不存在犯罪问题。第二，行为人先前实施了严重违法行为，结果致被害人自杀身亡的，可把致人自杀的结果作为一个严重情节考虑，将先前严重违法行为上升为犯罪处理。如当众辱骂他人，致其当即自杀的，可对辱骂者以侮辱罪论处。第三，行为人先前实施某种犯罪行为，引起被害人自杀的，只要行为人对这种自杀结果没有故意，应按其先前的犯罪行为定罪，而将自杀结果作为量刑时考虑的一个从重或选择较重法定刑处罚的情节。“逼迫、引诱”他人自杀，即行为人希望自杀人死亡，但为了掩人耳目，逃避罪责，自己不直接动手，而是通过自己的逼迫、诱骗行为促使自杀者自己动手杀死自己，即借助自杀者自己之手达到行为人欲杀死自杀者的目的。行为人的行为与结果之间存在刑法上的因果关系。关键应查明行为人是否确实有刻意追求自杀者死亡的故意，并且其行为在特定环境下是否足以导致他人实施自杀的行为，两者缺一，则就不宜认定为构成故意杀人罪。教唆、帮助他人自杀应当以故意杀人罪论处，但考虑到在教唆、帮助自杀中，自杀者的行为往往起决定作用，因此，应根据案情从宽处罚。如果行为人的行为不很积极，作用不大，主观愿望出于善意，这时可不以犯罪论处。但是，教唆精神病人或未成年人自杀，由于自杀者限于精神状态或年龄因素对于自杀缺乏正确的认识和意志控制能力，对此，不仅要以故意杀人罪论处，而且还不能从轻或减轻处罚。

本案中，药家鑫是西安音乐学院学院大三的学生，1989 年出生，至案发时已经年满 21 周岁，精神正常。在撞倒被害人张妙后下车，用水果刀猛刺被害人要害部位，致其死亡。药家鑫的行为完全符合故意杀人罪的犯罪构成，这是没有任何争议的。而且动机恶劣、手段残忍，论罪当斩。《刑法》第四十八条第一款规定：“死刑只适用于罪行极其严重的犯罪分子。对于应当判处死刑的犯罪分子，如果不是必须立即执行的，可以判处死刑同时宣告缓期二年执行。”第四十九条规定：“犯罪的时候不满十八周岁的人和审判的时候怀孕的妇女，不适用死刑。审判的时候已满七十五周岁的人，不适用死刑，但以特别残忍手段致人死亡的除外。”药家鑫不是属于“犯罪的时候不满十八周岁的人和审判的时候怀孕的妇女”，也不属于 75 周岁的老人，不能因此免死。

但在该案中，药家鑫存在自首情节，该不该因此免除药家鑫的死刑呢？从刑法的规定上看，自首只是“可减情节”，而不是“必减情节”，是否从轻或减轻，要结合全案进行判断。《最高人民法院关于处理自首和立功若干具体问题的意见》第八条规定：“对具有自首、立功情节的被告人是否从宽处罚、从宽处罚的幅度，应当考虑其犯罪事实、犯罪性质、犯罪情节、危害后果、社会影响、被告人的主观恶性和人身危险性等。自首的还应考虑投案的主动性、供述的及时性和稳定性等。”“虽然具有自首或者立功情节，但犯罪情节特别恶劣、犯罪后果特别严重、被告人主观恶性深、人身危险性大，或者在犯罪前即为规避法律、逃避处罚而准备自首、立功的，可以不从宽处罚。”药家鑫在撞倒被害人张妙之后，没有抓紧时间救助，没有任何的怜悯之心，而是为了逃避责任，对其狠下毒手，导致被害人当场死亡，可见其动机恶劣，手段极其残忍，造成非常恶劣的社会影响，依法可不予从轻处罚。

被告人律师的辩护称：本案不是有预谋有计划，纯属偶然；不是直接发生的故意杀人，而是一起意外的交通事故演变成激情杀人。我们认为，药家鑫不属于激情杀人。“激情杀人”是刑法理论上激情犯罪的一种。故意杀人根据主观恶性的不同，实践中往往对情节较轻的几类犯罪从轻或减轻量刑，如防卫过当的故意杀人、基于义愤的杀人、被害人刺激下的激情杀人、受被害人请求的杀人等。激情杀人，是指本无任何杀人故意，但在被害人的刺激、挑逗下而失去理智，失控而将他人杀死。激情杀人也是故意杀人，只是在主观上由于情绪的影响，引起认识的局限和行为的控制力上减弱，对于行为的性质、后果缺乏必要的考虑而产生突发性犯罪。与有预谋的故意犯罪不同，行为人没有长时间的犯罪预谋，没有预先确定的犯罪动机，也没有事先选择好的犯罪目的，主观恶性不如有预谋的故意杀人大。

激情杀人必须具备几个条件：一是必须是因被害人严重过错而引起行为人的情绪强烈波动；二是行为人在精神上受到强烈刺激，一时失去理智，丧失或减弱了自己的辨认能力和自我控制能力；三是必须是在激愤的精神状态下当场实施，激情状态与实行行为之间无间隔的冷静期。

“激情杀人”在国外刑法中有很多的立法例，但在我国刑法中并无明确的规定。那么，“激情杀人”是否存在？答案又是肯定的。我国司法实践中往往把基于被害人过错而在突发情形下的“大义灭亲”以及被害人主动挑衅、挑拨而造成的情急之下杀人归入“激情杀人”，并按照“情节较轻”而处三年以上十年以下有期徒刑。药家鑫一案是否属于“激情杀人”呢？应该说，这本来只是一起交通事故或者最多算是肇事案件，被害人在受伤后记下车牌号码，本身无任何过错，也未刺激药家鑫。国外刑法有规定“激情犯罪”的，也基本上以受害人存在不法行为为前提，激愤完全是由被害人的不法行为引发的。但本案中被告人药家鑫的杀人行为则不是因为被害人过错引起，而属于一种灭口式的故意杀人。当然，犯罪学上的激情犯和刑法上的激情犯、语义上的激情犯和构成上的激情犯还是存在着差异的，正如夏勇教授所言：“即便药家鑫的杀人行为属于犯罪学上的激情犯罪，也不当然地等同于刑法学所论的减轻罪责的激情犯罪。”[①] 即使认定为激情犯，也未必从轻处罚，正如有学者所言：“从致罪因素上看，被害人的过错行为并非激情犯罪的必然诱因；从心理学状态上看，激情犯罪行为人的刑事责任能力并无减弱；从人格特征上看，高激惹性和暴力倾向，决定着暴力犯罪行为人较大的人身危险性。因此，激情犯罪缺乏从轻处罚的心理学依据，不宜笼统地倡导从轻处罚。”[②]

死刑是最严厉的刑罚，只适用于罪行极其严重、不杀不可的犯罪分子。但是，“死刑是对人彻底的伦理否定，因而其适用标准应当受到正义与人道价值的约束。按照等量正义观，死刑立即执行只能适用于有预谋地杀害无过错的被害人的故意杀人案件；按照人道价值观，死刑立即执行只能适用于彻底表现为伦理恶的被告人。自首表明被告人有悔罪表现或者至少其停止继续实施犯罪，因而对自首的被告人适用死刑立即执行一般不能得到人道价值的支持。舆论常常将被告人扭曲为‘公众妖魔’进而强化道德恐慌，容易沦为乌合之众的民粹主义”。[③] 笔者认为，这是立法上需要探讨的问题，在现有刑法没有明确规定死刑适用的具体标准时，最重的犯罪就应当适用最重的刑罚，才符合罪责刑相适应的刑法原则。

审理结果

西安市中级人民法院经审理认为:被告人药家鑫开车将被害人张妙撞倒后，为逃避责任而杀人灭口，持尖刀捅刺被害人胸、腹、背等处数刀，将被害人杀死，其行为构成故意杀人罪。药家鑫在公安机关未对其采取任何强制措施的情况下，由父母陪同到公安机关投案，并如实供述了犯罪事实，属于自首。药家鑫交通肇事后杀人灭口，不属于激情杀人。药家鑫开车将被害人张妙撞倒后，不予施救，反而杀人灭口，犯罪动机极其卑劣，主观恶性极深，手段特别残忍，情节特别恶劣，后果特别严重，属罪行极其严重，应依法惩处。其虽有自首情节，仍不足以从轻处罚，以故意杀人罪判处药家鑫死刑，剥夺政治权利终身，并处赔偿被害人家属经济损失 45 498.5 元。

2011 年 4 月 28 日药家鑫提出上诉。上诉状显示，药家鑫上诉理由具体为：第一，原判决对“犯罪手段特别残忍，情节特别恶劣，罪行极其严重”认为定性不当。原因是案发在车辆少和行人少的郊区路上；路灯暗，光线不如白天的好，药家鑫高度近视眼神不好；杀张妙身上的部位比较乱，药本人也不知道杀了多少刀，致命仅有一刀，是激情和瞬间作案，是由平时的抑郁和压力所致。第二，西安中院认可了药家鑫的自首情节，却未按自首减轻判罚。第三，药家鑫是初犯、偶犯，父母又积极地进行赔偿。第四，根据国家目前针对死刑的慎重态度，认为中院量刑过重。

2011 年 5 月 20 日，陕西省高级人民法院对被告人药家鑫故意杀人一案进行了二审公开开庭审理并宣判，依法裁定驳回药家鑫上诉，维持原判。陕西省高级人民法院经审理认为，一审认定药家鑫故意杀人犯罪的事实清楚，证据确实、充分。药家鑫开车撞倒

---

① 夏勇．解读中外“激情犯罪”．法学，2011（5）．

② 陈和华．激情犯罪不宜从轻处罚的心理学依据——以药家鑫杀人案导入．法学，2011（5）．

③ 何显兵，等．再论死刑立即执行的适用标准——以药家鑫案、李昌奎案为例．西南科技大学学报，2012（6）．

被害人张妙后，为逃避责任将张妙杀死，其行为构成故意杀人罪。药家鑫在作案后第四天由其父母带领到公安机关投案，如实供述犯罪事实，构成自首。但药家鑫开车将被害人撞倒后，为逃避责任杀人灭口，持尖刀朝被害人胸、腹、背部等处连续捅刺，将被害人当场杀死，其犯罪动机极其卑劣，手段特别残忍，情节特别恶劣，属罪行极其严重，虽系初犯、偶犯，并有自首情节，亦不足以对其从轻处罚。对其上诉理由及辩护人的辩护意见不予采纳。陕西省人民检察院的意见正确，予以采纳。原审判决定罪准确，量刑适当，程序合法，故裁定驳回药家鑫的上诉，维持原判，并依法报请最高人民法院核准。

经最高人民法院核准，故意杀人罪犯药家鑫于 2011 年 6 月 7 日在陕西省西安市被依法执行死刑。最高人民法院经复核认为，第一审判决、第二审裁定认定的事实清楚，证据确实、充分，定罪准确，量刑适当，审判程序合法，故依法作出核准死刑的裁定。

35 拾到黄金构成盗窃

案情回放[①]

梁某，女，2005 年来深圳，是深圳市玉皇清洁公司员工，负责深圳机场候机楼 B 楼出发大厅的清洁卫生。案发时，她刚工作 4 个月，案发当天是为同事顶岗。

2008 年 2 月 9 日 8 时 20 分，深圳机场 B 号候机楼二楼出发大厅，为同事顶班的梁某在候机大厅里打扫卫生。当她走到 19 号登机柜台时，看到垃圾桶附近有两位女乘客带着一名小孩在嗑瓜子，她们中间有一辆行李车，车上放着一个类似方便面箱的小纸箱。过了五六分钟，梁某第二次来到垃圾桶旁，见到嗑瓜子的两位女乘客带着孩子急急忙忙跑进安检门，而那个小纸箱还在行李车上。梁某以为小纸箱是她们丢弃的，左右看看也没有人，就顺手把小纸箱当作丢弃物放到清洁车里。然后梁某继续在大厅里工作。约 9 时左右，梁某来到大厅北侧距案发现场约 79 米远的 16 号卫生间旁，对同事曹某某说自己捡到一个纸箱，里面可能是电瓶，委托他将纸箱先放在男性残疾人洗手间内，如果有人认领就还给人家。

据杨某某介绍，当天她的值班地点是 16 号卫生间的女厕，当时她刚好站在卫生间门口，“大约在 8 点半，我听到梁某扯着嗓门喊‘杨某杨某，我捡了个东西’，我就问她什么事情这么大嗓门喊，她告诉我说自己捡了一个很重的纸箱，我当时随口问一句，会不会是电瓶?”杨某某称，曹某某当时负责 16 号洗手间男厕所的卫生，梁就让曹把纸箱放进男性残疾人洗手间。杨某某告诉记者说：“当时老曹要打开纸箱，梁某不让，说万一有人找过来，是要还给人家的，打开就没有办法（向别人）交代。”

---

① 该案例来源于以下网址:http://baike.haosou.com/doc/7776399-8050494.html.

曹某某听到箱子里面的东西可能是电瓶，另一名清洁工马某某就提出去看一下，并说如果是电瓶，就送给他用来电鱼。于是马某某和曹某某就到二楼放纸箱的残疾人洗手间，打开纸箱后发现里面竟然是一包包金灿灿的首饰。两人取出两包首饰，一人分一半，然后离去。

因为梁某捡到东西几乎所有人都知道，杨某某对于后来警察找到她做笔录时说梁某的行为是盗窃，她一百个不能接受，“谁偷东西会大喊大叫告诉所有的同事？如果要偷，她为什么还要等到下班带回家，而不是拿着东西先跑回家？如果真想占有这个东西，回家后她为何不想办法赶紧处理掉这个东西？”

13 时 40 分，到了下班时间的梁某将纸箱移到自己位于一楼的自行车上，然后带到位于两公里外的福永街道下十围的家中。据梁某的丈夫刘某某告诉记者，当天他值夜班，早晨 8 时下班，回家后发现家里的电脑坏了，随即让朋友帮他修电脑。期间，妻子打电话给他让他去机场，但是没有告诉他原因，“因为家里有人修电脑，我就没有过去”。中午为 8 岁的儿子做完饭后，疲惫不堪的刘某某没有吃饭就睡着了，一觉醒来已经是 17 时 50 分，他开始忙着张罗晚饭。

据杨某某介绍，下午 4 时许，曹某某找到同样住在下十围社区的她，问她梁某的家在哪里，杨告诉了梁某的住处后，曹找到梁某。“老曹告诉梁某有乘客丢了东西，已经报警了，梁某说‘我明天把东西交上去就是了’。”

据刘某某介绍，他起床后开始张罗晚饭。大约 18 时多，他正光着膀子做饭的时候，3 名警察敲门，他赶忙开门。“开门后一名警察问我老婆是不是叫梁某，我老婆说是。他们就问我老婆是不是捡了个箱子，我老婆说是。警察问东西放在哪里，我当时插话对梁某说你捡到啥东西了，赶紧给人家。梁某指着客厅的一张床下的纸箱说，在这里，然后把箱子拽出来。警察打开箱子把金饰摆在地上，又问这东西还有没有人动过？梁某表示应该没有。警察说知道里面啥东西吗？这里面值几百万元，梁某说不会吧，这能值几百万？梁某当时就吓傻了。”“我这才看到床底下有个箱子，当时箱子没有任何遮挡，就放在床下，一眼就能看到。随后，一位操普通话的警察拨打手机，说东西找到了。”“从警察进门到打电话说东西找到了，时间不过五六分钟。”刘某某告诉记者说，过了大约 20 分钟后，又来了几名警察，拍照留证据。19 时许，警察要梁某跟他们去刑警大队，因为不放心梁某，刘某某带着儿子一起去了刑警大队。

2009 年 3 月 12 日公安机关以涉嫌盗窃罪对梁某案出具起诉意见书。随后，检察机关以涉嫌盗窃罪正式批捕梁某。

问题归纳

1. 盗窃罪的主要特征有哪些？
2. 盗窃罪与侵占罪的区别有哪些？

法条链接

一、法律法规

《中华人民共和刑法》第二百六十四条：盗窃公私财物，数额较大的，或者多次盗窃、入户盗窃、携带凶器盗窃、扒窃的，处三年以下有期徒刑、拘役或者管制，并处或者单处罚金；数额巨大或者有其他严重情节的，处三年以上十年以下有期徒刑，并处罚金；数额特别巨大或者有其他特别严重情节的，处十年以上有期徒刑或者无期徒刑，并处罚金或者没收财产。

第二百七十条：将代为保管的他人财物非法占为己有，数额较大，拒不退还的，处二年以下有期徒刑、拘役或者罚金；数额巨大或者有其他严重情节的，处二年以上五年以下有期徒刑，并处罚金。将他人的遗忘物或者埋藏物非法占为已有，数额较大，拒不交出的，依照前款的规定处罚。本条罪，告诉的才处理。

二、其他

《最高人民法院、最高人民检察院关于办理盗窃刑事案件适用法律若干问题的解释》(2013 年 4 月 4 日起施行)

第一条第一款：盗窃公私财物价值一千元至三千元以上、三万元至十万元以上、三十万元至五十万元以上的，应当分别认定为刑法第二百六十四条规定的“数额较大”、“数额巨大”、“数额特别巨大”。

第二条：盗窃公私财物，具有下列情形之一的，“数额较大”的标准可以按照前条规定标准的百分之五十确定：（一）曾因盗窃受过刑事处罚的；（二）一年内曾因盗窃受过行政处罚的；（三）组织、控制未成年人盗窃的；（四）自然灾害、事故灾害、社会安全事件等突发事件期间，在事件发生地盗窃的；（五）盗窃残疾人、孤寡老人、丧失劳动能力人的财物的；（六）在医院盗窃病人或者其亲友财物的；（七）盗窃救灾、抢险、防汛、优抚、扶贫、移民、救济款物的；（八）因盗窃造成严重后果的。

第三条：二年内盗窃三次以上的，应当认定为“多次盗窃”。非法进入供他人家庭生活，与外界相对隔离的住所盗窃的，应当认定为“入户盗窃”。携带枪支、爆炸物、管制刀具等国家禁止个人携带的器械盗窃，或者为了实施违法犯罪携带其他足以危害他人人身安全的器械盗窃的，应当认定为“携带凶器盗窃”。在公共场所或者公共交通工具上盗窃他人随身携带的财物的，应当认定为“扒窃”。

第七条：盗窃公私财物数额较大，行为人认罪、悔罪，退赃、退赔，且具有下列情形之一，情节轻微的，可以不起诉或者免予刑事处罚；必要时，由有关部门予以行政处罚：（一）具有法定从宽处罚情节的；（二）没有参与分赃或者获赃较少且不是主犯的；（三）被害人谅解的；（四）其他情节轻微、危害不大的。

法理导析

本案主要涉及盗窃罪、侵占罪的构成特征及其相互之间的区别，同时涉及刑法上的财产犯罪与民事上的侵犯财产权的区别。

盗窃罪是司法实践中最常见的犯罪之一，是指以非法占有为目的，盗窃公私财物，数额较大的，或者多次盗窃、入户盗窃、携带凶器盗窃、扒窃的行为。

本罪侵犯的客体是公私财物的所有权。但张明楷教授认为，财产犯的客体首先是财产所有权及其他本权，其次是需要通过法定程序恢复应有状态的占有；但在相对于本权者的情况下，如果这种占有没有与本权者相对抗的合理理由，相对于本权者恢复权利的行为而言，则不是财产犯的客体。这里的“财产所有权”可以根据民法的规定来确定，即包括财产的占有权、使用权、收益权与处分权，而且将其作为整体来理解和把握。“本权”包括合法占有财物的权利（他物权）以及债权。在合法占有财物的情况下，占有者虽然享有占有的权利，却没有其他权利尤其没有处分权，否则就是享有所有权了。甲将自己的摩托车借给乙后，又从乙处偷回来，并接受乙的“赔偿”。根据所有权说，甲的行为不成立盗窃罪。这真不合适。[①] 侵犯的对象是国家、集体或个人的财物，一般是指动产而言，但不动产上之附着物，可与不动产分离的，例如田地上的农作物、山上的树木、建筑物上之门窗等，也可以成为本罪的对象。另外，能源如电力、煤气也可成为本罪的对象。盗窃罪侵犯的客体是公私财物的所有权。所有权包括占有、使用、收益、处分等权能。这里的所有权一般指合法的所有权，但有时也有例外情况。根据《最高人民法院关于审理盗窃案件具体应用法律若干问题的解释》的规定：“盗窃违禁品，按盗窃罪处理的，不计数额，根据情节轻重量刑。盗窃违禁品或犯罪分子不法占有的财物也构成盗窃罪。”

盗窃罪的客观方面表现为：实施了窃取公私财物，数额较大的，或者多次盗窃、入户盗窃、携带凶器盗窃、扒窃的行为。所谓窃取，是指行为人违反被害人的意志，将他人占有的财物转移为自己或第三者（包括单位）占有，窃取是一种通过平和方式将他人占有的财物转移第三人占有的过程，如果手段中含有暴力成分，就不能定盗窃。根据相关司法解释，“数额较大”的一般是1 000元至3 000元为起点，各高院可以根据本地的情况予以确定并报最高人民法院备案。二年内盗窃三次以上的，应当认定为“多次盗窃”。非法进入供他人家庭生活，与外界相对隔离的住所盗窃的，应当认定为“入户盗窃”。携带枪支、爆炸物、管制刀具等国家禁止个人携带的器械盗窃，或者为了实施违法犯罪携带其他足以危害他人人身安全的器械盗窃的，应当认定为“携带凶器盗窃”。在公共场所或者公共交通工具上盗窃他人随身携带的财物的，应当认定为“扒窃”。

盗窃罪的主观方面是故意，而且具有非法占有的目的。行为人明确地意识到其盗窃行为的对象是他人所有或占有的财物，意识到窃取财物是违背了对方的意志。

侵占罪，是指以非法占有为目的，将他人交给自己保管的财物、遗忘物或者埋藏物非法占为己有，数额较大，拒不交还的行为。所谓他人交给自己保管的财物即代为保管的他人财物，是指通过他人委托或依照契约或有关规定而为他人收藏、管理的财物。所谓他人的遗忘物，是指出于自己的本意，本应带走却因遗忘没有带走的财物，如买东西将物品忘在柜台上，到他人家里玩将东西遗忘在人家家里，乘坐出租车把财物遗忘在车里等。应当提出，遗忘物不等于遗失物。后者是失主丢失的财物，失去对财物的控制时间相对较长，一般也不知道丢失的时间和地点，拾捡者一般不知道也难以找到丢失之人。而遗忘物，则是刚刚、暂时遗忘之物，遗忘者对之失去的控制时间相对较短，一般会很快回想起来遗忘的时间与地点，回来寻找，而拾拣者一般也知道遗忘者是谁。遗忘

---

① 张明楷．如何理解侵犯财产罪的客体．http：//www.chinalawedu.com/news/1300/23230/23244/2009/2/ma07944745331012900224440.htm.

物也不同于遗弃物，后者则是所有人或保管者不再需要而基于自己的意志加以处分而抛弃的财物。所谓埋藏物，是指为隐藏而埋于地下之物，如埋在自己院子里的钱财、埋在坟墓中的珠宝等。所谓“占为己有”，是指应当将他人交为自己保管的财物、遗忘物或者埋藏物当成自己的财物，以所有人自居，擅自加以处分、使用和收益。有的是将财物出售、赠与他人，有的是出租、消费、充抵债务、设定抵押加以使用，但不能包括故意毁坏这种处分。所谓拒不交还，是指依法、依约而当将他人的财物退回而拒不退回，如财物所有人明确提出交还并举有证据证明属及所有，行为人仍视而不见，明确表示不予归还；或者虽然表示归还，但事后又擅自处分致使实际无法交还；或者采用诸如谎称财物被盗、丢失等欺骗手段而拒不归还；或者携带财物逃离他乡而拒不归还；或者已经非法处分而拒不追回或者赔偿的等。当然，行为人如果最终还是交出或者退还了财物，或者是在他人明确提出主张交还前处理了财物事后已作了或答应赔偿的，甚至是在他人提出主张后还擅自处分财物但又作了赔偿等，就不应以本罪论处。

梁某案中客观事实非常清楚，关键是看对其行为性质的认定，是罪还是非罪？如果构成犯罪，是盗窃罪还是侵占罪？

盗窃罪要求行为人认识到财物出于他人的实际占有或观念占有的状态，实际占有是指在物理形态上对财物进行控制，观念占有是非物理形态的、但能够为人所支配的占有。该案中梁某取走财物时，被害人对财物显然不存在物理意义上的有形控制。梁某是在垃圾筒边上发现装有财物的纸箱，而且被害人又没有在财物附近看管，所以即使认为被害人当时控制支配财物，其控制支配也不可能是物理上的有形控制；被害人对财物是否具有无形控制，需要从机场的环境特征进行分析。机场与火车站及轮船码头是一类性质的区域，这些区域有一个基本的特点，即不特定人可以随意出入该区域。既然不特定人可以随意出入，这就决定了机场是一种公共空间，在公共空间的环境中，被害人一旦失去对财物的有形控制，如没有特殊制度或习俗存在，则被害人也就失去了对财物的无形控制，此时的财物对于被害人来讲就变成了一种无法控制支配的遗失物。当时的环境也能证明这一点：根据小纸箱所在位置、存放状态（即在 19 号登机柜台附近的垃圾桶旁的两个女乘客带着小孩嗑瓜子，他们中间有一辆行李车，车上放着一个小纸箱。过了五六分钟，两位女乘客进了安检门，小纸箱被留下，周围也没有其他乘客），足以让梁某相信小纸箱并非是乘客控制范围内的他人财物，而可能是乘客的遗弃物或者遗忘物。梁某取走财物时没有人控制财物，因此梁某显然没有破坏他人对财物的控制支配这样的故意内容，这一点可以从梁某等到下班见无人寻找该财物后才把财物拿回家得到证明。既然梁某主观上不认为自己的行为破坏了另一个人对财物的控制支配，那么梁某取走财物的故意就不可能是盗窃罪的故意，梁某的行为也显然不符合盗窃罪的行为类型。

当曹某在看过小纸箱并取走部分黄金首饰进而告知梁某小纸箱内装的可能是黄金首饰，并且梁某拿一件首饰委托同事到候机大厅里的黄金首饰店询问，并得到肯定答复后，按照机场有关规定和一般人的常识，梁某理当将装有黄金首饰的小纸箱立即交给机场或者报警。因为梁某对黄金首饰的占有不具有合法根据，而具有返还财物的义务。可是，梁某却将其带回家中私自占有。此时，其主观心态发生了转化，由开始时对小纸箱内所装黄金首饰因认识错误导致的无认识状态跃进到了有认识状态下的非法占有的意图，发生了质变，即产生了侵占他人财物的故意，也实施了侵占他人财物的行为。那么，是否可以据此认定梁某的行为构成侵占罪了呢？根据《刑法》第二百七十条的规定，构成侵占罪既要有非法占有保管物、遗忘物、埋藏物的行为，还需要拒不退还的行为。当姓曹的同事下午四点钟告诉她，失主在找这个东西，她回答“明天上班送回去”，又表明其不敢或不想非法占有该财物；当警察找到她时，她承认拿了纸箱，并将纸箱交出，而不是拒不交出，因此她也不构成侵占罪。

梁某的行为既不构成盗窃罪也不构成侵占罪，其行为应属无罪。这种判断的理论意义绝不限于梁某个案，对梁某案的分析只不过是个线索，这种分析完成了一般性的理论任务，即对在机场等区域捡东西行为如何定性。对此可得出一个基本的结论：在机场、码头、车站、银行等区域，虽然该区域有管理人，但是由于这些区域中人员流动性较大，如果财物控制者将财物遗落在这些区域，该区域的管理人无法对遗失在该区域的财物实施有效的控制，因此具有人员高流动性的区域管理人不能成为该区域中遗失财物的管理义务人，财物一旦遗失在这些区域，就变成了与遗失在大街上无实质区别的真正的遗失物。在这些区域拾得遗失物的行为因缺少“破坏他人对财物的控制支配关系”这个盗窃行为类型的前提而不构成盗窃罪。在这些区域拾得遗失物行为的处理原则与大街上拾得遗失物行为的处理原则应无差别。①

当然，梁某的行为虽然不构成犯罪，并不能说明她的行为不应受谴责，她的行为依然具有社会危害性。从道德层面上，她的行为与“拾金不昧”的善良道德相背离；从机场工作人员的纪律来看，她没有做到“捡到物品要寻找失主或交服务台”；从民法的角度看，她的行为构成了财产侵权，应当返还财产，造成损失的，还要赔偿损失。

审理结果

梁某在机场“捡”到价值超过300万元人民币的黄金首饰的当晚，被公安机关带回派出所接受调查。该案由深圳市检察院移送宝安区检察院审查后，宝安区检察院第一次将该案退回公安机关补充侦查。后来，公安机关将补充侦查的梁某案移交检察院审查起诉。2009年7月13日宝安区检察院第二次将梁某案退回公安机关补充侦查。2009年9月10日梁某被取保候审。2009年9月25日因证据不足，深圳市宝安区检察院向梁某通报其不构成盗窃罪，撤销取保候审措施，不提起公诉。但检察院认为此案更符合侵占罪的构成特征，根据“刑疑惟轻”的原则，把案件发回公安机关；是否起诉梁某，由受害方东莞金龙珠宝首饰有限公司决定。

① 董玉庭．捡与偷的界分——以梁丽案为背景的分析．人民检察，2009（17）.

36 触犯道德还是触犯刑律

——南京副教授“换妻”案

案情回放①

3月24日中午，53岁的马某某离开位于南京马台街的家，乘公交车到秦淮区法院，取开庭传票。快到下午2点半的时候，刑庭法官将一纸通知推到他的面前。开庭时间：4月7日；罪名：聚众淫乱。在这个有些凉意下着细雨的同一天，包括马某某在内22名被告，领到了相同内容的传票，罪名全是“聚众淫乱”。秦淮检察院起诉的人数之多，可能创造了“聚众淫乱”在刑法保留13年来的一个最高纪录。22名被告，既有大学教授，也有普通打工者，都是去年在南京警方的一次大规模行动中陆续抓获的。

2009年8月17日，秦淮公安分局白鹭洲派出所的警员发动了一次突袭，闯入了网友的隐秘“性聚会”。在一家连锁酒店的120房间，5名网民被当场抓获。警察没有透露是怎么获取这个信息的。取保候审的女网友“月明”说，同行的一个女网友，可能在QQ群里公布了电话和聚会地点，被监控的警察掌握了行踪。

43岁的“月明”说，那天中午一个陌生男子走进房间，坐了一会就走了，“谁和谁发生了性关系，我记不清了。以前这种情况也有，一些人来了又走了。互相只知道网名。”在陌生男子走后，中午1点刚过，警察破门而入。

这一“性聚会”案引发了多米诺骨牌效应。被带至白鹭洲派出所后，被捕网民交代了此前各自参加的性聚会。“月明”说，是网友“誓言”把她带入这个圈子。而“誓言”又供出了他人。网友“海狼”则供出了后来阴差阳错成为这场“聚众淫乱”案主角的“阳火旺”——南京一所大学的副教授马某某。

2009年8月21日晚上11点多，两名便衣警察敲开了马教授的家门，称马卷入了“聚众淫乱”案件，将他从家中带至白鹭洲派出所。抓捕行动还在继续。随着交叉人群的几何递增，被牵扯进去的网民名单越来越长。

马某某向警察承认，参与过网友间的“性游戏”。他是一个建立于2007年名为“夫妻旅游交友”的QQ群主。2009年五六月份，因为生理上的原因，马某某发公告宣布解散了QQ群。他说自己不打算继续玩了。“这是我第一次听说‘聚众淫乱’这个词。我一直认为，大家都是成人，没有谁强迫谁，都是自愿的。”马某某说。跟马一样，多数人对聚众淫乱罪知之不多。1997年修订《刑法》，流氓罪被删除，聚众淫乱罪被分解保留了下来。它的定义：三人以上从事的违反道德规范的性交行为。对首要分子

① 该案例来源于以下网址：http：//news.qq.com/a/20100402/000839.htm.

或者多次参加的，处五年以下有期徒刑、拘役或者管制。

次日，马某某被转至辖区红花派出所。白天他被允许回家为患病的八旬母亲做饭。审讯持续了一周。最终警方决定对马某某执行监视居住。其他涉案网民多数被执行逮捕，少数取保候审。

警察监控了原本属于个人的QQ群及账号。警方指控：嫌疑人主要通过“夫妻交换”、“走错房间”、“南京派对”等QQ群，“公开交流性体验”，进而“聚众淫乱”。警方未透露侦查中涉及的具体人数。从时间上看，2009年8月17日第一拨网民被捕，至12月24日一名施姓网民被电话传唤，历时4个月。警方在2009年11月23日、12月9日、12月15日、2010年2月24日，先后4次向秦淮检察院移送审查起诉，至全部结案时已近半年。此外，除了向检察院移交的22人，至少另有10人被“另案处理”。经办此案的秦淮检察院起诉科检察官汪东说，除了这22人，可能还有几个人会陆续起诉。汪说：“以前也有过这种案子，但是人数从没有这么多。”

从法院拿到传票，马某某一直在家收拾东西，“准备去坐牢”。患有老年痴呆的母亲在一边走来走去。闲下来时，他坐在卧室的沙发抽烟，沉思。他意识到，辛苦积累的社会地位和声望，正在坍塌。警方指控，这处马入住了十余年的不起眼的学校公寓，是14次聚众淫乱的事发地。

问题归纳

1. 聚众淫乱应否构成犯罪？
2. 刑法中的“社会管理秩序”的含义是什么？
3. 什么是共同犯罪？共同犯罪包括哪些种类？共同犯罪人是怎么划分的？

法条链接

《中华人民共和国刑法》第三百零一条：聚众进行淫乱活动的，对首要分子或者多次参加的，处五年以下有期徒刑、拘役或者管制。引诱未成年人参加聚众淫乱活动的，依照前款的规定从重处罚。

第二十五条：共同犯罪是指二人以上共同故意犯罪。二人以上共同过失犯罪，不以共同犯罪论处；应当负刑事责任的，按照他们所犯的罪分别处罚。

第二十六条：组织、领导犯罪集团进行犯罪活动的或者在共同犯罪中起主要作用的，是主犯。三人以上为共同实施犯罪而组成的较为固定的犯罪组织，是犯罪集团。对组织、领导犯罪集团的首要分子，按照集团所犯的全部罪行处罚……

第二十七条：在共同犯罪中起次要或者辅助作用的，是从犯。对于从犯，应当从轻、减轻处罚或者免除处罚。

法理导析

聚众淫乱罪规定在《刑法》分则第六章中，说明该罪的客体是社会公共秩序。所谓公共秩序，就是通过一定的社会结构中人们必须共同遵守的生活规则来维护的公共生活有条不紊的状态。违反了这种公共生活规则，也就打破了公共生活有条不紊的状态。因此，对公共秩序的破坏实质上就是对公共生活规则的违犯。公共生活的内容主要有三个方面：（1）旨在保护人的安全和尊严，特别是保护老幼弱者的安全规则；（2）旨在调节公共场所秩序的纪律规则；（3）旨在维护日常生活中稳定联系和风尚习俗的交往规则。安全规则对人们的社会活动具有普遍的指导意义，因而它也可以贯穿到纪律规则和交往规则之中。纪律规则和交往规则，就其特点、意义而言，分别反映了公共生活规定所调整的两个领域，与之相关联的，公共秩序也就大致可以划分为以下两个方面：即通过纪律规则所调整的公共场所秩序以及通过交往规则所调整的人们在日常生活中的聚众交往和风俗习尚。聚众淫乱违犯了公共生活规则，破坏了公共秩序。聚众淫乱犯罪，是一种违反社会公共生活中的交往规则，败坏社会风俗习尚的行为，它从这个方面破坏了公共秩序，也可以说它破坏了公共秩序中的交往秩序。

本罪在客观方面具有两大特征：一是聚众行为；一是淫乱行为。聚众，是指纠集众人，是指由首要分子故意发动、纠集特定或不特定多数人于一定时间聚集于同一地点。聚众的“众”应至少是三人以上（包含三人），但并非特指三人以上的犯罪人员。如果仅有两人，不能构成本罪。淫乱，主要是指违反道德规范的性交行为，但除此之外，还应包括其他刺激、兴奋、满足性欲的行为，如聚众从事手淫、口淫、鸡奸等行为。而对于这种行为并不限于男女异性之间。行为人聚众从事这种淫乱行为的，也构成本罪，可见从理论上本罪的众人并不必然以同时含有男女二性为必要。淫乱行为一般具备如下特征：（1）须是足以引起一般人的羞耻感情的行为；（2）须是足以刺激或满足性欲的行为；（3）须为违反善良性道德观念的行为。

本罪的主体为一般主体，凡年满 16 周岁且具备刑事责任能力的自然人均能构成本罪。但构成本罪的仅限于聚众淫乱的首要分子和多次参加者。所谓首要分子，是指召集、唆使、首倡聚众淫乱活动的人；所谓多次参加者，指首要分子以外的参加聚众淫乱活动至少达 3 次以上。其他偶尔参加聚众淫乱活动的，应依《治安管理处罚法》的规定追究责任，不以犯罪论处。

本罪在主观方面表现为直接故意。即明知会发生危害社会的结果，并且希望这种结果发生。所谓危害社会的结果，是指对我国刑法所保护的社会主义社会关系的侵害，本罪所侵害的是社会主义的公共秩序，对于自己的行为会破坏公共秩序这一点，任何一个达到刑事责任年龄、具有刑事责任能力的行为人都是明知的。而本罪主体不仅明知自己的行为会破坏公共秩序，并且通过破坏公共秩序来获得某种精神上的满足。

本罪的主观方面既然是直接故意，那它就必然具有犯罪目的。本罪的目的是通过破坏公共秩序的行为来寻求下流无耻的精神刺激，达到某种精神上的满足。本罪的目的虽然不是直接故意的内容，但是两者又具有极为密切的联系。在聚众淫乱犯罪分子眼中，只有通过对公共秩序的破坏，才能达到寻求下流无耻的刺激之目的，因而聚众淫乱犯罪分子对于破坏公共秩序总是抱着希望的态度，希望破坏公共秩序，正是为了达到寻求精神刺激之目的。相反，如果行为人破坏公共秩序不是为了寻求下流无耻的精神刺激，而是为了其他个人目的，那也就不是聚众淫乱犯罪。

所谓寻求下流无耻的精神刺激在本罪中表现为寻求感官刺激，填补精神空虚。即通过聚众淫乱来刺激感官，寻欢作乐。这既是犯罪分子通过聚众淫乱行为所要达到的直接目的，也是推动犯罪分子实施聚众淫乱行为的内心起因，甚至在犯罪动机上比在犯罪的目的上表现得更为明显。寻求下流无耻的精神刺激，在聚众淫乱犯罪中具有决定性的意义。首先，它决定着聚众淫乱行为的性质。寻求下流无耻的精神刺激，表明行为人所追求的既不是政治目的，也不是经济目的，既不是基于义愤，也不是基于某种非法利益，这就决定了聚众淫乱犯罪的矛头所向决不局限于某种具体的社会关系，不局限于某个特定的对于下流无耻的精神刺激，任何人可能成为其侵害的对象。所以本罪具有明显的反社会性，是一种蔑视社会、伤风败俗的犯罪。其次，寻求下流无耻的精神刺激，反映了行为人的道德堕落和精神空虚，这就决定了他们用以寻求刺激的方式必然是各种卑鄙与龌龊、不顾廉耻的丑恶行为。最后，寻求下流无耻的精神刺激，能够把本罪与各种追求政治目的区别开来，是区分本罪与其他罪的主要标志。

在本案中，被告人马某某通过网络联系30人之多，构成聚众行为，出于感官刺激、寻欢作乐的动机，多人数次进行性交，构成了淫乱行为。该行为严重侵犯了良好的伦理道德风尚，对现实价值观基础的社会秩序进行了破坏，已经构成聚众淫乱罪。

本案涉及共同犯罪问题。本罪属于聚众型的必要共同犯罪，要求人数众多（至少3人以上），一个人不可能实施。我国刑法中的聚众性犯罪很多，如聚众扰乱社会秩序罪、聚众冲击国家机关罪、聚众扰乱公共场所秩序、交通秩序罪等，对于这类犯罪，刑法一般只处罚“聚众者”和“积极参加的人”。所以在本案中，马某某组建了数个QQ群，联络多人进行淫乱，他是典型的“聚众者”，属于首要分子，当然应当处罚。另有22人多次参加，属于“多次参加的”，也应当进行处罚。而其他参加次数较少的，虽然也有淫乱行为，但不属于《刑法》第三百零一条的规定，因而没被起诉。案中分工或者作用不同，我国刑法把共同犯罪人分为主犯、从犯、协从犯、教唆犯。主犯是指犯罪集团的首要分子或者犯罪中起主要作用的犯罪人，从犯是在共同犯罪中起次要或辅助作用的犯罪分子。在本案中，马某某属于首要分子，所以他的刑罚应当是最重的。

也有人认为，马某某在所参与的18次性游戏中，只是邀集人而非组织者，大家都是参加者，地位平等，作用相同。所以不存在首要分子，故不存在法律上的“聚众”问题。在活动空间上，仅限于房内，且是在全封闭状态下进行。参与者都能自觉遵守游戏规则，所以，既未发生民事纠纷，也未引发治安案件，两年多来，并未被包括司法机关在内的圈外人发现，故根本不存在扰乱公共秩序和妨害社会管理秩序的问题。因而不应当构成聚众淫乱罪。①

笔者认为聚众淫乱罪侵犯的是公共秩序，只有在公共场所或公开的场所进行的淫乱行为才侵犯了我们正常的社会秩序，才构成该罪，而在私密空间进行淫乱活动，不存在胁迫或违背自愿的行为，又没有具体的被害人，很难构成该罪。所以，马某某案件的关键是查明他们的淫乱行为有没有公开性。

对于聚众淫乱行为应当由道德调整，还是由刑法去规制，一直都存在着争议。废除派的代表，我国著名社会学家、性学家李银河女士认为，聚众淫乱罪存在着违宪的嫌疑。公民对自己的身体拥有所有权，他拥有按自己的意愿使用、处置自己身体的权利，

---

① 参见新华网：http：//news. xinhuanet. com/legal/2010-05/20/c_ 12123846. htm.

法律尤其是刑法不应该对这一层面的自由加以不恰当的干预。她主张取消聚众淫乱罪这一“中世纪性质的过时法律”。有学者从法益的角度论述聚众淫乱罪不应当苛以刑罚：“性刑法最初是为了保护性风俗而存在，这种风俗肯定女性附属于男性的财产地位，将性限制于婚姻家庭之内。随着女性地位的提高，性刑法开始从风俗刑法中走出。在现代社会，如果性风俗不能转化为一种具体的法益，那么它就不能作为惩罚的依据。现行刑法缺乏对滥用信任地位的性侵犯罪的规定，法益保护不足，而有关聚众淫乱罪的规定，则带有风俗刑法的残余，应该进行必要的限制，以免惩罚过度。”① 但保留者认为，这一罪名对肃清社会氛围，抑制歪风邪气有着至关重要的作用。中国是个有着五千年传统文化的文明大国，在性文化这一领域某种程度上还是坚守“万恶淫为首”的古训，取消聚众淫乱罪则可能会导致换偶活动等与传统价值观念相冲突的性活动的泛滥，对社会将会造成极其负面的影响。因而在刑法上应当保留聚众淫乱罪。“任何一种行为入罪必须满足法益侵害性、违反伦理性和惩罚必要性三个条件。聚众淫乱行为可以满足这三个条件，因此应当治罪。”②

现在留给司法者的问题是，如果对聚众淫乱的行为进行刑事处罚，就会引发道德与刑法领域的冲突，从而招致越来越多的反对声音；如果对此行为不进行刑罚处罚，则又有违罪刑法定原则，降低了刑法的权威性，这不能不说是一种极其尴尬的境况。对此，有学者认为：“聚众淫乱罪是典型的‘秩序维持论’的产物，该行为因被扣上‘有伤风化’的‘帽子’而被刑法管制。随着‘权利保护论’的异军突起，聚众淫乱罪必将走向灭亡。在聚众淫乱去犯罪化的道路上，应当走出一条先‘淡出再退出’的路线。而淡出表明，为了避免无根据的道德审判，应该理性定位刑法的范围：处罚组织者而不处罚参加者，处罚公开者而不处罚秘密者，处罚再犯者而不处罚初犯者。”③

审理结果

南京市秦淮区人民法院经审理认为：马某某等22被告人以网络为平台，组织或者多次参加聚众淫乱活动，其行为均已构成聚众淫乱罪，系共同犯罪。

关于被告人马某某提出的起诉书指控的第十二、十三、二十一起犯罪不是其组织的辩解意见，经查，被告人马某某在该3起聚众淫乱中，积极邀集人员参与，并有2起提供住处作为淫乱场所，符合聚众犯罪中组织者的特征，应认定其在该3起共同犯罪中起组织作用，故其此项辩解没有事实和法律依据，不予采纳。

关于被告人马某某的辩护人提出的被告人马某某主观上没有扰乱社会公共秩序的故意，客观上其自愿参加并在秘密场所进行的“换偶”、性聚会，不涉及公共生活和公共秩序，不构成聚众淫乱罪的辩护意见，本院认为，刑法所保护的公共秩序不仅仅指公共场所秩序，公共生活也不仅仅指公共场所生活，《中华人民共和国刑法》将聚众淫乱罪归类在扰乱公共秩序罪这一大类中，说明聚众淫乱即侵害了公共秩序，此种行为的故意

---

① 罗翔．从风俗到法益——性刑法的惩罚边界．暨南大学学报：哲学社会科学版，2012（1）．

② 郭浩．聚众淫乱罪问题新探——由马尧海换妻案引发的思考．福建师范大学学报，2011（1）．

③ 姜涛．刑法中的聚众淫乱罪该往何处去．法学，2010（6）．

已经包含在行为之中；无论聚众淫乱行为发生在私密空间还是在公共场所，不影响对此类行为性质的认定，当达到刑法所规定的程度时，即构成犯罪；聚众淫乱罪所涉及的行为本是行为人自愿的行为，如果其中有强迫或者胁迫的情形，就可能触犯刑法规定的其他罪名，所以自愿参加不是构成该罪的否定性条件或者因素；本案 22 名被告人中男性 14 名、女性 8 名，其中仅有三对夫妻，各被告人在聚众淫乱时从未要求参加者必须系夫妻或情侣，多数是单身参加，故本案各被告人的行为不是“换偶”行为，且即便是“换偶”，只要符合聚众淫乱罪的构成要件也应定罪。综上，被告人马某某等人为了寻求感官刺激，多次聚集少则三人、多则十余人，在同一时间和空间内进行性交、口淫等淫乱行为，已经构成聚众淫乱罪。故此项辩护意见没有法律依据，不予采纳。

本院为维护社会管理秩序，依照《中华人民共和国刑法》第三百零一条第一款，第二十五条第一款，第六十七条第一款，第七十二条第一款，第七十三条第二、三款的规定，判决如下：被告人马某某犯聚众淫乱罪，判处有期徒刑三年六个月。（刑期从判决执行之日起计算。判决执行以前先行羁押的，羁押一日折抵刑期一日。即自 2010 年 5 月 19 日起至 2013 年 11 月 18 日止。）

第四编

经　济　法

37 落槌与举牌同时进行应如何认定拍卖效力

案情回放[①]

甲拍卖公司刊登拍卖商厦公告，乙公司和丙公司均在交纳保证金后成为商厦竞买人。拍卖开始时，拍卖师宣布商厦起拍价为70万元，加价幅度为每次5 000元。拍卖开拍后，竞买人纷纷应价，当乙公司应价为78万元时，现场无人竞价，拍卖师报出“78万元第三次”后，随即落槌，落槌同时丙公司举牌，拍卖师宣布商厦以78万元成交。丙公司认为，丙公司举牌与拍卖师落锤同时发生，不能认定为成交，拍卖应该继续进行。

问题归纳

1. 拍卖师是否违反拍卖规则？
2. 丙公司的举牌是否具有法律效力？

法条链接

《中华人民共和国拍卖法》第三条：拍卖是指以公开竞价的形式，将特定物品或者财产权利转让给最高应价者的买卖方式。

第五十一条：竞买人的最高应价经拍卖师落槌或者以其他公开表示买定的方式确认后，拍卖成交。

法理导析

一、拍卖师没有违反拍卖一般规则

拍卖是以公开竞价的方式，将特定物品或财产权利转让给最高应价者的买卖方式。竞价买卖是拍卖交易最突出的特征，竞买人必须在落槌前达到最高报价或应价时，才可成为竞买人。在第三次报价和落槌之间应有多长时间，没有明确规定，本案中甲公司拍卖师报出“第三次”，随即落槌，没有违反规则。

二、落槌时的举牌不具有竞买效力

落槌与举牌同时进行应如何认定效力，法律没有明确规定，从国际惯例和行业习惯等方面分析，落槌时的举牌不具有竞买效力。拍卖师在落槌时，即使看见有人举牌，依

① 该案例来源于以下网址：http：//www. lawtime. cn/info/paimai/pmfal/20081213239. html.

惯性原理收手已无可能，从维护拍卖师的权威方面分析，收手也不规范，故丙公司此时举牌不符合行业惯例，不具有竞买效力。

三、依照法律规定应以落槌为准

《中华人民共和国拍卖法》第五十一条规定，竞买人的最高应价经拍卖师落槌或者以其他公开表示买定的方式确认后，拍卖成交。本案的竞买是以拍卖师落槌的方式确认的，乙公司的最高应价，是经过拍卖师落槌和宣布确认的，符合法律规定。

38 六千元买回的种子没收益，农民能否要求双倍返还价款

案情回放[①]

2014 年，河北农民老张看到北京一家农业技术开发中心的宣传期刊，其中介绍种植人头参、泊夫兰前景广阔、收益可观。老张于是与该农业技术开发中心签订了产品回收合同，并购买了人头参种子 140 粒和泊夫兰种子 50 公斤，总共花费 6 000 元。老张将种子栽种之后，时间已过一年有余，却没有任何收益。老张多次找到该农业技术开发中心交涉未果。老张认为，种子可能存在质量问题，属于坑农害农事件。于是老张以农业技术开发中心夸大宣传欺骗消费者、给其造成损失为由起诉到法院，要求农业技术开发公司双倍返还种子款 12 000 元。

在法庭上，被告农业技术开发中心辩称：第一，人头参、泊夫兰是国家名贵药材，价格是由市场决定的。第二，被告采用的人头参及泊夫兰种子都是从国家相关科研院所引进、符合种植要求的优良品种。第三，经被告技术人员对老张种植过程具体了解，老张没有达到要求的种植技术条件，在种植过程中也没有认真地种植，管理上也存在漏洞，所以才造成种植不成功的结果。老张在种植过程中打电话向被告询问种植相关问题时，被告都给予了认真细致的解答，做到了应尽的责任和义务。第四，经老张请求，被告为其补种数次，最后一次补种时双方已于 2015 年 4 月 12 日签下了补充协议书，老张也承诺如不成功，双方互不追究对方责任。综上，被告请求法院依法驳回老张的诉讼请求。

庭审中，农技开发中心明确表示种子是免费提供的，收取的 6 000 元是合作费用。但老张对此不予认可，认为 6 000 元就是购买种子的费用。法庭查明，农技开发中心为老张出具的收据是这样表述的：“泊夫兰 50 公斤、人头参 140 粒，人民币陆千元。”

---

① 该案例来源于光明网：http：//court. gmw. cn/html/article/200807/28/46378. shtml.

问题归纳

1. 本案中农业技术开发中心是否构成欺诈？
2. 老张能否要求双倍还款？

法条链接

一、法律法规

《中华人民共和国消费者权益保护法》第六十二条：农民购买、使用直接用于农业生产的生产资料，参照本法执行。

第五十五条：经营者提供商品或者服务有欺诈行为的，应当按照消费者的要求增加赔偿其受到的损失，增加赔偿的金额为消费者购买商品的价款或者接受服务的费用的三倍；增加赔偿的金额不足五百元的，为五百元。法律另有规定的，依照其规定。经营者明知商品或者服务存在缺陷，仍然向消费者提供，造成消费者或者其他受害人死亡或者健康严重损害的，受害人有权要求经营者依照本法第四十九条、第五十一条等法律规定赔偿损失，并有权要求所受损失二倍以下的惩罚性赔偿。

二、其他

国家工商局 1996 年 3 月 15 日发布的《欺诈消费者行为处罚办法》规定，经营者在向消费者提供商品时，有下列情况之一的，属于欺诈消费者行为，消费者可以要求双倍赔偿：（1）销售掺杂、掺假，以假充真，以次充好的商品；（2）采取虚假或者其他不正当手段使销售的商品分量不足的；（3）销售“处理品”、“残次品”、“等外品”等商品而谎称是正品的；（4）以虚假的“清仓价”、“甩卖价”、“最低价”、“优惠价”或者其他欺骗性价格表示销售商品的；（5）以虚假的商品说明、商品标准、实物样品等方式销售商品的；（6）不以自己的真实名称和标记销售商品的；（7）采取雇用他人等方式进行欺骗性的销售诱导的；（8）做虚假的现场演示和说明的；（9）利用广播、电视、电影、报刊等大众传播媒介对商品作虚假宣传的；（10）骗取消费者预付款的；（11）利用邮购销售骗取价款而不提供或者不按照约定条件提供商品的；（12）以虚假的“有奖销售”、“还本销售”等方式销售商品的；（13）以其他虚假或者不正当手段欺诈消费者的行为。

法理导析

本案涉及以下几个方面的问题：

一是老张与农业技术开发中心是否存在有效的合同关系？本案中，老张与农技开发中心之间签订的产品回收合同，系双方当事人真实意思表示，且未违反有关法律法规的强制性规定，应为有效合同。

二是老张购买种子的行为是否属于《消费者权益保护法》调整的行为？《消费者权益保护法》第五十四条：农民购买、使用直接用于农业生产的生产资料，参照本法执行。所以老张购买种子的行为是属于《消费者权益保护法》调整的行为。

三是老张支付的 6 000 元到底是种子价款还是合作费用？从农技开发中心为老张出

具的收据是这样表述的："泊夫兰 50 公斤、人头参 140 粒，人民币陆千元"，按通常理解，这样的表述应理解为老张支付的 6 000 元是购买种子的费用，而非合作费用。

四是农业技术开发中心是否构成欺诈？本案能否适用《消费者权益保护法》第五十五条的规定？由于农技开发中心明确表示种子是免费提供的，收取的 6 000 元是合作费用，在种植期间，农业技术开发中心多次给予老张技术解答和补种，老张的种植条件和方法也存在一定的问题，所以被告不构成欺诈，本案不能适用《消费者权益保护法》第五十五条的规定。

审理结果

丰台法院审理后认为：老张与农技开发中心之间签订的产品回收合同，系双方当事人真实意思表示，且未违反有关法律法规的强制性规定，应为有效合同。对于老张支付的 6 000 元费用的性质，法院认为，从农技开发中心为老张出具的收据上来看，"泊夫兰 50 公斤、人头参 140 粒，人民币陆千元"，按通常理解，这样书写应视为老张支付的 6 000 元是购买种子的费用，而非合作费用；农技开发中心在庭审中明确表示种子是免费提供的，因此，农技开发中心收取 6 000 元的种子费用，是不合理的，应予以退还。

北京市丰台区人民法院一审判决农业技术开发中心退还老张 6 000 元，老张要求双倍返还 12 000 元种子款的诉请予以驳回。

39 天津"十八街"麻花状告同行"搭便车"

案情回放①

天津风味小吃中的"三绝"之一——"天津十八街大麻花"，在享誉全国的同时，也遭遇到了不少恶意竞争。天津"景林祥"麻花有限公司，因在其生产的麻花包装上印有"正宗天津麻花"、"天津特产桂发祥十八街麻花创始人范桂林亲传弟子景志刚执方监制"等字样，被天津市桂发祥十八街麻花总店有限公司认为属于"傍名牌、搭便车"而告上法庭。天津市第二中级人民法院依法审理了该案，判决"景林祥"麻花有限公司立即停止侵权并登报致歉。

庭审中，原告天津市桂发祥十八街麻花总店有限公司诉称，其生产的食品"桂发祥十八街"麻花，始创于 20 世纪初。原告前身为 1956 年公私合营后专营麻花的食品店，之后企业名称多次变更，现为"天津市桂发祥十八街麻花总店有限公司"。该公司

① 该案例来源于以下网址：http：//www.lawtime.cn/info/zscq/gnzscqdt/2011010658916.html.

于1984年注册“十八街”商标，而后又在多类商品领域中注册了“十八街”、“桂发祥”商标，并在域外多个国家注册了商标，形成了较为完善的商标保护体系。

2009年间，该公司发现“景林祥”麻花有限公司在其生产的麻花包装上印有“正宗天津麻花”、“津门一绝”、“天津特产桂发祥十八街麻花创始人范桂林亲传弟子景志刚执方监制”等字样，且在市场上大量销售。该公司认为，“景林祥”擅自使用原告的注册商标，又在宣传中故意捆绑原告，且利用根本不符合史实的所谓原告创始人及拜师等情节进行虚假宣传，引人误认为被告的产品与原告相关，甚至就是原告“创始人”弟子制作或原告授权制作，使消费者误认为被告的企业和产品才是“正宗”、是“津门麻花一绝”，这显然是“傍名牌，搭便车”，触犯了《中华人民共和国反不正当竞争法》和《中华人民共和国商标法》。该公司明确表示，十八街麻花的创始人是“刘老八”，而不是范桂林。

被告“景林祥”麻花有限公司辩称，范桂林才是桂发祥麻花的创始人，景志刚是范桂林的唯一亲传弟子，“天津特产桂发祥十八街麻花创始人范桂林亲传弟子景志刚执方监制”的描述是有事实依据的。另外，上述那些文字，无论是字体、字形，还是其颜色，均未突出使用原告“十八街、桂发祥”的商标。因此，该公司认为自己并没有侵犯原告的商标权。

问题归纳

“景林祥”麻花有限公司的行为在法律上如何定性和处理？

法条链接

1.《中华人民共和国商标法》第三条第一款：经商标局核准注册的商标为注册商标，包括商品商标、服务商标和集体商标、证明商标；商标注册人享有商标专用权，受法律保护。

第五十七条：有下列行为之一的，均属侵犯注册商标专用权：（一）未经商标注册人的许可，在同一种商品上使用与其注册商标相同的商标的；（二）未经商标注册人的许可，在同一种商品上使用与其注册商标近似的商标，或者在类似商品上使用与其注册商标相同或者近似的商标，容易导致混淆的；（三）销售侵犯注册商标专用权的商品的；（四）伪造、擅自制造他人注册商标标识或者销售伪造、擅自制造的注册商标标识的；（五）未经商标注册人同意，更换其注册商标并将该更换商标的商品又投入市场的；（六）故意为侵犯他人商标专用权行为提供便利条件，帮助他人实施侵犯商标专用权行为的；（七）给他人的注册商标专用权造成其他损害的。

第五十九条第一款：注册商标中含有的本商品的通用名称、图形、型号，或者直接表示商品的质量、主要原料、功能、用途、重量、数量及其他特点，或者含有的地名，注册商标专用权人无权禁止他人正当使用。

2.《中华人民共和国商标法实施条例》第七十六条：在同一种商品或者类似商品上将与他人注册商标相同或者近似的标志作为商品名称或者商品装潢使用，误导公众的，属于商标法第五十七条第二项规定的侵犯注册商标专用权的行为。

3.《中华人民共和国反不正当竞争法》第五条：经营者不得采用下列不正当手段从事市场交易，损害竞争对手：（一）假冒他人的注册商标；（二）擅自使用知名商品特有的名称、包装、装潢，或者使用与知名商品近似的名称、包装、装潢，造成和他人的知名商品相混淆，使购买者误认为是该知名商品；（三）擅自使用他人的企业名称或者姓名，引人误认为是他人的商品；（四）在商品上伪造或者冒用认证标志、名优标志等质量标志，伪造产地，对商品质量作引人误解的虚假表示。

法理导析

一、被告的行为侵犯了原告的商标专用权

商标专用权，是指商标所有人依法对其注册商标所享有的专有权利。《商标法》第三条规定，经商标局核准注册的商标为注册商标，商标注册人享有商标专用权，受法律保护。

商业活动中，对产品的叙述说明需使用他人商标文字时，应符合《中华人民共和国商标法》第五十九条规定的“注册商标中含有的本商品的通用名称、图形、型号，或者直接表示商品的质量、主要原料、功能、用途、重量、数量及其他特点，或者含有地名”的情形，且不应超出客观叙述的范围。本案争议标识中的“十八街”虽曾为地名，但经原告注册为商标并广泛使用，已与原告产品产生唯一指代关系。被告在相同商品包装盒印制的文字，直接使用了原告“桂发祥十八街”商标。虽采用了叙述某种事实的形式，但其叙述内容，突出表示了自己的商品直接与原告的商标及商品具有实质性关联，易使公众相信被告产品与原告的产品具有相同甚至更好的品质。此行为混淆了商品来源，造成公众识别选购商品的困难，符合《商标法实施条例》第七十六条所指的侵犯商标专用权的情形。故本案应认定被告侵害了原告的商标专用权。

二、被告的行为构成不正当竞争

不正当竞争，是指经营者违反反不正当竞争法的规定，损害其他经营者的合法权益，扰乱社会经济秩序的行为。被告在其商品的包装上擅自使用他人的注册商标，并大量销售，足以造成消费者的误认。根据《中华人民共和国反不正当竞争法》第五条，被告的行为构成不正当竞争。

审理结果

天津市第二中级人民法院依照《中华人民共和国商标法》《中华人民共和国反不正当竞争法》等规定，判决景林祥（天津）麻花食品有限公司立即停止使用本案被诉带有“桂发祥十八街”、“津门一绝”等字样的侵权包装物；并于判决生效之日起三十日内在指定报纸上刊登声明，消除影响；赔偿天津市桂发祥十八街麻花总店有限公司经济损失和合理开支共计人民币 70 000 元。

40 “本商场有最终解释权”的声明有无效力

案情回放①

2006年元月，宏达商场为促销在全城张贴了有奖销售广告，广告称：商场隆重推出让利大酬宾活动，凡春节期间购物达100元者，可摸奖一次，超过100元，按100元一档依次增加摸奖次数。一等奖奖金4 000元、二等奖奖金1 000元、三等奖奖金500元、四等奖奖金100元、五等奖奖金50元。广告末尾郑重声明：对与奖项有关的纠纷，本商场有最终解释权。期间，张女士摸到一张属一等奖标志的五星图案。当她前往兑奖时，商场提出：本次有奖销售总共才设了三个一等奖，此前已全部兑领完毕，这第四张奖券是由于商场工作人员失误所致，故拒绝兑奖。张女士提出异议，商场以已声明其“有最终解释权”抗辩，双方因此而成讼。

问题归纳

“本商场有最终解释权”的声明有无法律效力？张女士能否要求兑奖？

法条链接

《合同法》第四十条：……提供格式条款一方免除其责任、加重对方责任、排除对方主要权利的，该条款无效。

第四十一条：对格式条款的理解发生争议的，应当按照通常理解予以解释。对格式条款有两条以上解释的，应当作出不利于提供格式条款一方的解释。格式条款和非格式条款不一致的，应当采用非格式条款。

法理导析

首先，商场的声明是一种格式条款。所谓格式条款是指当事人为重复使用而预先制定，并在订立合同时，未与对方协商的条款。《合同法》从维护公平、保护弱者出发，对格式条款从三个方面予以限制：第一，提供格式条款一方有提示、说明的义务，应当提请对方注意免除或者限制其责任的条款，并按照对方的要求予以说明；第二，免除提供格式条款一方当事人主要义务、排除对方当事人主要权利的格式条款无效；第三，对格式条款的理解发生争议的，应当作出不利于提供格式条款一方的解释。本案中，商场

① 该案例来源于以下网址：http：//huli198. blog. 163. com/blog/static/4208773120078443148282/.

的声明，具备了格式条款的构成要件。即：事先由商场单方拟定；消费者具有附从性，只能概括地接受或不接受全部内容，不能就条款进行讨价还价；条款和形式标准化，差异仅仅在于消费者姓名的改变和摸奖的次数、中奖的等级；是一种书面明示的形式。

其次，该声明无效。《合同法》第四十条规定，"提供格式条款一方免除其责任、加重对方责任、排除对方主要权利的，该条款无效"。本案中，一方面，商场最终解释权的保留，导致了获奖的不确定性，一旦出现纠纷，兑奖的实现完全取决于最终解释，商场始终占据着主导地位，消费者只能任其"宰割"；另一方面，商场具有最终解释权，等于说明商场既是行为的当事人，也是出现纠纷时的裁决人，一旦出现危及自身利益的情况，其公正与否可想而知。由此观之，"本商场有最终解释权"只不过是免除自身兑奖责任、排除消费者获奖权利的借口。

最后，对张女士的获奖，可以作出两种解释：一是商场职工的失误，本来三个一等奖搞成四个一等奖；二是由于广告没有说明一等奖的个数，也没有说明多出的奖项无效或算至哪一个为止，即可推定一等奖可以不止三个，或不论多少、不论次序，均为有效。显然，前者有利于商场，后者有利于消费者。《合同法》第四十一条规定，"对格式条款的理解发生争议的，应当按照通常理解予以解释。对格式条款有两条以上解释的，应当作出不利于提供格式条款一方的解释"。

审理结果

法院在查明事实的基础上，认定商场所做的"本商场有最终解释权"的声明不具有法律效力，判决商场按规定给张女士兑奖。

41 客户不满外资银行管理费计算方式，银行收费是否合理

案情回放①

2008 年 7 月，李先生因急需资金向某知名外资银行申请贷款，在《贷款申请表》中双方约定，李先生向银行申请贷款人民币 33 000 元整，实际贷款金额以银行审核金额为准（后银行实际审核金额为 27 500 元），贷款期限 24 个月，利息按年利率 7.7% 计算，同时约定"每月按贷款本金的 0.49% 向银行支付账户管理费"。

2009 年 6 月，李先生想提前还贷，便委托妻子致电银行专员，要求告知具体还款金额。不料银行的计算结果却与李先生计算的大相径庭。李先生携妻前往银行进行核

① 该案例来源于以下网址：http：//www. chinacourt. org/article/detail/2010/03/id/397292. shtml.

对，让他们惊讶的是，自己的“账户管理费”被“多算”了 1 500 余元！银行始终按照贷款总额 27 500 元的基数来计算管理费，而李先生则认为，既然自己每月已偿还部分贷款本金，那管理费就应该按照每期的贷款剩余本金来计算，银行的计算方式有失公平，现要求银行按他的计算方式退还多收的费用和利息，共计 1 632.38 元。于是他以收费不合理为由将银行告上法庭，要求银行退还多收的账户管理费及利息，李先生也成为上海“质疑”外资银行贷款帐账户管理费计算方式的第一人。

在该案的庭审中，李先生的代理律师提供了《上海市住房公积金个人购房贷款管理办法实施细则》，用以证明在公积金贷款业务中用以计算本金的数额是随还款金额而变化的。

问题归纳

银行的收费是否合理？

法条链接

一、法律法规

《合同法》第四十四条第一款：依法成立的合同，自成立时生效。

第二百零八条：借款人提前偿还借款的，除当事人另有约定的以外，应当按照实际借款的期间计算利息。

二、其他

《上海市住房公积金个人购房贷款管理办法实施细则》第二十三条：借款人第一次提出提前偿还部分公积金贷款的，应在原贷款合同履行一年以后。借款人提前偿还部分贷款的，提前偿还的金额不得少于原贷款合同约定的 6 个月的还款额。

第二十四条：借款人部分提前还清未到期公积金贷款余额的，应与受托贷款银行商定部分提前还清后剩余的贷款余额的还款期限，此还款期限应短于原贷款合同约定期限的剩余期限。贷款利率按借款人已履行的还贷期限加上确定的剩余期限所对应的期限档次的公积金贷款利率确定。

部分提前还清后的剩余贷款本金余额仍采取与原贷款合同约定的相同的偿还方式偿还，受托贷款银行应重新为借款人计算每月还款额。

部分提前还清后的剩余贷款本金余额按月偿还本息的计算公式为：

$$R=\frac{Pr\times I\times(1+I)^{n}}{(1+I)^{n}-1}$$

……

部分提前还清后的剩余贷款本息余额按月偿还本息的计算公式为：

$$Rm=\frac{Pr}{n}\times[1+(n-m+1)\times I]$$

（公式中 R 为每月偿还贷款本息金额；Pr 为提前还贷后的贷款本金余额；n 为商定后的剩余贷款的还贷月数；I 为重新计算还贷时原贷款已还月数加上 n 后所对应的期限

档次的住房公积金个人贷款的月利率；Rm 为提前还款后第 m 月的偿还贷款本息金额；m 为从 1 到 n 的正整数。）

法理导析

一、账户管理费不同于利息

本案中李先生申请的贷款产品属于无担保短期消费贷款。账户管理费是银行用于提供相关的账户管理服务，如接受账户信息咨询、提示还款、每月接受还款、账户维护等各项服务的费用，该服务内容不会因为贷款余额减少而可以部分或者全部免除，只要借款人全部贷款尚未还清，该服务仍然持续，因此账户管理费不同于利息，并非以贷款本金余额为基数进行计算，而是商业银行根据各自不同具体经济成本，通过特定的计算方式核算得出，并由借贷双方合同约定。此外，被告收取该项费用，符合合同类银行的业务惯例，也未违反我国现行法律法规的禁止性规定。

至于原告李先生提供住房公积金的实施细则，是上海的地方性政府规章，只适用于住房公积金贷款，并不适用于本案贷款账户管理费的情形。且李先生所引用的条款无法证明账户管理费应以贷款本金余额为基数计算的主张。

二、客户“明知”是银行胜诉的有利证据

面对李先生的质疑，银行表示双方的合同在账户管理费收取的表述上不存在“歧义”，贷款本金就是指“全部本金”，李先生在签订合同时对此是明知的，合同上“每月按贷款本金的 0.49% 向银行支付账户管理费”这一重点部分已通过划线并由李先生签名署期的方式对李先生作了特别提示。同时，银行也指出，李先生已实际履行合同一年之久，在收到银行年度对账通知单后也始终没有对贷款本金的含义提出任何异议，由此可知李先生是知道上述计算方式的。

银行在庭审中指出，即便李先生在签订合同时“误解”管理费的收取，但嗣后银行寄送给李先生的《放款通知书》中明确载明“每月的分期还款金额（含账户管理费）CNY1 374.91”，因李先生采取的是每月固定本息的还款方式，故还款金额中账户管理费显然也是固定数额，一并寄送的贷款使用指南及说明函也对贷款本金的含义予以了特别说明。

故根据庭审举证、质证，李先生在签订和履行本案合同过程中，就知道或者应当知道银行收取账户管理费时是按照全部贷款本金为基数来进行计算的。

审理结果

上海市浦东新区人民法院金融审判庭公开审理了此案，该案由法院副院长陈萌亲自担任审判长，在经过将近两小时的审理后，法院作出当庭宣判，驳回李先生的诉讼请求。

42 进口橄榄油保质期标注不当，超市被判退货

案情回放

原告刘某起诉称，2014年5月12日，其在被告某仓储超市处购买了6瓶进口橄榄油，共计花费1 698元。该产品的瓶身显著位置贴有中文标签，其中生产日期标注为“310/31-10-12”，保质期标注为“10-2014”。刘先生认为被告对该橄榄油保质期的标注不符合国家规定，遂以被告超市违反《食品安全法》和《预包装食品标签通则》为由，诉请法院判令被告返还购物款并十倍赔偿，同时要求被告赔偿原告误工费并承担诉讼费。

被告某超市辩称，其销售的食品的日期标注方式并未违反国家标准，只是不适应原告的消费习惯。且该产品经过质检部门检验，并通过海关合法途径进入国内销售，不存在违反食品安全法的情形。故不同意原告的全部诉讼请求。

问题归纳

被告的不当标识行为是否违法？法院能否支持原告的诉讼请求？

法条链接

1.《中华人民共和国消费者权益保护法》第八条：消费者享有知悉其购买、使用的商品或者接受的服务的真实情况的权利。消费者有权根据商品或者服务的不同情况，要求经营者提供商品的价格、产地、生产者、用途、性能、规格、等级、主要成分、生产日期、有效期限、检验合格证明、使用方法说明书、售后服务，或者服务的内容、规格、费用等有关情况。

2. 2009年2月28日《中华人民共和国食品安全法》第二十八条：禁止生产经营下列食品：（一）用非食品原料生产的食品或者添加食品添加剂以外的化学物质和其他可能危害人体健康物质的食品，或者用回收食品作为原料生产的食品；（二）致病性微生物、农药残留、兽药残留、重金属、污染物质以及其他危害人体健康的物质含量超过食品安全标准限量的食品；（三）营养成分不符合食品安全标准的专供婴幼儿和其他特定人群的主辅食品；（四）腐败变质、油脂酸败、霉变生虫、污秽不洁、混有异物、掺假掺杂或者感官性状异常的食品；（五）病死、毒死或者死因不明的禽、畜、兽、水产动物肉类及其制品；（六）未经动物卫生监督机构检疫或者检疫不合格的肉类，或者未经检验或者检验不合格的肉类制品；（七）被包装材料、容器、运输工具等污染的食

品；（八）超过保质期的食品；（九）无标签的预包装食品；（十）国家为防病等特殊需要明令禁止生产经营的食品；（十一）其他不符合食品安全标准或者要求的食品。

第六十六条：进口的预包装食品应当有中文标签、中文说明书。标签、说明书应当符合本法以及我国其他有关法律、行政法规的规定和食品安全国家标准的要求，载明食品的原产地以及境内代理商的名称、地址、联系方式。预包装食品没有中文标签、中文说明书或者标签、说明书不符合本条规定的，不得进口。

3.《预包装食品标签通则》（GB 7718—2011）：5.1.6.1 应清晰地标示预包装食品的生产日期（或包装日期）和保质期，也可以附加标示保存期。如日期标示采用“见包装物某部位”的方式，应标示所在包装物的具体部位。日期标示不得另外加贴、补印或篡改。

5.1.6.1.1 应按年、月、日的顺序标示日期。如 2004 01 15（用间隔字符分开）；20040115（不用分隔符）；2004-01-15（用连字符分隔）；2004 年 1 月 15 日。年代号一般应标示 4 位数字难以标示 4 位数字的小包装食品，可以标示 2 位数字。

5.1.6.1.2 应按下列方式之一标示保质期或保存期：a）用于保质期“最好在……之前食用”或“最好在……之前饮用”；“……之前最佳”，“……之前食用最佳”或“……之前饮用最佳”；“此日期前最佳……”，“此日期前食用最佳……”或“此日期前饮用最佳……”；“保质期（至）……”；“保质期××个月［××日（天），×年］”。b）用于保存期“……之前食用”，或“……之前饮用”；“此日期前食用……”，或“此日期前饮用……”；“保存（至）……”；“保存期××个月”［××日（天），×年］。

法理导析

《消费者权益保护法》规定，消费者的合法权益受法律保护。消费者享有知悉其购买、使用的商品或者接受的服务的真实情况的权利。在我国销售的进口产品，应该遵守我国的法律规定，应在产品的显著位置标明生产日期和保质期，并且日期的标注格式应该符合我国相关法律规定及大众的消费习惯，即应按年、月、日的顺序标示日期。被告作为销售者，其未按国家有关规定适当地标注产品的生产日期和保质期，上述做法欠妥，故原告要求被告退货并返还货款的诉讼请求，法院应予以支持。原告未举证证明被告销售的产品存在食品安全问题，故原告要求被告赔偿 10 倍货款的诉讼请求，法院不予支持。原告要求被告赔偿误工费的诉讼请求没有事实和法律依据，法院不予支持。

审理结果

法院判决该超市为原告退货并退还货款，但驳回了原告的其他诉讼请求。

43 由比较广告引发的不正当竞争纠纷

案情回放①

原南通某酿酒总厂生产“颐生”牌茵陈酒，后因破产于2003年12月被注销。高某竞买该酿酒总厂的破产财产后，于2004年1月新设立南通市颐生酒业公司，仍生产“颐生”牌茵陈酒，酒瓶上亦使用原标贴。至诉讼时止，南通市颐生酒业公司尚未取得白酒生产许可证。

袁达是海门市常乐镇北酒厂的个体经营业主，生产“常乐”牌茵陈酒，酒瓶上使用的标贴在图案排布、颜色组合上与原南通某酿酒总厂的“颐生”牌茵陈酒标贴基本相同，但其生产的42度的茵陈酒从未使用金属瓶盖。

2004年3月，颐生酒业公司委托邮政广告公司发布“颐生”酒宣传内容的广告27 000份，约定广告内容由颐生酒业公司提供，邮政广告公司未经颐生酒业公司同意，不得改动广告内容。

合同签订后，颐生酒业公司向邮政广告公司提供两张照片，每张照片上是两瓶茵陈酒，其中一幅照片上一瓶系原南通某酿酒总厂的38度茵陈酒，另一瓶系袁达的海门市常乐镇北酒厂生产的38度“常乐”牌茵陈酒，另一张照片上一瓶是原南通某酿酒总厂42度茵陈酒，另一瓶是贴有海门市常乐镇北酒厂标贴的42度“常乐”牌茵陈酒，但使用了金属瓶盖。颐生酒业公司同时提供了海门市消费者协会某官员手书的“海门市消费者协会敬告广大消费者购买颐生酒，请认准注册商标”稿。邮政广告公司据此设计的广告初稿中将被比对的常乐酒标贴作了模糊处理，但该稿被颐生酒业公司拒绝。后颐生酒业公司向邮政广告公司提供设计完成的广告样稿，包括38度、42度“颐生”牌茵陈酒和38度、42度“常乐”牌茵陈酒的分别对比图片及相关文字说明。邮政广告公司在该样稿上加上“中邮专送广告”的抬头，并重新排版制作成样稿，经颐生酒业公司签名确认。后邮政广告公司彩印为中邮专送广告，随广播电视报向社会发送。

该广告正面中部是三幅用黄色方框表现的“颐生酒”与其他酒的对比图片，其中右边两幅图片即为上述所提及的两照片内容。三幅比对图片中，在“颐生”牌茵陈酒的标贴上的“颐生”文字和“船头”、“人头像”图形商标处以显著红色圆圈标注。“中邮专送广告”台头右边是一段文字说明，内容包括“江苏南通颐生酒业有限公司，原名颐生酿造公司。1894年（清光绪廿年），由清末状元张謇创建，距今已有百年历史。该厂生产的茵陈酒系列、金波玉液、茅镇酒等具有相当的名气”等。三幅对比图

① 该案例来源于以下网址：http：//www.xue163.com/wendangku/z1s/f1eg/j149f7bc8d3v/k76eeaeaa31a2l.html.

片下部注明："海门市消费者协会敬告广大消费者购买'颐生酒'请认准'颐生'（包括'船头'图形）商标"。广告反面是一瓶38度"颐生酒"的特写，版面正上方有两行文字，分别是"百年名酒，纯粮酿造"、"颐生美酒，传承千载"，版面右上方是竖写的"百年品牌"及颐生酒业公司的企业名称，版面下方是颐生"船头"、"人头像"两个商标的小特写。同日，相同内容的广告在《海门日报》A4版予以了刊登。

针对以上广告，袁达将颐生酒业公司和邮政广告公司告上法庭。袁达诉称，颐生酒业公司未经其同意，利用邮政广告公司制作的邮送广告及其他媒体，将"颐生"茵陈酒与其海门市常乐镇北酒厂的"常乐"茵陈酒进行不真实比较，降低"常乐"茵陈酒产品形象，误导消费者，造成其销售困难。颐生酒业公司和邮政广告公司的行为构成不正当竞争。请求判令两公司赔礼道歉，消除影响，并赔偿经济损失。

颐生酒业公司辩称，广告没有降低原告的商品形象，没有不正当竞争的目的，不构成不正当竞争行为。

邮政广告公司辩称，制作广告属实，但广告内容是颐生酒业公司提供，其没有侵权的主观故意，发送广告的行为没有违反法律法规。

问题归纳

1. 比较广告属于不正当竞争行为吗？
2. 本案中，邮政广告公司的行为是否违反我国法律规定？

法条链接

1. 1994年10月27日《中华人民共和国广告法》第四条：广告不得含有虚假的内容，不得欺骗和误导消费者。

第二十一条：广告主、广告经营者、广告发布者不得在广告活动中进行任何形式的不正当竞争。

2. 《中华人民共和国反不正当竞争法》第九条：经营者不得利用广告或者其他方法，对商品的质量、制作成分、性能、用途、生产者、有效期限、产地等作引人误解的虚假宣传。广告的经营者不得在明知或者应知的情况下，代理、设计、制作、发布虚假广告。

第十四条：经营者不得捏造、散布虚伪事实，损害竞争对手的商业信誉、商品声誉。

法理导析

一、比较广告引发的案例

所谓比较广告，是指广告主通过广告形式将自己的公司、产品或者服务与同业竞争者的公司、产品或者服务名称具体列明，进行全面或者某一方面比较的广告。比较广告分为直接和间接两类，直接比较广告是指商品经营者或者服务的提供者在广告中"指名道姓"地与竞争对方的商品或者服务进行比较的广告。间接比较广告是指商品的经营者或服务的提供者在其广告中与不特定的同一行为的竞争对手的商品或服务进行比较的广告。商家打比较广告的目的在于说明自己产品的优势。

本案中，颐生酒业公司在广告中以图片形式将其与海门市常乐镇北酒厂生产的同种商品——茵陈酒从外观上进行明示比较，从酒瓶的标贴清晰可见被比较茵陈酒的生产者系海门市常乐镇北酒厂，该广告属于直接比较广告。

比较广告作为一种有效的广告表现手法，在各国都被广泛采用。在我国，随着市场经济的发展，比较广告的运用也越来越普遍。比较广告具有合理性，但它又是一把双刃剑，正确运用时可以促进竞争，而当广告主为追求自身效益的最大化不当使用比较广告时，完全可能给其他竞争对手造成损害甚至构成不正当竞争。世界上一些国家，如西班牙、德国、法国等，都明文禁止比较广告，而有些国家和地区则允许比较广告存在，只是在法律上给予了某些限制。我国现行广告立法未对比较广告作出规定，《反不正当竞争法》列举的不正当竞争行为中也未将比较广告行为纳入其内。

二、比较广告与不正当竞争之间不存在必然的联系

不正当竞争是指经营者违反反不正当竞争法的规定，损害其他经营者的合法权益，扰乱社会经济秩序的行为。构成不正当竞争通常具备四项要件：主体为经营者，客观上实施了不正当竞争行为，行为后果损害了他人合法权益，主观方面具有过错。任何一个事物都具有两面性，比较广告也不例外，比较广告如实施不当，往往会误导消费者或损害竞争对手，构成不正当竞争。

我国《反不正当竞争法》第五条至第十五条列举了各种不正当竞争行为，对于比较广告是否构成不正当竞争，并没有明确界定。从比较广告的基本含义可以看出，主体为处于同一竞争关系的经营者是比较广告固有的特征，而在判断不正当竞争时通常采用推定过错原则。因此，判断比较广告是否构成不正当竞争，应当从比较广告的行为及广告内容是否符合法律规定来进行法律界定。结合法律明确规定的不正当竞争行为，以下几种情形的比较广告可能构成不正当竞争。

1. 构成虚假广告的比较广告。凡是利用比较广告捏造事实、以并不存在的产品和服务进行欺诈宣传，或比较广告所宣传的产品和服务的主要内容与事实不符的，均应认定为虚假广告。由于比较广告涉及对比较和被比较的商品或服务的宣传，这就要求比较广告对两种涉及的商品或服务进行全面客观的比较，不得夸大，也不得无中生有，更不得捏造、散布与实际情况不符的事实。构成虚假广告的比较广告通常有如下几种表现：其一，“无中生有”，捏造与散布虚假事实；其二，夸大失真，广告中比较的基本事实真实，但比较的表现手法过于夸张；其三，仅仅表现比较结果，对于优势的依据即比较的具体内容、过程及资料不予说明；其四，表述内容模糊，引人误解。

2. 构成商业诋毁行为的比较广告。商业诋毁是指经营者以捏造、散布虚伪事实的手段，损害竞争对手的商业信誉、商品声誉的行为。实践中，构成商业诋毁的比较广告，主要表现为恶意地渲染竞争者的偶然或意外事件，恶意地利用客观事实，片面利用没有定论的学术观点等。

3. 构成其他不正当竞争行为的比较广告。比较广告还有可能构成以下不正当竞争行为：以自己商品或者服务的长处与竞争对手商品或者服务的短处相比，即对比的内容没有针对性；比较内容真实，但表现手法带有贬低对方的倾向，易使消费者产生误解；

为利用竞争对手的知名度吸引消费者的注意，将竞争对手的商品或服务与自己的商品或服务进行牵强性的比较等。总而言之，在市场竞争中，除明显构成虚假广告和商业诋毁的比较广告外，以比较广告为手段，损害其他经营者合法权益，破坏公平竞争市场秩序的比较广告是不正当竞争行为。

就本案而言，颐生酒业公司采用了直接比较的广告形式，虽然用于比对的是其购买的破产企业的商品，但由于其在整个广告宣传中将原破产企业与其颐生酒业公司混为一谈，且其本身生产的“颐生”茵陈酒在外观上与原破产企业生产的酒并无二样，以消费者的一般注意力对两者不能作出区分，故可以认定颐生酒业公司是将原破产企业的商品直接作为自己的商品与“常乐”茵陈酒进行了比较。就比较的图片而言，由于海门常乐镇北酒厂否认其商品使用金属瓶盖，颐生酒业公司对此也不能提供证据证明，因而，比较广告中使用的被比较的商品本身就不是客观真实的存在物，而是颐生酒业公司在客观存在的“常乐”茵陈酒基础上进行加工或修改而成的一个物体，因此该比较广告构成虚假广告。同时，颐生酒业公司在比较中显著地标识自己商品中的商标、外观特点，并配以文字说明，提醒消费者“购买颐生酒，认准注册商标”，虽然该文字表述中并无比较用语，但结合比较图片内容，易使消费者在购买茵陈酒时产生困惑，甚至对“常乐”茵陈酒产生排斥心理，误认为“常乐”茵陈酒是假冒的“颐生”茵陈酒，从而对海门常乐镇北酒厂的正当经营造成侵害。颐生酒业公司进行的不当比较，显然已构成不正当竞争。

还须指出的是，颐生酒业公司系购买破产企业资产后新设立的有限责任公司，至诉讼时止仍未取得白酒生产许可证，但其在广告中却声称“江苏南通颐生酒业有限公司，原名颐生酿造公司。1894 年（清光绪廿年），由清末状元张謇创建，距今已有百年历史。该厂生产的茵陈酒系列、金波玉液、茅镇酒等具有相当的名气”、“百年名酒”、“传承千载”等，这些宣传内容与法律规定的企业法人行为能力的存续时间相悖，也与颐生酒业公司现实的经营情况不符，足以使相关公众对颐生酒业公司与原破产企业产生混淆，对“颐生”牌商品的来源产生误认。颐生酒业公司在广告中的这些宣传行为违背了公认的商业道德，扰乱了包括海门常乐镇北酒厂在内的同业竞争者的市场竞争秩序，已构成《反不正当竞争法》禁止的虚假宣传，应当承担相应的法律责任。

审理结果

本案在审理过程中，经法院主持调解，原、被告双方自愿达成了调解协议：（1）颐生酒业公司于调解书签收之日起七日内在《海门日报》A4 版适当位置刊登对海门市常乐镇北酒厂的致歉声明，内容为：“南通颐生酒业有限公司于 2004 年 3 月 15 日委托海门市邮政广告有限公司及《海门日报》A4 版所作的颐生酒对比广告内容有所不妥，向海门市常乐镇北酒厂表示歉意”。（2）颐生酒业公司于调解书签收之日向袁达支付补偿费 7 690 元。

44 商务部反垄断审查裁决：禁止可口可乐并购汇源

案情回放[①]

2008年9月3日，美国软饮料巨头可口可乐公司（Coca-Cola Co.）表示，已向饮料生产企业中国汇源果汁集团有限公司（China Huiyuan Juice Group Ltd.）发出全现金收购提议，交易总金额不超过24亿美元。

可口可乐公司称，共持有汇源果汁近66%股份的三大股东已对该交易作出不可撤回的承诺。这三位股东分别是汇源果汁母公司中国汇源果汁控股有限公司（China Hui Yuan Juice Holdings Co.）、达能集团（Groupe Danone S. A.）和华平基金（Warburg Pincus Private Equity）。

可口可乐公司表示，已经提出以每股12.2港元的价格收购汇源果汁，该报价是汇源果汁昨日收盘价4.14港元的近三倍。该交易一旦达成，将成为可口可乐迄今为止在中国金额最大的一笔收购交易。

汇源果汁在中国纯果汁市场占有46%的市场份额，中浓度果汁也占到39.8%的市场份额；2007年，汇源的销售额为26.56亿元，是毫无争议的行业龙头。可口可乐旗下的果汁子品牌占有25.3%，位居第二，全部可口可乐品牌在中国的营业额早在2005年就超过100亿元。两者若合并，将占市场份额70%以上，将对等其他企业形成很大的竞争压力。

2008年9月18日，可口可乐公司向商务部递交了申报材料。9月25日、10月9日、10月16日和11月19日，可口可乐公司根据商务部要求对申报材料进行了补充。11月20日，商务部认为可口可乐公司提交的申报材料达到了《反垄断法》第二十三条规定的标准，对此项申报进行立案审查，并通知了可口可乐公司。由于此项集中规模较大、影响复杂，2008年12月20日，初步阶段审查工作结束后，商务部决定实施进一步审查，书面通知了可口可乐公司。在进一步审查过程中，商务部对集中造成的各种影响进行了评估，并于2009年3月20日前完成了审查工作。

问题归纳

1. 这笔交易是否符合我国反垄断法的规定？
2. 可口可乐并购汇源的申请能否通过商务部的审批？

---

① 该案例来源于以下网址：http：//china. findlaw. cn/jingjifa/fldf/anli/12031891. html.

法条链接

1.《中华人民共和国反垄断法》第二十条：经营者集中是指下列情形：（一）经营者合并；（二）经营者通过取得股权或者资产的方式取得对其他经营者的控制权；（三）经营者通过合同等方式取得对其他经营者的控制权或者能够对其他经营者施加决定性影响。

第二十一条：经营者集中达到国务院规定的申报标准的，经营者应当事先向国务院反垄断执法机构申报，未申报的不得实施集中。

第二十八条：经营者集中具有或者可能具有排除、限制竞争效果的，国务院反垄断执法机构应当作出禁止经营者集中的决定。但是，经营者能够证明该集中对竞争产生的有利影响明显大于不利影响，或者符合社会公共利益的，国务院反垄断执法机构可以作出对经营者集中不予禁止的决定。

2.《国务院关于经营者集中申报标准的规定》第三条：经营者集中达到下列标准之一的，经营者应当事先向国务院商务主管部门申报，未申报的不得实施集中：（一）参与集中的所有经营者上一会计年度在全球范围内的营业额合计超过 100 亿元人民币，并且其中至少两个经营者上一会计年度在中国境内的营业额均超过 4 亿元人民币；（二）参与集中的所有经营者上一会计年度在中国境内的营业额合计超过 20 亿元人民币，并且其中至少两个经营者上一会计年度在中国境内的营业额均超过 4 亿元人民币。营业额的计算，应当考虑银行、保险、证券、期货等特殊行业、领域的实际情况，具体办法由国务院商务主管部门会同国务院有关部门制定。

法理导析

第一，经营者集中是指经营者之间合并，或者取得其他经营者的控制权、影响力。经营者集中的后果具有双重性：一方面，经营者集中有利于发挥规模经济的作用，提高经营者的竞争能力。另一方面，过度集中又会产生或加强市场支配地位，限制竞争，损害效率。

关于经营者集中，《反垄断法》第二十条列举了下列三种情形：经营者合并；经营者通过取得股权或者资产的方式取得对其他经营者的控制权；经营者通过合同等方式取得对其他经营者的控制权或者能够对其他经营者施加决定性影响。

第二，经营者集中的申报和审查。根据《反垄断法》第二十七条，应从如下几个方面对此项经营者集中进行全面审查：参与集中的经营者在相关市场的市场份额及其对市场的控制力；相关市场的市场集中度；经营者集中对市场进入、技术进步的影响；经营者集中对消费者和其他有关经营者的影响；经营者集中对国民经济发展的影响。本案着重审查可口可乐收购汇源品牌对果汁饮料市场竞争产生的影响。

第三，根据对可口可乐收购汇源的评估，基本可以确认二者的集中将产生以下不利影响：

一是集中完成后，可口可乐公司有能力将其在碳酸软饮料市场上的支配地位传导到果汁饮料市场，对现有果汁饮料企业产生排除、限制竞争效果，进而损害饮料消费者的合法权益。

二是集中完成后，可口可乐公司通过控制“美汁源”和“汇源”两个知名果汁品牌，对果汁市场控制力将明显增强，加之其在碳酸饮料市场已有的支配地位以及相应的传导效应，二者的集中将使潜在竞争对手进入果汁饮料市场的障碍明显提高，从而影响饮料市场的有效竞争。

三是集中挤压了国内中小型果汁企业生存空间，抑制了国内企业在果汁饮料市场参与竞争和自主创新的能力，给中国果汁饮料市场有效竞争格局造成不良影响，不利于中国果汁行业的持续健康发展。

审理结果

2009年3月18日，商务部根据《反垄断法》第二十八条认为，此项经营者集中具有排除、限制竞争效果，将对中国果汁饮料市场有效竞争和果汁产业健康发展产生不利影响。鉴于参与集中的经营者没有提供充足的证据证明集中对竞争产生的有利影响明显大于不利影响或者符合社会公共利益，在规定的时间内，可口可乐公司也没有提出可行的减少不利影响的解决方案，因此，裁决决定禁止此项经营者集中。

45 王老吉商标案尘埃落定

案情回放①

王老吉凉茶由王泽邦始创于清道光八年，主要在广东岭南一带发展。1949年之后，王老吉一分为二。在香港的王氏后人经营王老吉香港及海外业务，即“香港王老吉国际”，1993年，王健仪出任该公司执行董事，并持有该公司三分之一的股权。而原广州的王老吉药厂则被收归国有，后更名为“羊城药业”，隶属于广药集团。

1995年，活动于粤港两地的东莞籍贸易批发商陈鸿道，与王健仪进行了接触，并获得红罐装王老吉凉茶的配方，但由于王健仪仅拥有香港及海外的商标所有权，欲在内地经营王老吉凉茶饮料的陈鸿道，便转而与广州羊城药业寻求合作。

1997年，广药集团资产重组，成立广州药业股份有限公司（以下简称广药）并赴港上市。在此次重组中，王老吉进入了广州药业。同年2月，广药与陈鸿道的香港鸿道集团签订了“王老吉商标许可使用合同”。在拿到配方和商标使用权后，鸿道集团授权其子公司加多宝集团在国内销售红罐王老吉，陈鸿道开始以其子公司加多宝集团为平台，在内地投资红罐王老吉凉茶业务。2000年广药与鸿道集团再签合同，双方续约至

---

① 该案例来源于以下网址：http：//finance. qq. com/a/20120717/000258. htm.

2010年5月2日。

此后2002年11月，广药集团亦从王健仪手中获得了10年的“海外商标使用权”，使得广药集团的“王老吉”产品得以打通海内外市场。由此，广药集团、王老吉家族和加多宝三方正式形成三角业务关系。

可是，在2002年及2003年，时任广药总经理的李益民收受鸿道集团200万港元贿赂后，在商标许可合同还有8年才到期的情况下，分别补签了《“王老吉”商标许可补充协议》和《关于“王老吉”商标使用许可合同的补充协议》，其中第一份协议将王老吉商标使用期限延长至2013年，第二份协议将商标使用期限延长至2020年。

如今，李益民早已因受贿罪被判刑，陈鸿道也早已保释外逃，至今未能将其抓捕归案。但王老吉商标却由此被贱租给鸿道集团，从2000年至2011年，广药集团的商标使用费仅增加56万元。

从2000年至2011年，鸿道集团付给广药集团的商标使用费仅从450万元增加到506万元。即使是到2020年，商标使用费年租金仅为537万元。广药集团是国有企业，王老吉为国有资产，事件已经涉嫌国有资产流失。从2008年开始，广药集团就与鸿道集团交涉，未果之下，广药集团于2010年8月30日向鸿道集团发出律师函，申诉李益民签署的两个补充协议无效。

2010年11月，广药集团启动王老吉商标评估程序，彼时王老吉品牌价值也被评估为1 080.15亿元，跻身目前中国第一品牌。

2011年4月，广药集团向中国国际经济贸易仲裁委员会会提出仲裁请求，并提供相应资料；5月，王老吉商标案立案，确定当年9月底开庭；后因鸿道集团一直未应诉，开庭时间推迟至2011年12月29日，但当日仲裁庭并未作出裁决。

2012年1月，双方再次补充所需材料，仲裁委员会确定2012年2月10日进行仲裁。但贸仲会考虑到王老吉商标价值，建议双方调解，并将仲裁时间再延期3个月，即至5月10日。调解期间，因鸿道集团提出的调解条件是以“补充合同”有效为前提，广药集团无法接受，调解失败。

2012年5月11日，广药集团收到中国国际经济贸易仲裁委员会日期为2012年5月9日的裁决书：广药集团与加多宝母公司鸿道（集团）有限公司签订的《“王老吉”商标许可补充协议》和《关于“王老吉”商标使用许可合同的补充协议》无效；鸿道（集团）有限公司停止使用“王老吉”商标。该裁决为终局裁决，自裁决作出之日起生效。

问题归纳

1. 为什么本案中的两份补充协议无效？
2. 王老吉商标权的归属如何？

法条链接

1.《中华人民共和国商标法》第四十三条：商标注册人可以通过签订商标使用许可合同，许可他人使用其注册商标。许可人应当监督被许可人使用其注册商标的商品质量。被许可人应当保证使用该注册商标的商品质量。经许可使用他人注册商标的，必须在使用该注册商标的商品上标明被许可人的名称和商品产地。许可他人使用其注册商标的，许可人应当将其商标使用许可报商标局备案，由商标局公告。商标使用许可未经备案不得对抗善意第三人。

2.《中华人民共和国合同法》第五十二条：有下列情形之一的，合同无效：（一）一方以欺诈、胁迫的手段订立合同，损害国家利益；（二）恶意串通，损害国家、集体或者第三人利益；（三）以合法形式掩盖非法目的；（四）损害社会公共利益；（五）违反法律、行政法规的强制性规定。

法理导析

虽然依照法律规定商标注册人可以通过签订商标使用许可合同，许可他人使用其注册商标，但是本案中广药集团原副董事长李益民收受香港鸿道集团董事长陈鸿道 100 万港元，于 2002 年 11 月双方签署了《“王老吉”商标许可补充协议》，将商标续展期限延长至 2013 年。2003 年 6 月，李益民再次收受陈鸿道 100 万港元，并在同月签署了第二份补充协议《关于“王老吉”商标使用许可合同的补充协议》，约定将王老吉商标租期延长至 2020 年，将王老吉商标贱租给鸿道集团，严重损害广药集团的利益和国家利益。根据我国合同法的规定，显然李益民与陈道鸿属恶意串通，损害国家、集体利益的行为，其签订的两份“补充协议”应认定为无效合同，而且二者的行为还触犯刑法，构成犯罪。

审理结果

2012 年 5 月 9 日中国国际经济贸易仲裁委员会作出裁决，广药集团与加多宝母公司鸿道集团签订的商标使用补充协议无效，鸿道集团将停止使用王老吉商标。这意味着不管是红罐还是绿盒王老吉，以后在大陆市场上只有广药一个姓，均属于广药集团的资产。这一裁决使得当时正在进行整体上市的广州药业和白云山 A 重组方案，进一步明朗化，核心资产王老吉也由此注入新广药，价值 1 080 亿元的中国第一商标案终于尘埃落定。

2012 年 5 月 17 日，香港鸿道集团以该仲裁违反了《仲裁法》第五十八条规定为由，向北京市第一中级人民法院提出撤销上述“王老吉”商标裁决的申请。北京市第一中级人民法院 2012 年 7 月 13 日作出民事裁定：驳回鸿道集团提出的撤销国际经济贸易仲裁委员会作出的（2012）中国贸仲京裁字第 0240 号仲裁裁决的申请。

46 腾讯与奇虎360之战

案情回放[1]

上诉人（一审原告）北京奇虎科技有限公司（以下简称奇虎公司）因与被上诉人（一审被告）腾讯科技（深圳）有限公司（以下简称腾讯公司）、被上诉人深圳市腾讯计算机系统有限公司（以下简称腾讯计算机公司）滥用市场支配地位纠纷一案，不服广东省高级人民法院（2011）粤高法民三初字第2号民事判决，向最高人民法院提出上诉。最高院于2013年11月19日、11月26日、11月27日公开开庭审理了此案。

奇虎公司一审起诉称：腾讯公司和腾讯计算机公司在即时通信软件及服务相关市场具有市场支配地位。2010年11月3日，腾讯公司和腾讯计算机公司发布《致广大QQ用户的一封信》，明示禁止其用户使用奇虎公司的360软件，否则停止QQ软件服务；拒绝向安装有360软件的用户提供相关的软件服务，强制用户删除360软件；采取技术手段，阻止安装了360浏览器的用户访问QQ空间，在此期间大量用户删除了奇虎公司相关软件。腾讯公司和腾讯计算机公司的上述行为构成限制交易。此外，腾讯公司和腾讯计算机公司将QQ软件管家与即时通信软件相捆绑，以升级QQ软件管家的名义安装QQ医生，构成捆绑销售。腾讯公司和腾讯计算机公司共同实施滥用市场支配地位行为，导致奇虎公司受到损害，应当承担连带责任。综上，请求判令：腾讯公司和腾讯计算机公司立即停止被诉垄断行为；连带赔偿奇虎公司经济损失1.5亿元；向奇虎公司赔礼道歉；承担奇虎公司为维权而支付的合理开支100万元。

腾讯公司和腾讯计算机公司共同答辩称：奇虎公司对本案相关市场界定错误；两被告在即时通信服务市场内不具有市场支配地位。被诉垄断行为不构成滥用市场支配地位的行为，也未产生限制竞争的效果。请求驳回奇虎公司的全部诉讼请求。

广东省高级人民法院一审认为：奇虎公司关于综合性即时通信服务构成一个独立的相关商品市场以及本案相关地域市场应为中国大陆市场的主张均不能成立。本案相关商品市场远远超出综合性即时通信服务市场，相关地域市场应为全球市场。腾讯公司和腾讯计算机公司既不具有控制商品价格、数量或其他交易条件的能力，又不具备阻碍、影响其他经营者进入相关市场的能力，在该相关市场不具有支配地位。由于奇虎公司对本案相关商品市场界定错误，其所提供的证据不足以证明腾讯公司和腾讯计算机公司在相关商品市场上具有垄断地位，故奇虎公司的诉讼请求缺乏事实和法律依据，不能成立。该院判决驳回奇虎公司的全部诉讼请求。

---

① 该案例来源于以下网址：http：//tech. hexun. com/2012-04-18/140532353. html.

奇虎公司不服，向最高人民法院提起上诉称：一审判决认定事实不清，适用法律错误，程序违法，请求最高院撤销一审判决，将此案发回重审或者改判支持其诉讼请求；本案一、二审诉讼费均由被上诉人承担。主要上诉理由为：（1）一审判决对此案相关商品市场未作认定，属于案件基本事实认定不清。（2）一审判决在分析相关商品市场时基本方法错误，此案相关商品市场应界定为综合了文字、语音、视频的个人电脑端即时通信软件和服务。（3）一审判决对相关地域市场的认定明显错误，本案中相关地域市场应为中国大陆地区。（4）一审判决认定被上诉人在相关市场不具有支配地位是错误的。被上诉人在相关市场的市场份额均超过二分之一，且没有提供相反证据证明其不具有市场支配地位。（5）被上诉人实施了滥用市场支配地位的行为。被上诉人的“二选一”限制交易行为构成滥用市场支配地位。被上诉人将QQ软件管家与即时通信软件相捆绑的行为构成搭售且没有正当理由。（6）被上诉人的滥用市场支配地位行为造成上诉人的软件产品被用户大量卸载、删除，给上诉人造成了巨大的经济损失，理应承担赔偿责任。（7）一审法院程序违法，损害了上诉人的合法权益。

腾讯公司和腾讯计算机公司共同答辩称：一审判决认定事实清楚，程序合法，适用法律正确，判决结果公平公正，请求最高院驳回上诉，维持一审判决。

问题归纳

1. 如何确定相关市场？
2. 如何判断市场支配地位？
3. 腾讯公司是否滥用了市场支配地位？

法条链接

1.《中华人民共和国反不正当竞争法》第十四条：经营者不得捏造、散布虚伪事实，损害竞争对手的商业信誉、商品声誉。

2.《中华人民共和国反垄断法》第十七条：禁止具有市场支配地位的经营者从事下列滥用市场支配地位的行为：（一）以不公平的高价销售商品或者以不公平的低价购买商品；（二）没有正当理由，以低于成本的价格销售商品；（三）没有正当理由，拒绝与交易相对人进行交易；（四）没有正当理由，限定交易相对人只能与其进行交易或者只能与其指定的经营者进行交易；（五）没有正当理由搭售商品，或者在交易时附加其他不合理的交易条件；（六）没有正当理由，对条件相同的交易相对人在交易价格等交易条件上实行差别待遇；（七）国务院反垄断执法机构认定的其他滥用市场支配地位的行为。本法所称市场支配地位，是指经营者在相关市场内具有能够控制商品价格、数量或者其他交易条件，或者能够阻碍、影响其他经营者进入相关市场能力的市场地位。

第十八条：认定经营者具有市场支配地位，应当依据下列因素：（一）该经营者在相关市场的市场份额，以及相关市场的竞争状况；（二）该经营者控制销售市场或者原材料采购市场的能力；（三）该经营者的财力和技术条件；（四）其他经营者对该经营者在交易上的依赖程度；（五）其他经营者进入相关市场的难易程度；（六）与认定该经营者市场支配地位有关的其他因素。

第十九条：有下列情形之一的，可以推定经营者具有市场支配地位：（一）一个经营者在相关市场的市场份额达到二分之一的；（二）两个经营者在相关市场的市场份额合计达到三分之二的；（三）三个经营者在相关市场的市场份额合计达到四分之三的。有前款第二项、第三项规定的情形，其中有的经营者市场份额不足十分之一的，不应当推定该经营者具有市场支配地位。被推定具有市场支配地位的经营者，有证据证明不具有市场支配地位的，不应当认定其具有市场支配地位。

法理导析

一、如何界定本案中的相关市场

该争议焦点可以进一步细化为九个具体问题：

1. 一审法院未对本案相关商品市场作出明确界定是否属于基本事实认定不清。本院认为，并非在任何滥用市场支配地位的案件中均必须明确而清楚地界定相关市场。在滥用市场支配地位案件的审理中，界定相关市场是评估经营者的市场力量及被诉垄断行为对竞争的影响的工具，其本身并非目的。本案中，一审法院实际上已经对本案相关商品市场进行了界定，只是由于本案相关市场的边界具有模糊性，一审法院仅对其边界的可能性进行了分析而没有对相关市场的边界给出明确结论，不属于基本事实认定不清。

2. 关于本案是否适合运用“假定垄断者测试”方法界定相关市场以及一审法院对该方法的运用是否正确。作为界定相关市场的一种分析思路，假定垄断者测试（HMT）具有普遍的适用性。在免费的互联网基础即时通信服务已经长期存在并成为通行商业模式的情况下，用户具有极高的价格敏感度，改变免费策略转而收取哪怕是较小数额的费用都可能导致用户的大量流失。在这种情况下，采取基于相对价格上涨的假定垄断者测试，很可能将不具有替代关系的商品纳入相关市场中，导致相关市场界定过宽。因此，基于相对价格上涨的假定垄断者测试不适宜在本案中适用。一审法院在本案中直接运用基于价格上涨的假定垄断者测试，有所不当。

3. 关于文字、音频以及视频等非综合性即时通信服务是否应纳入本案相关商品市场范围。从商品特性的角度来看，只具有一种功能或者两种功能的即时通信服务与综合性即时通信服务具有几乎完全相同的特性：基于互联网、可以检测用户在线状态、即时交流、隐秘交流、免费等。从商品的可获得性角度来看，三种服务均可以非常容易地从互联网上免费取得。从商品功能用途的角度看，它们均具有至少一种完全相同的功能。从供给替代的角度看，提供非综合性即时通信服务的经营者可以非常容易地转而提供全方位、综合性的即时通信服务。因此，单一文字、音频以及视频等非综合性即时通信服务应纳入本案相关商品市场范围。

4. 关于移动端即时通信服务是否应纳入本案相关商品市场范围。在本案被诉垄断行为发生时，移动端即时通信服务与个人电脑端即时通信服务在商品特性、质量、功能用途、获得渠道等方面已经趋向于基本一致，且移动端即时通信服务正在蓬勃发展并已经形成较大规模。移动端即时通信服务应纳入本案相关商品市场范围。

5. 关于社交网站、微博服务是否应纳入该案相关商品市场范围。社交网站、微博与即时通信在商品特性上存在明显差异。社交网站、微博主要针对大量用户之间的开放性的群体交流，对即时性的要求偏低，而即时通信更注重双边私密交流或者小群体的内部交流，具有一定封闭性且对即时性的要求很高。社交网站、微博与即时通信的主要使用功能也不相同。即时通信的主要使用功能是聊天，而社交网站和微博的社交功能更加突出。从需求者的角度看，即时通信与社交网站、微博之间更多的是互补关系，而非彼此替代关系。一审法院关于社交网络和微博应纳入该案相关商品市场范围的认定错误，社交网站、微博不应纳入该案相关商品市场范围。

6. 关于手机短信、电子邮箱是否应纳入该案相关商品市场范围。即时通信与手机短信在功能和特性上存在较大区别，而且即时通信是免费服务，而手机短信是收费服务。电子邮箱与即时通信在核心功能和特性上存在较大差异，电子邮箱不具有通信的即时性，也不具备通知用户在线状态的功能，而通信的即时性是即时通信服务最核心和最受用户关注的功能。因此，手机短信、电子邮箱与即时通信之间不存在较为紧密的替代关系，不应纳入本案相关商品市场范围。一审法院关于手机短信、电子邮箱不应纳入本案相关商品市场范围的认定正确。

7. 关于该案相关商品市场是否应确定为互联网应用平台。该案中，应该关注的是被上诉人是否利用了其在即时通信领域中可能的市场支配力量排除、限制互联网安全软件领域的竞争，将其在即时通信领域中可能的市场支配力量延伸到安全软件领域，这一竞争过程更多地发生在免费的用户端。因此，在该案相关市场界定阶段不宜主要考虑互联网平台竞争的特性，而应在识别经营者的市场地位和市场控制力时予以考虑。

8. 关于该案的相关地域市场界定。首先，中国大陆地区境内绝大多数用户均选择使用中国大陆地区范围内的经营者提供的即时通信服务。其次，我国对即时通信等增值电信业务实行行政许可制度，外国经营者通常不能直接进入我国大陆境内经营，需要以中外合资经营企业的方式进入并取得相应的行政许可。再次，在被诉垄断行为发生前，多数主要国际即时通信经营者均已经通过合资的方式进入中国大陆地区市场。最后，境外即时通信服务经营者在较短的时间内（例如一年）及时进入中国大陆地区境内并发展到足以制约境内经营者的规模存在较大困难。综合上述因素，该案相关地域市场应为中国大陆地区市场。一审法院关于该案相关地域市场的界定欠妥。

9. 关于该案的相关市场界定是否应考虑本案诉争行为发生之后的相关市场状况及技术发展趋势。由于竞争尤其是互联网领域的竞争呈现出动态竞争的特征，在界定相关市场时，需要考虑在可预见的未来具有现实可能性的市场反应和变化，以正确判断其是否受到来自其他方面经营者的竞争制约。该案中，一审法院在分析微博和社交网站是否属于本案相关商品市场范围时，考虑了微博和社交网站的发展现状及未来趋势，这种思路本身并无不当。

综上，该案相关市场应界定为中国大陆地区境内即时通信服务市场，既包括个人电脑端即时通信服务，又包括移动端即时通信服务；既包括综合性即时通信服务，又包括文字、音频以及视频等非综合性即时通信服务。

二、被上诉人是否具有市场支配地位

该案中，虽然被上诉人无论在个人电脑端还是在移动端即时通信服务市场的市场份额均超过 80%，但是仅仅依据市场份额证据还不能得出结论，还需要考察其他因素。

1. 关于中国大陆地区即时通信领域的竞争状况。在被诉垄断行为发生时，中国大陆地区即时通信领域存在数十款即时通信工具，这些产品和服务的稳定性日趋成熟，用户规模较大。在被诉垄断行为前后，越来越多不同背景和技术的企业纷纷进入即时通信领域。特别是，移动即时通信发展迅猛，新的移动即时通信服务经营者不断进入，为即时通信产业带来了新的推动力。即时通信领域的竞争呈现出创新竞争、动态竞争的显著特征，平台化竞争日趋白热化。可见，即时通信领域的市场竞争比较充分。

2. 关于被上诉人控制商品价格、数量或者其他交易条件的能力。首先，由于即时通信服务经营者向广大用户提供的基础即时通信服务均为免费，用户也缺乏付费意愿，因此任何即时通信服务经营者均不可能具有控制用户端价格的能力。其次，被上诉人不具有控制质量的能力。如果被上诉人降低服务质量，则会有大量用户转而使用其他即时通信服务。此外，互联网平台竞争的特点也制约了被上诉人控制质量的能力。最后，被上诉人也不具有控制商品数量以及其他交易条件的能力。因此，被上诉人控制商品价格、质量、数量或者其他交易条件的能力较弱。

3. 关于被上诉人的财力和技术条件。在中国大陆地区即时通信领域的多个竞争者均有雄厚的财力和技术条件，拥有足够的实力对被上诉人的市场领先地位形成冲击。此外，即时通信领域的创新活跃，对技术和成本的要求则相对较低，技术和财力条件对市场力量的影响并不显著。因此，被上诉人的财力和技术条件对其市场力量的影响非常有限。

4. 关于其他经营者对被上诉人在交易上的依赖程度。被上诉人的腾讯 QQ 软件并非用户使用即时通信服务的必需品。用户可选择的即时通信软件种类较多，且获取即时通信软件和服务的成本很低，不存在妨碍用户选择和转换即时通信服务的显著经济和技术障碍。即使被上诉人拥有较高的市场份额，也难以形成用户对被上诉人的较大依赖。即时通信领域的客户粘性也未显著增强用户对被上诉人的依赖程度。

5. 关于其他经营者进入相关市场的难易程度。首先，对于认定是否具有市场支配地位而言，重要的是市场进入以及扩大市场占有率的容易性。低市场份额并不当然意味着较弱的市场竞争约束力，只要能够迅速进入并有效扩大市场，其就足以对在位竞争者形成有效的竞争约束。其次，该案证据表明，在被上诉人占有较高市场份额的时间里，每年都有大量的符合行政许可条件的境内经营者进入即时通信领域，且不少经营者在短时间内就迅速建立起足以支撑其发展的市场份额。这些实际发生的成功进入实例有力地证明，被上诉人所在的即时通信服务市场进入较为容易。

6. 关于被上诉人实施不兼容行为、迫使用户进行“二选一”行为本身是否意味着其具有市场支配地位。本院认为，被上诉人实施“二选一”行为仅仅持续一天即导致其竞争对手 MSN 当月覆盖人数增长 2 300 多万，多个竞争对手争抢即时通信服务市场。这一事实比较有力地说明被上诉人在即时通信服务市场上并不具备显著的市场支配地位。

综上，本案现有证据并不足以支持被上诉人具有市场支配地位的结论。

三、被上诉人是否构成反垄断法所禁止的滥用市场支配地位行为

该争议焦点包括两个具体问题。判断经营者是否构成滥用市场支配地位，需要综合评估其行为对消费者和竞争造成的消极效果和可能具有的积极效果。反垄断法所关注的重心并非个别经营者的利益，而是健康的市场竞争机制是否受到扭曲或者破坏。

1. 关于被上诉人实施的“产品不兼容”行为（用户二选一）是否构成反垄断法禁止的限制交易行为。首先，被上诉人为排除、限制即时通信服务市场竞争而采取“产品不兼容”行为的动机并不明显。其次，被上诉人实施“产品不兼容”行为仅持续一天，却给其所在的即时通信服务市场带来了更活跃的竞争，对安全软件市场造成的影响也极其微弱。这一方面说明被上诉人实施的“产品不兼容”行为不构成反垄断法所禁止的滥用市场支配地位行为，也从另一方面佐证了被上诉人不具有市场支配地位的结论。

2. 被上诉人是否构成反垄断法所禁止的搭售行为。首先，本案没有可靠的证据表明被诉搭售行为使得被上诉人将其在即时通信市场上的领先地位延伸到安全软件市场。其次，QQ 即时通信软件与 QQ 软件管理打包安装具有一定的合理性。通过将 QQ 即时通信软件与 QQ 软件管理打包安装，实现 QQ 即时通信软件的功能整合，用户可以更好地管理 QQ 即时通信软件，保障账号安全，从而提高 QQ 即时通信软件的性能和价值。因此，被上诉人并不构成反垄断法所禁止的搭售行为。

综上，上诉人关于被上诉人实施了滥用市场支配地位行为的上诉理由不能成立。

审理结果

1. 关于 2010 年 10 月腾讯诉 360“隐私保护器”不正当竞争案，2011 年 9 月 29 日，北京市第二中级人民法院终审判决，奇虎 360 的行为构成不正当竞争，并要求其在连续 30 天内公开发表声明以消除影响，同时赔偿腾讯公司经济损失 40 万元。

2. 关于 2012 年的腾讯公司诉奇虎 360“扣扣保镖”不正当竞争案和 360 诉腾讯公司滥用 QQ 市场支配地位案，经 2012 年 9 月 18 日广东省高级人民法院就该案进行公开审理，判决驳回起诉。

3. 鉴于被上诉人的行为不构成反垄断法所禁止的滥用市场支配地位行为，广东省高院的一审判决认定事实虽有不当之处，但适用法律正确，裁判结果适当。上诉人的上诉理由虽部分成立，但不影响本案裁判结果。最高人民法院依照《中华人民共和国反垄断法》第十七条、第十八条、第十九条，《中华人民共和国民事诉讼法》第一百七十条第一款第（一）项之规定，判决驳回上诉，维持原判。

47 紫金矿业索偿案

案情回放[1]

继2011年1月30日因紫金山铜矿污水渗漏污染汀江一案被判罚金3 000万元后，紫金矿业在不到半个月内吃到了第二起赔偿官司。

2010年9月21日，紫金矿业的子公司——信宜紫金所属的高旗岭尾矿库发生尾矿溃坝，洪水和泥石流冲向下游，位于信宜紫金下游的信宜市石花地水电站也发生了决口、溃坝，导致信宜市钱排镇达垌、双合两村死亡22人，房屋、道路、桥梁、农田、水利灌溉设施多处被毁，财物损失重大。受灾的852名村民起诉包括紫金矿业及两家子公司在内的7名被告，索赔逾1.7亿元，并要求被告承担案件的一切诉讼费用。加上此前溃坝遇难者（共22人）家属索赔的1 167.83万元，因“9·21”事件紫金矿业共遭1.82亿元索赔。

紫金矿业董事会秘书回应称：“我们认为，根据《公司法》，紫金矿业作为信宜紫金的股东，在这起事件中不应成为起诉对象。”他说，受灾村民起诉信宜紫金、宝源矿业等事故责任单位理所当然，这些单位也“责无旁贷”，但信宜紫金的母公司成为起诉对象并不合理。“我们的态度很明朗，信宜紫金的所有资产都会优先赔偿村民。”不过，信宜紫金目前尚欠母公司紫金矿业2亿多元债务。

问题归纳

1. 事故的责任如何认定？
2. 谁是本案的适格被告？
3. 母公司紫金矿业是否应承担对村民的赔偿？

法条链接

1. 《中华人民共和国公司法》第十四条：公司可以设立分公司。设立分公司，应当向公司登记机关申请登记，领取营业执照。分公司不具有法人资格，其民事责任由公司承担。公司可以设立子公司，子公司具有法人资格，依法独立承担民事责任。

2. 《中华人民共和国环境保护法》第六十四条：因污染环境和破坏生态造成损害的，应当依照《中华人民共和国侵权责任法》的有关规定承担侵权责任。

3. 《中华人民共和国侵权责任法》第六十五条：因污染环境造成损害的，污染者

---

① 该案例来源于以下网址：http://china.findlaw.cn/jingjifa/huanjinbaohu/hjbhal/108780.html.

应当承担侵权责任。

4.《中华人民共和国水污染防治法》第八十五条第一款：因水污染受到损害的当事人，有权要求排污方排除危害和赔偿损失。

5.《中华人民共和国刑法》第一百三十四条第一款：在生产、作业中违反有关安全管理的规定，因而发生重大伤亡事故或者造成其他严重后果的，处三年以下有期徒刑或者拘役；情节特别恶劣的，处三年以上七年以下有期徒刑。

法理导析

这起案件中的法律焦点有以下两个方面：一是事故责任的认定，这将直接关系到赔偿责任的确定，具体而言就是各责任主体的赔偿数额的确定；二是母公司的诉讼主体地位，这虽然是个程序问题，但也直接关系到实体的法律责任。

一、责任认定

在司法实践中，事故的责任认定在任何侵权案件中都是一个非常重要的环节。在本案中，侵权事故是客观发生的，侵权行为和侵权后果都很明确，关键是两者之间存在何种因果关系，即尾矿溃坝是如何形成的？哪些单位应当承担责任？为此，广东省成立了"9·21"溃坝事件调查处理领导小组，并邀请7名省内外专家参与调查。广东省纪委于2010年12月21日通报：2010年9月21日发生在茂名信宜市、造成22人死亡的信宜紫金矿业有限公司银岩锡矿高旗岭尾矿库溃坝事件，经查是一起由特大自然灾害引发和有关涉事单位违法违规造成的安全责任事故。其中，台风"凡亚比"引发超设计标准的强降雨是该起溃坝事故发生的诱因；排水井施工过程中擅自抬高进水口标高、矿山企业尾矿库运行管理不规范，是导致洪水漫顶、尾矿库溃坝的直接原因。尾矿库的设计方面也存在不尽合理的地方，信宜紫金公司对事件发生负有主要责任。涉案的15名相关责任人员被移交司法机关处理，包括4名厅级干部在内的21名相关责任人员被追究纪律责任。而在村民们的起诉书中，同时将设计单位中国瑞林工程技术有限公司、施工单位福建金马建设工程有限公司、监理单位长春黄金设计院工程建设监理部、安全验收评价单位北京国信安科技术有限公司告上法庭，上述4家单位也被"9·21"溃坝事件调查处理领导小组认定为负有责任。

因此，这里面有一个很敏感而特殊的问题：在法庭作出责任认定之前，广东省纪委已经作出了自己的责任认定。根据职权划分，广东省纪委对相关干部作出的责任认定及相应的党纪处理自然是合理合法，其结论也具有相当的说服力。但作为党的机构，对涉事的各单位作出的责任认定是否能成为法庭判案的依据？

本案中法官需要查明的主要事实为高旗岭尾矿库溃坝与石花地水电站大坝垮坝的真实原因，而这不是作为原告的老百姓所能举证的，也不是审理法官依据法律知识就能直接判断的，它需要专家进行专门性的鉴定才能得到结论。可以肯定的是，广东省纪委的调查结论不能直接作为信宜法院确定几个被告单位责任的证据。

二、紫金矿业能否被列为被告

紫金矿业为信宜紫金矿业的母公司，是它的股东。而信宜紫金矿业是一个独立的法人，有独立的诉讼主体资格和独立的民事责任能力。把紫金矿业告上法庭，于法无据，是违反《民事诉讼法》和《公司法》有关规定的。我国《公司法》第十四条规定，公司可以设立子公司，子公司具有法人资格，依法独立承担民事责任。也就是说，母公司和子公司在法律上互相独立，各为独立的法人，各自独立承担其责任。本案中，如果侵权结果的发生是全部或部分地归于紫金矿业对信宜紫金矿业的指挥管理、干涉或其他方面施加的影响，则应由紫金矿业对信宜紫金矿业的侵权之债承担全部或部分清偿责任。这也是符合民法的公平原则的。

本案中信宜紫金矿业已经资不抵债，紫金矿业又不是诉讼主体，那么，就算法庭判决信宜紫金矿业承担赔偿责任，信宜紫金矿业如果无力赔偿，赔偿义务就会转移至其他的相关单位，村民们的索偿之路会愈加复杂，成本也会随之增加。

审理结果

广东省信宜市法院于 2011 年 8 月 5 日对信宜紫金矿业尾矿库溃坝特大事故系列刑事案进行一审宣判，该公司 10 多名高管与该市国土资源局原两任局长分别获刑。

2011 年 12 月 27 日，信宜市人民法院公开开庭集中审理了这起系列索赔案中的 5 宗生命权纠纷案，原、被告在法院主持下达成调解协议，由被告信宜紫金矿业按照原告诉讼请求全额赔偿 3 183 061. 97 元。

48 噪声、辐射未超过限值，相邻铁路企业免责

案情回放①

咸阳市国土资源局秦都分局、中铁十五局集团第五工程有限公司等三被告在与原告住宅相邻的土地上修筑铁路路基，三被告为了省钱，路基与原告住宅距离仅 7 米，且将大桥路基抬高两米多，使原告住宅处于低洼且无防水设施的状况，每逢下雨，大水从桥上流入原告住宅，使原告的 11 间房屋地基下沉，墙体出现裂缝，成为危房；由于被告在施工中堆土，致使原告住宅被盗。通车后，列车行驶产生的震动噪声很大，达到 60 分贝，再加上电气化铁路电磁波干扰，致使原告的手机和电视机无法正常使用，铁路路基又影响其采光，使原告及家人的精神遭受了极大的痛苦，原告为此诉至法院要求赔偿各种损失共计 152 000 余元。

被告西安铁路局辩称：西安铁路北环线工程的整个建设过程均按照国家设计方案实施，不存在任何违法违规的情形。首先，根据《中华人民共和国环境噪声污染防治法》

---

① 该案例来源于中国法院网：http：//www. chinacourt. org/article/detail/2009/04/id/354764. shtml.

及国家关于《铁路边界噪声值及其测量办法》的具体规定，北环线铁路行车噪声和电磁辐射并未超出国家规定的铁路边界噪声限值标准。其次，原告称铁路路基与其住宅距离7米与事实不符，经过实际测量，铁路路基距原告住宅最近的直线距离在12米以上，符合国务院颁布的《铁路运输安全保护条例》关于铁路线路安全保护区范围的相关规定。再次，被告西安铁路局作为相邻关系的一方，在铁路建设施工及开行列车过程中，对相邻原告的住宅没有造成排水、采光等方面的妨害，其与原告住宅房屋受损之间无法律上的因果关系，不应承担民事责任。因其在与陕西省国土资源厅签订的工程征地拆迁实施协议中明确约定了陕西省国土资源厅及所属地方有关职能部门的责任是“组织用地所属县（区）开展征地拆迁工作的宣传、动员，统筹安排征地拆迁工作，负责为被拆迁户划定新宅基地，妥善安置被征地拆迁群众的生产、生活，快速、高效开展征地和拆迁工作，及时协调处理征地拆迁中出现的问题，为铁路建设创造良好的外部环境。”为此，咸阳市国土资源局秦都分局于2006年11月21日与原告所在的秦都区马泉镇大泉村村委会专门签订了《大泉村排水工程协议书》，由咸阳市国土资源局秦都分局与中铁十五局集团第五工程有限公司共同出资29 000元，用于整修因施工损坏的原排水沟渠。该协议中明确约定由大泉村村委会负责施工，兼顾铁路路基西侧与原告相邻的排水设施的修复，并由大泉村村委会对施工及质量负责，同时做好群众思想工作，保证铁路施工的正常进行。因此，与铁路路基西侧相邻的大泉村三、四组排水问题早已得到解决。

被告咸阳市国土资源局秦都分局辩称：其与原告不存在相邻关系，不是适格被告，其将该处土地征用完毕后即交与施工方进行施工，该纠纷与其无关。

被告中铁十五局集团第五工程有限公司辩称：其与原告不构成相邻关系，不应成为本案被告。其作为该工程的施工方，在整个施工过程中是完全依据该工程设计图纸规定的相关技术参数进行施工，并已经竣工验收合格，其与原告所主张的损失之间不存在事实上和法律上的因果关系。

一审法院审理查明，自2005年开始，被告西安铁路局依照《铁道部关于西安铁路枢纽新建北环线工程可行性研究报告的批复》及《铁道部关于西安铁路枢纽新建北环线工程初步设计的批复》等文件规定，与陕西省国土资源厅签订征地协议，由陕西省国土资源厅所属的咸阳市国土资源局秦都分局征用咸阳市秦都区马泉镇大泉村村民委员会集体所有的部分土地用来修建西安铁路北环线，由被告中铁十五局集团第五工程有限公司进行施工，北环线铁路路基西侧线路安全保护区与咸阳市秦都区马泉镇大泉村四组村民张尚成住宅相邻，该处铁路路基距离原告张尚成住宅12米以上，原告张尚成住宅与被告西安铁路局所属的铁路线路形成相邻关系。被告咸阳市国土资源局秦都分局依照相关文件规定，对涉及被征用土地的拆迁、安置、整修等进行了补偿，又针对大泉村三、四组原排水设施因施工被损坏，同时兼顾铁路路基西侧的排水问题，与被告中铁十五局集团第五工程有限公司共同出资29 000元，于2006年11月21日与秦都区马泉镇大泉村村民委员会签订了《大泉村排水工程协议书》，对大泉村三、四组排水设施进行重新修整。协议明确约定“该工程兼顾铁路路基西侧的排水”，由大泉村村民委员会“负责工程建设及质量，同时做好群众的思想工作，保证铁路施工的正常进行”。2006

年 11 月 20 日，西安铁路北环线竣工，由被告中铁十五局集团第五工程有限公司交付被告西安铁路局验收合格后投入使用。

一审法院认为，本案中，被告西安铁路局因修建西安铁路北环线与原告住宅形成相邻关系，而被告咸阳市国土资源局秦都分局、被告中铁十五局集团第五工程有限公司与原告住宅之间不存在相邻关系，法院对原告主张被告咸阳市国土资源局秦都分局、被告中铁十五局集团第五工程有限公司与其构成相邻关系造成妨害的诉讼请求不予支持。原告主张被告西安铁路局在北环线征地、施工及开行列车过程中，因铁路路基距离其住宅过近，在行车噪声、电磁辐射污染等方面给其造成妨害，并要求由被告西安铁路局承担举证责任。根据《最高人民法院关于民事诉讼证据的若干规定》第四条第（三）项关于举证责任倒置的规定，法院认为被告西安铁路局负有在环境污染引起的损害中对原告是否存在妨害承担举证责任。被告西安铁路局举证证明其按照相关法律规定及铁道部有关批复进行的征地、施工和开行列车的行为，虽与原告住宅形成了相邻关系，但已设立了 12 米以上的安全保护区，列车行车噪声、电磁辐射均没有超过国家规定的 60 分贝的限值，没有给相邻的原告造成妨害，据此，法院对原告主张被告西安铁路局在行车噪声、电磁辐射污染等方面给其造成妨害，要求赔偿的诉讼请求不予支持。关于原告诉被告西安铁路局在排水、采光、住宅被盗、身心精神损失等其他方面对其造成妨害诉请赔偿，并要求搬迁的主张，因其没有提供的证据予以证明，故法院对原告的其他诉讼请求也不予支持。关于原告要求被告西安铁路局维修好排水沟渠的问题，被告西安铁路局提供的《大泉村排水工程协议书》证明，铁路路基西侧与原告住宅相邻的大泉村三、四组（原告系四组村民）排水问题已得到解决，对原告的诉讼请求法院不予支持。

问题归纳

1. 原被告之间是否存在相邻关系？

2. 三被告对原告是否构成侵权？

法条链接

1.《最高人民法院关于民事诉讼证据的若干规定》第二条：当事人对自己提出的诉讼请求所依据的事实或者反驳对方诉讼请求所依据的事实有责任提供证据加以证明。没有证据或者证据不足以证明当事人的事实主张的，由负有举证责任的当事人承担不利后果。

第四条：下列侵权诉讼，按照以下规定承担举证责任：……（三）因环境污染引起的损害赔偿诉讼，由加害人就法律规定的免责事由及其行为与损害结果之间不存在因果关系承担举证责任……

2.《铁路边界噪声限值及其测量办法》：新建铁路边界噪声限值为昼间不超过 70 分贝，夜间不超过 60 分贝。

3.《电磁辐射防护规定》1.3：本规定中防护限值的适用频率范围为 100kHZ ~ 300GHZ。

法理导析

本案各方争议的焦点在于：第一，三被告是否与原告构成相邻关系？第二，三被告在行车噪声、电磁辐射污染、排水、采光等方面是否给原告造成妨害及是否应承担赔偿责任？

相邻关系是指两个及两个以上相邻的不动产所有人或占有人，对各自所有或者占有的土地、房屋、道路、水渠、管道等不动产在使用、收益时相互之间应当给予方便或者接受限制而发生的权利义务关系。

首先，被告咸阳市国土资源局秦都分局、被告中铁十五局集团第五工程有限公司与原告是否存在相邻关系，有两种意见：一种意见认为，相邻关系仅仅限于相互毗邻的不动产的所有人之间发生的权利义务关系，原告的住宅只与被告西安铁路局管理和使用的北环线铁路路基相邻，故认为被告咸阳市国土资源局秦都分局、被告中铁十五局集团第五工程有限公司与原告不构成相邻关系。另一种意见认为，广义的相邻关系不仅包括相互毗邻的不动产的所有人，还包括相互毗邻的不动产的占有人和使用人之间发生的权利义务关系，不动产不仅仅指建筑物，还包括土地。被告咸阳市国土资源局秦都分局按照铁道部的有关批复，征用与原告住宅相邻的原属于大泉村村民委员会的部分集体土地为国有土地，将该国有土地有偿出让给西安铁路局作为工业用地修建铁路线，因该宗国有土地和城市的土地一样属于国家所有，咸阳市国土资源局秦都分局作为一级政府设立的国有土地的主管部门，其在征用、管理、出让用于修建铁路的该宗国有土地时与原告住宅所使用的集体土地之间形成了土地相邻关系。因为土地是天然的不动产，原告住宅建在集体土地上，铁路路基修建在国有土地上，集体所有制土地与国有土地相邻，故咸阳市国土资源局秦都分局作为国有土地的管理者，与原告住宅构成相邻关系。被告中铁十五局集团第五工程有限公司因为在该国有土地上进行铁路路基、桥梁施工长达近两年，成为该国有土地施工当时的实际使用人，其在该国有土地上的施工过程及行为也与原告住宅形成相邻关系。

合议庭评议后采纳了第一种意见，认为根据本案的实际情况，尽管原告住宅所属的集体土地与铁路路基所属的国有土地确实相邻，但本案相邻关系纠纷的实质，是因为原告的住宅与被告的铁路路基两个建筑物相邻而引起的纠纷，而非土地相邻引起的纠纷，所以，一审法院认为被告咸阳市国土资源局秦都分局、被告中铁十五局集团第五工程有限公司与原告住宅不构成相邻关系，只有管理和使用北环铁路线并开行列车的被告西安铁路局与原告住宅构成相邻关系。

其次，被告西安铁路局是否在行车噪声、电磁辐射污染、排水、采光等方面给原告造成妨害及是否应承担赔偿责任。有两种意见：第一种意见认为被告西安铁路局开行列车的行车噪声和电磁辐射肯定给相邻的原告住宅造成了一定妨害，不论妨害程度大小，应当承担相应的赔偿责任，理由是：相邻关系是平等主体之间的民事法律关系，应当按照有利生产，方便生活的原则处理，特别是铁路局作为大型国企，享受部分公权利，原告相对属于弱势群体，理应予以照顾。第二种意见认为被告西安铁路局不应当承担赔偿责任，理由是：根据中华人民共和国城市区域环境噪声标准、国家关于《铁路边界噪声限值及其测量办法》、中华人民共和国环境保护部 2008 年第 38 号公告关于《铁路边界噪声限值及其测量办法修改方案》等法规的相关规定，以及被告西安铁路局所举证据，证明北环线铁路边界噪声值未超过国家关于铁路边界噪声不超过 60 分贝的限值规定，没有给距离铁路线路安全保护区 12 米以外的原告住宅造成需要赔偿损失的妨害，原告虽诉称其自行记录列车行车噪声达 60 分贝，但未提供证据予以证明，法院认为北环线铁路行车噪声没有对原告造成需要赔偿损失的程度。另外，被告西安铁路局还举证证明，在铁路安全保护区 12 米以外，电气化铁路的电磁辐射对外界的影响，没有超过国家规定的限值，所以，被告西安铁路局开行列车的行车噪声及电磁辐射虽然给相邻的原告住宅有一定影响，但没有超过国家规定的限值，没有达到需要损害赔偿的程度，因此，赔偿于法无据。且全国有七万多公里铁路，与铁路线路相邻的城镇居民成千上万，为了调整和规范此类问题，国家才出台了铁路边界噪声限值的相关规定作为依据。另外，我国铁路局也属于半公益性质的企业，担负着军事免费运输、学生及残疾人半价运输的公益职责，因此，应当严格依照法律、法规的相关规定，只要铁路企业在线路两侧设立了 12 米的安全保护区，只要列车行车噪声及电磁辐射没有超过国家规定的限值，铁路企业就不应当承担赔偿责任。合议法庭评议后采纳了第二种意见。

最后，关于被告西安铁路局是否在排水、采光、原告住宅被盗等方面给原告造成妨害及是否应承担赔偿责任。合议庭评议后认为，原告虽认为铁路路基距原告住宅过近，三被告在施工中破坏了原告住宅附近原有的排水渠，铁路路基高于原告住宅 1.5 米，由于三被告没有修建新的排水设施，致使洪水进入原告住宅，造成原告住宅地基下沉、房屋毁损、商品受损，并且铁路路基影响了原告住宅的采光，但原告没有提供证据予以证明。相反，被告西安铁路局提供的《大泉村排水工程协议书》及被告中铁十五局集团第五工程有限公司提供的其给大泉村村委会支付 8 000 元排水工程款的收据均证实，被告咸阳市国土资源局秦都分局已于 2006 年 11 月 21 日与原告所在的秦都区马泉镇大泉村村委会专门签订了《大泉村排水工程协议书》，由咸阳市国土资源局秦都分局出资 21 000 元，中铁十五局第五工程有限公司出资 8 000 元，用于整修因施工损坏的铁路路基西侧与原告相邻的原排水沟渠，该协议中明确约定由大泉村村委会负责施工，兼顾与原告相邻的铁路路基西侧排水设施的修复，并由大泉村村委会对施工及质量负责，同时做好群众思想工作，保证铁路施工的正常进行。法庭审理中原、被告各方均认可铁路路基西侧与原告住宅相邻的大泉村三、四组（原告系大泉村四组村民）排水工程已经施工并修复。北环线铁路路基因为设计原因虽高于原告住宅，但三被告均已经履行了该线路西侧与原告住宅相邻的排水设施的修复义务，没有给相邻的原告住宅在排水方面造成妨害。原告还主张因被告修建的铁路路基距其住宅过近且过高影响其采光，致其身心及精神损失，被告在施工中堆土致其住宅被盗，要求搬迁等承担赔偿责任，但原告对其主张未提供证据予以证明，根据《最高人民法院关于民事诉讼证据的若干规定》第二条之规定，原告应承担举证不能的不利后果。

审理结果

一审法院依法判决：驳回原告张尚成的诉讼请求。一审宣判后，原告张尚成向西安铁路运输中级法院提出上诉。二审法院开庭审理后认为，一审判决认定事实清楚，适用法律正确，原告住宅与铁路安全保护区相邻，列车行车噪声及电磁辐射客观存在，但没有超过国家规定的限值，没有达到损害赔偿的程度，故对上诉人上诉请求不予支持，驳回上诉，维持原判。

49 18户渔民诉9家企业达标排污致害案

案情回放①

地处渤海之滨滦河三角洲的河北省乐亭县，海岸线长98公里，滩涂面积65万亩，是全国滩涂贝类精养区之一。来自河北迁安第一造纸厂、迁安化工有限责任公司等9家企业的工业污水沿滦河河道滦乐灌渠大量排放到乐亭县王滩镇大清河、新潮河、小河子、长河入海口海域，涌入孙某等18户渔民经营的6家海水养殖场，致使即将成熟上市的文蛤、青蚶、毛蚶、蛏子以及梭鱼、鲈鱼等滩涂贝类、鱼类等成批死亡，大部分绝收，经济损失达2 000余万元。遭受损害的孙某等18户渔民将迁安第一造纸厂等9家排污企业一并诉至天津海事法院，要求9名被告共同赔偿损失2 000余万元，并停止污染侵害。天津海事法院委托农业部渔业环境监测中心黄渤海区检测站对本次污染事故的原因进行鉴定，该站认定原告养殖物的死亡是各被告排放污水所致，并派出鉴定人到庭接受质证。

天津海事法院经审理后认为，孙某等原告持有国有海域使用许可证及滩涂承包合同，具有合法的养殖资格。本案被告排放含有毒物质COD、悬浮物的污水，是造成原告养殖生物死亡的实质原因，9名被告的排污行为与原告的损害结果之间具有直接的因果关系，已构成共同侵权行为。天津海事法院作出判决：（1）9名被告连带赔偿原告损失1 365 975元；（2）责令9名被告立即停止侵害，不得再排放污水入海，消除继续污染养殖区域的危险。18名原告不服提起上诉。

问题归纳

1. 企业达标排污致害的，加害人是否应承担民事责任？
2. 如何认定共同环境侵权？

---

① 该案例来源于以下论文：温辉，夏军. 环境权的司法保护——乐亭渔业污染案评析. 人权：法治天地版，2003（5）.

法条链接

1.《中华人民共和国民法通则》第一百二十四条：违反国家保护环境防止污染的规定，污染环境造成他人损害的，应当依法承担民事责任。

2.《中华人民共和国环境保护法》第六十四条：因污染环境和破坏生态造成损害的，应当依照《中华人民共和国侵权责任法》的有关规定承担侵权责任。

3.《中华人民共和国侵权责任法》第六十五条：因污染环境造成损害的，污染者应当承担侵权责任。

第六十七条：两个以上污染者污染环境，污染者承担责任的大小，根据污染物的种类、排放量等因素确定。

法理导析

本案首先的争议焦点是：被告达标排放污染物的行为是否构成其环境侵权民事责任的免责事由，也即行为的违法性是不是环境侵权行为的构成要件。

一、环境侵权行为的认定

环境侵权是一种特殊的民事侵权行为。关于环境侵权民事责任的构成要件目前学说有两种："三要件说"和"四要件说"，二者的区别就在于是否将行为的违法性作为环境侵权民事责任的构成要件。"四要件说"认为，环境民事责任应以行为违法性为前提条件，仅污染环境而未违反国家有关规定者，不承担民事责任，其依据是《民法通则》第一百二十四条的规定，认为污染环境的行为应当是"违反国家保护环境防止污染的规定"的行为；也有观点认为，环境侵权行为即使没有违反环境保护法律的具体规定，但因其造成他人损害，即违反了保护他人生命健康权的法律规定，因而具有违法性。上述两种观点的实质都是将行为的违法性作为环境侵权责任的构成要件。"三要件说"则认为，违法性不是环境侵权行为承担民事责任的构成要件。笔者赞成这种观点。

首先，行为的违法性是构成一般民事法律责任的要件，但在某些特殊情况下可以例外。《环境保护法》第六十四条、《侵权责任法》第六十五条并未要求加害人必须从事了违法行为才承担赔偿责任，而只规定引起污染危害的，不论其排污行为是合法还是非法，都应当承担赔偿责任。《水污染防治法》《大气污染防治法》中也有类似的规定。因为，在实践中，环境污染造成的危害并非都是违法行为所致。

其次，达标排放不能成为免责事由。有一种观点认为，只要污染物排放达标，获得了排污许可证，企业排放污染物的行为就是合法的，无须赔偿他人的损失，排污达标和"合法"给企业披上了保护的外衣。事实上，现行法所确定的排污标准虽然承认标准限度内的污染行为的合法性，但其标准不完全是根据环境本身所能容纳、达到自净能力的污染容量而制订的，而是考虑了企业现有技术水平和承受能力而制订的。即使是合法的排污也会不同程度地对周围环境造成污染和损害后果；再者，法律虽然允许在规定限度内的环境污染行为，但是法律不允许损害他人的合法权益。因此，污染物排放标准只是环境保护部门进行环境管理以及确定排污行为是否违法的依据，而不是确定排污单位是否承担赔偿责任的界限。据此，国务院《排污费征收使用管理条例》第十二条第二款规定："排污者缴纳排污费，不免除其防治污染、赔偿污染损害的责任和法律、行政法规规定的其他责任。"可见，污染物排放标准不是确定排污者是否承担民事责任的界限。本案9名被告中有8名被告是超标排放，1名被告是达标排放，合法行为和违法行为一起造成了污染损害的后果。有损害就有救济，因此所有被告都应该承担损害赔偿责任。

可见，在环境侵权民事责任构成要件上，违法性或者超标排放不能成为环境侵权责任的要件。

最后，公平原则要求污染者对其造成的损害承担责任。一切正当、合法的企业的生产经营活动都不可避免地会产生和排放废弃物，尽管企业采取各种技术手段，严格按照污染物排放标准排放，仍然无法从根本上消除对环境的污染和危害。如果按照传统的民法理论，只有行为违法才承担责任，那么这种合法的环境污染行为所造成的后果就只能由无辜的受害人承担，这既不合情理也不符合公平原则。因此，作为公平、正义使者的法律应该通过制度设计将企业的这种外部不经济性内在化，即企业对自身产生的环境损害承担赔偿责任。正因如此，世界上绝大多数国家的法律都规定：行为人虽合法排污，但对因此造成的他人合法利益之损害应承担民事责任。如日本法院在司法实践中奉行行为人遵守排污标准只限于不受行政法的制裁，而不能成为民法上的免责事由以及污染环境行为的公共性和利益性不能成为免责事由的原则。

二、共同侵权的确定

共同环境侵权，是指因两个或两个以上主体的行为导致同一环境损害的后果，致使他人人身、财产遭受损失的现象。环境共同侵权具有以下几个特征：一是侵权主体的复数性；二是侵权行为的共同性，即各侵权人的污染行为具有主观或客观上的共同性，其污染行为相互联系、互相作用，共同构成致害原因；三是损害后果的共同性，各污染侵权人实施的侵权行为相互结合，共同致害于环境权益受损人，并发生共同的环境损害后果。

由于在环境侵权诉讼中适用的是无过错责任原则，众多被告对污染损害承担连带赔偿责任，以其行为构成共同侵权为前提，并不要求行为人有共同过错，只要行为人的行为客观上结合起来产生同一损害后果即可。从这个角度看，本案的9名被告构成共同侵权并应承担连带责任。但本案的二审法院从宽适用了连带赔偿责任，判决由超标排放的8家企业承担连带赔偿责任，而达标排放的迁安化工有限责任公司承担单独的赔偿责任。这样既可以通过连带责任让超标排污的企业承担全部或大部分责任，又将超标排放行为与达标排放行为区别对待，从而促使企业重视环保，努力减轻污染危害，这符合环境法的立法宗旨。

三、混合责任的问题

混合责任是指加害人和受害人对环境污染的损害后果的发生均有过错时所共同承担的民事责任。其法律特征是：（1）危害结果已经发生，受害人已经受到了损害；（2）双方均有过错，即损害后果并非加害人一方的过错行为引起；（3）双方的过错行为与受害人遭受损害之间存在因果关系。《民法通则》第一百三十一条规定，受害人对于损害的发生也有过错的，可以减轻侵害人的民事责任。

本案的原告等在签订承包合同时应考虑到上述企业多年排污的历史原因，在靠近排污河道和入海口从事养殖业有一定的风险，属于《民法通则》第一百三十一条中所指的“受害人对于损害的发生也有过错的”情形，因此受害人应自行承担由于对养殖环境风险评估不足的相应损失。但值得注意的是，这里的“也有过错”应当不包括环境侵权损害后果完全由受害人自己引起的情况，因为这种情形是法律规定的行为人的免责条件之一。实际上混合责任就是根据因果联系，由加害人承担与自己行为有因果联系的损害赔偿责任，而由受害人自行承担与自己行为有因果联系的责任。

审理结果

此案经上诉审理，二审法院作出终审判决：（1）维持一审法院的第 2 项判决；（2）对一审判决中的第 1 项中的赔偿数额作了改判。法院认为原告等的水产品应以批发价而非零售价计算，另外原告等在签订承包合同时应考虑到上述企业多年排污的历史原因，在靠近排污河道和入海口从事养殖业有一定的风险，应自行承担由于对养殖环境风险评估不足的相应损失。最后判决迁安第一造纸厂等 8 家超标排污企业连带赔偿原告损失 655 325 元，迁安化工有限责任公司被当地环保部门确定为达标排污企业，在承担民事责任上应与超标排放企业有所区别，单独承担赔偿责任 14 万元，不承担连带责任。

本案案情较为复杂，涉及的法律问题比较多，一审法院处理案件时在事实的认定和法律适用上都存在着瑕疵，二审法院的审理弥补了一审的缺陷，不仅坚持了违法性不能成为环境侵权民事责任的构成要件这一法律原则，而且区别对待超标排污被告与达标排污被告，正确处理他们之间的责任关系，同时考虑了受害人本身存在的过失，最终作出了合理的判决。

50 此“哈啤”非彼“哈啤”，“圣士丹”因不正当竞争被判侵权

案情回放①

原告哈尔滨公司成立于 1900 年，是我国最早的啤酒生产企业，哈尔滨啤酒是该公司的主要品牌。经过一百多年的发展，该公司组建成以哈尔滨啤酒品牌为首的哈啤集团，目前是东北地区最大的啤酒生产企业，年产量达到 150 万吨。近年来，哈尔滨公司在各种媒体上投入一亿多元广告费来宣传哈尔滨啤酒品牌，广告中不断以“哈啤”二

① 该案例来源于中国法院网：http：//old. chinacourt. org/public/detail. php? id=134738.

字简称这个品牌，使这个品牌和“哈啤”二字的知名度日渐提高，销售区域遍布二十多个省，并远销到欧、亚二十多个国家和地区，哈尔滨啤酒已为国内外广大消费者熟知。2002 年，哈尔滨啤酒的单个品牌产销量在全国同业中排名第三位。

被告圣士丹公司成立于 2000 年 5 月。自 2002 年以来，在圣士丹公司生产的多种听装、瓶装啤酒包装装潢上，有分两排印刷的四个文字，一种是“哈啤”二字在上“金酒”二字在下，一种是“哈啤”二字在上“豪酒”二字在下，这些啤酒在哈尔滨本地和外省市销售。哈尔滨市工商行政管理局曾为此给予圣士丹公司行政处罚，并查封了其部分产品。

原告诉称，原告是有一百多年历史的企业。原告生产的哈尔滨啤酒，代表了中国啤酒工业的成就，是中国知名商品；“哈啤”作为该商品特有的名称，已经被广大消费者熟知并认可。2002 年以来，被告未经原告许可，擅自将其生产的七种商品以“哈啤”的名称在市场上销售，给原告造成了经济损失。请求判令：（1）被告立即停止使用特有名称“哈啤”的不正当竞争行为；（2）赔偿原告的经济损失 50 万元；（3）赔偿原告为调查侵权而支付的合理费用 68 400 元；（4）赔偿原告的律师代理费 2 万元；（5）以罚款制裁被告；（6）被告负担本案诉讼费用。

被告辩称，原告将“哈啤”称为知名商品特有名称，没有依据，“哈啤”不是注册商标。被告商品的名称是“哈金啤酒”、“哈豪啤酒”，与原告诉称的“哈啤”无关，不构成对原告的不正当竞争。再有，原告诉请赔偿的损失没有计算标准，开支的调查费与本案无关，其诉讼请求应当驳回。

问题归纳

1. 如何判断某一商品为知名商品？如何判断一个名称是否为某一具体商品所特有？
2. 在市场竞争中，如何判定某种行为构成不正当竞争中的仿冒行为？

法条链接

一、法律法规

《中华人民共和国反不正当竞争法》第五条第二款：经营者不得采用下列不正当手段从事市场交易，损害竞争对手：擅自使用知名商品特有的名称、包装、装潢，或者使用与知名商品近似的名称、包装、装潢，造成和他人的知名商品相混淆，使购买者误认为是该知名商品。

第二十条：经营者违反本法规定，给被侵害的经营者造成损害的，应当承担损害赔偿责任，被侵害的经营者的损失难以计算的，赔偿额为侵权人在侵权期间因侵权所获得的利润；并应当承担被侵害的经营者因调查该经营者侵害其合法权益的不正当竞争行为所支付的合理费用。

第二十一条第二款：经营者擅自使用知名商品特有的名称、包装、装潢，或者使用与知名商品近似的名称、包装、装潢，造成和他人的知名商品相混淆，使购买者误认为是该知名商品的，监督检查部门应当责令停止违法行为，没收违法所得，可以根据情节处以违法所得一倍以上三倍以下的罚款；情节严重的，可以吊销营业执照；销售伪劣商品，构成犯罪的，依法追究刑事责任。

二、其他

《国家工商行政管理局关于禁止仿冒知名商品特有的名称、包装、装潢的不正当竞争行为的若干规定》第二条第二款：前款所称使购买者误认为是该知名商品，包括足以使购买者误认为是该知名商品。

第三条第三款：本规定所称知名商品特有的名称，是指知名商品独有的与通用名称有显著区别的商品名称。但该名称已经作为商标注册的除外。

法理导析

一、哈尔滨啤酒可以认定为知名商品

知名商品，是指在特定市场上具有一定知名度、为相关公众所知悉的商品。知名商品不是经法定程序评定出来的荣誉称号，而是人民法院和有关行政执法部门在处理个案中认定的法律事实。知名商品反映了某一具体商品在特定市场上的一种知名度，这种知名度涉及特定市场的地域因素和人的因素。因此，知名商品的认定，难以制定出一个适合于各类商品是否知名的具体标准。

实践中，主要是根据一定的地域范围，如省、地市等特定市场范围内，与该具体商品有销售、购买等交易关系的人以及同行业的生产经营者对该具体商品的知悉程度加以认定。在具体操作中，一般应当参酌该具体商品广告量、销售时间、销售量、市场占有率、声誉等因素进行综合判断。

本案中，哈尔滨啤酒是中国最早的啤酒，诞生于 1900 年。经过一百多年的发展，哈啤集团已成为东北地区最大的啤酒生产企业，全国四大啤酒集团之一，根据哈尔滨啤酒生产销售的时间和地域，该商品年产量、销售额、市场占有率，该商品在同行业同类产品中的排名，及该商品的广告投入和为消费者熟知的情况等，可以认定哈尔滨啤酒为知名商品，

二、"哈啤"可以认定为知名商品的特有名称

所谓知名商品的特有名称，是指不为相关商品所通用，具有显著区别性特征，并通过在商品上的使用，使消费者能够将该商品与其他经营者的同类商品相区别的商品名称。知名商品特有名称与特定商品的声誉或者特定经营者的商业信誉联系在一起，是商品的"眼睛"，能够在一瞬间吸引顾客的注意，故而其功能与商标有相同之处，具有商品品牌的识别性。特有名称又相对于商品的通用名称，商品的通用名称不能获得知名商品特有名称的独占使用权。国家或者行业标准以及专业工具书、辞典中已经列入的商品名称，应当认定为通用名称。同时对于已为同行业经营者约定俗成、普遍使用的表示某类商品的名词，也应认定为该商品的通用名称。

根据法律规定，只有知名商品特有的名称，才能作为一种代表竞争法意义上的商业标记受到反不正当竞争法的保护。判断一个名称是否为某一具体商品所特有，可以从以下几个方面来考虑：第一，该名称是否为某一个体商品的生产经营者首先使用。如已经有生产同类产品的生产经营者在先使用，那么，对其他生产同类产品的任何一个生产经营者来说，该名称就不再具有将自己的产品区别于其他商品的特征，因而也就不具有特

有性了。使用在先是确定商品名称是否具有特有性的外在标准。第二，认定某一个体商品的名称是否特有，不能仅仅依据名称的文字含义或文字组合是否具有创意来判断，更不能将其文字组合割裂开来，探求各组成部分的含义是否具有创意，而应当将该名称作为一个整体考察其是否成为明显区别于其他同类商品的特定商品的标识。能否标识特定商品是确定商品名称是否具有特有性的内在标准。第三，特有名称与注册商标在法律保护上有所区别。知名商品的特有名称与商标在作用上有相似之处，即都是用来标识商品来源，但是商标需经过特定的法律程序即注册才能受到法律保护，而知名商品的特有名称不需要任何部门的核准授予，而是凭借生产经营者的智慧精心设计，用商品的优良质量和周到的售后服务在激烈的市场竞争中胜出，具有了显著的区别性特征，因而，知名商品的特有名称，是其生产经营者通过苦心经营而形成的一种市场成果。可以说，特有名称是市场使用的结果，只要一种商品名称在市场上具有了区分相关商品的作用，就应认定其具有了特有名称的意义，就受反不正当竞争法的保护。

就本案而言，哈尔滨啤酒公司在其广告促销、宣传报道、产品的包装装潢、产品的展示推介等诸方面不断以“哈啤”二字简称这个品牌，使这个品牌和“哈啤”二字的知名度日渐提高，同时依靠其所标识的产品独特的口味、优良的质量广受消费者的青睐，消费者逐渐将“哈啤”与其生产经营者哈尔滨啤酒公司联系到一起，成为特定生产经营者的产品的标识。也就是说，“哈啤”这一名称基于市场使用的结果，已经形成了显著的区别性特征，以至于许多消费者在啤酒的认购和信息传递过程中，提起“哈啤”，自然会想起是哈尔滨啤酒公司的产品。可见，“哈啤”的名称足以表征产品的来源。因此，“哈啤”可以认定为知名商品的特有名称。

三、圣士丹公司构成不正当竞争，依法应承担侵权责任

我国《反不正当竞争法》第五条第二款规定的仿冒行为中所称的“使用”，是指使商品出处（来源）发生混淆的一种表示。本案中，被告圣士丹公司明知“哈啤”系哈尔滨啤酒公司的知名商品特有的名称，却突然于2002年开始擅自使用“哈啤”标识的外包装销售其产品，显然属于借用其竞争优势而作的相同使用。

我国《反不正当竞争法》第五条第二款规定的仿冒行为中所称的“误认”，系指对产品或服务的来源有误信而言。《国家工商行政管理局关于禁止仿冒知名商品特有的名称、包装、装潢的不正当竞争行为的若干规定》第二条第二款规定：“前款所称使购买者误认为是该知名商品，包括足以使购买者误认为是该知名商品。”这种解释是恰当的。这一规定表明，我国反不正当竞争法上所称的误认，包括实际误认和可能误认两种情形，也即仿冒商品只要有引人误认的可能，就可以构成不正当竞争行为，而不必要求业已产生实际误认。这一解释也为人民法院的审判实践所认同。

从本案来看，圣士丹公司在其啤酒的外包装上突出了“哈啤”的文字标识，十分引人注目，而“金酒”、“豪酒”的标示却使用了很小的字体，很不显眼。按照一般购买者的注意能力，足以造成产源的混淆，即可能将其销售的仿冒产品误认为是哈尔滨啤酒公司的知名商品。

综上所述，圣士丹公司作为同一地区的同业竞争者，明知“哈啤”系哈尔滨啤酒公司的知名商品特有的名称，擅自在其生产的啤酒包装装潢上突出使用与“哈啤”相类似的名称标示，不论是横排书写“哈啤”，还是竖排书写“哈啤”，均足以造成消费者混淆误认，引起市场的混淆，其主观上具有排挤与损害竞争对手，获取不当利益的故意，这种行为损害了原告商业信誉、商品声誉，有违商家均应恪守的诚实信用原则，构成了我国反不正当竞争法所禁止的仿冒知名商品特有名称的不正当竞争行为，依法应当承担相应的民事责任。

审理结果

法院判决如下：（1）被告圣士丹公司立即停止在其生产的各类啤酒上使用原告哈尔滨公司知名商品的特有名称“哈啤”；（2）被告圣士丹公司于本判决生效后10日内，赔偿原告哈尔滨公司经济损失30万元；（3）驳回原告哈尔滨公司的其他诉讼请求。

判后，圣士丹公司不服，向黑龙江省高级人民法院提出上诉。经省法院调解，圣士丹公司认可哈尔滨啤酒为知名品牌，“哈啤”为该知名商品特有名称；承认在以往的包装容易造成消费者误认，并保证今后要规范使用其商标。哈啤公司也同意放弃圣士丹公司赔偿的30万元经济损失。

51 产品有缺陷，先行赔偿人的权利如何保障

案情回放①

2006年8~9月，原告韩某某（系个体工商户）从被告四川将军水泥有限公司（简称将军公司）购进水泥在威信县城销售。同年9月19日，韩某某出售将军公司生产的普通硅酸盐水泥54.1吨给威信县南亚建筑安装工程有限公司（简称南亚建司），南亚建司将该水泥用于承建威信县农业局综合楼工程基础桩，同月22日该基础桩开裂，后经威信县质量技术监督局组织韩某某和南亚建司对剩余水泥抽样送到四川省泸州市产品质量监督检验所检验，该样品所检验指标中水泥烧失量不符合国标175-1999标准，结论为该批水泥属不合格产品。南亚建司遂对该基础桩予以拆除重建，并于2007年10月30日向威信法院诉求韩某某赔偿其损失96 719.00元。威信法院受理该案后，委托云南鼎丰司法鉴定中心鉴定南亚建司拆桩重建的损失为80 832.08元，判决韩某某赔偿南严建司的损失和承担诉讼费1 765.00元，为此，韩某某损失共计为91 284.08元。

原告韩某某诉称：2006年8~9月，其从被告处购进水泥135吨在其建材门市销售。同年9月19日销售了54.1吨给威信县南亚建筑安装工程有限公司用于威信县农业局综

---

① 该案例来源于以下网址：http：//www. scnjw. gov. cn/export/sites/szx/flzc/alfx/20111121102824422. html.

合楼工程基础桩建设，同月22日发现基础桩开裂，经威信县质量技术监督局对该批水泥的剩余部分抽样送泸州市产品质量监督检验所检验，该样品所检验指标中烧失量不符合国标175-1999标准要求，判定为不合格。南亚建司对该基础桩予以拆除并重建，其损失经鉴定为80 832.08元，检验费、鉴定费为12 187.00元。南亚建司于2007年10月30日起诉原告，威信县人民法院于同年11月17日判决由原告赔偿南亚建司损失80 832.08元，检验、鉴定费8 687.00元。因该损失系被告生产的水泥质量不合格所造成，故诉请判令被告赔偿原告各项损失共计91 284.08元并承担本案诉讼费。

被告将军水泥公司辩称：南亚建司是其水泥的终端用户，被告的水泥不存在质量问题，原告不具有本案诉讼主体资格，请求驳回原告的诉讼请求。

问题归纳

1. 缺陷产品如何认定？
2. 缺陷产品损害中生产者、销售者的责任如何认定？
3. 受害人和先行赔偿人的权利如何得到保护？
4. 产品责任中生产者、销售者的归责原则。

法条链接

一、法律法规

1.《中华人民共和国民法通则》第一百二十二条：因产品质量不合格造成他人财产、人身损害的，产品制造者、销售者应当依法承担民事责任。运输者、仓储者对此负有责任的，产品制造者、销售者有权要求赔偿损失。

2.《中华人民共和国产品质量法》第四十条第二款：销售者依照前款规定负责修理、更换、退货、赔偿损失后，属于生产者的责任或者属于向销售者提供产品的其他销售者（以下简称供货者）的责任的，销售者有权向生产者、供货者追偿。

第四十三条：因产品存在缺陷造成人身、他人财产损害的，受害人可以向产品的生产者要求赔偿，也可以向产品的销售者要求赔偿。属于产品的生产者的责任，产品的销售者赔偿的，产品的销售者有权向产品的生产者追偿。属于产品的销售者的责任，产品的生产者赔偿的，产品的生产者有权向产品的销售者追偿。

第四十六条：本法所称缺陷，是指产品存在危及人身、他人财产安全的不合理的危险；产品有保障人体健康和人身、财产安全的国家标准、行业标准的，是指不符合该标准。

3.《中华人民共和国民事诉讼法》第六十四条第一款：当事人对自己提出的主张，有责任提供证据。

4.《中华人民共和国侵权责任法》第四十四条：因运输者、仓储者等第三人的过错使产品存在缺陷，造成他人损害的，产品的生产者、销售者赔偿后，有权向第三人追偿。

二、其他

《最高人民法院关于民事诉讼证据的若干规定》第四条第（六）项：因缺陷产品致

人损害的侵权诉讼，由产品的生产者就法律规定的免责事由承担举证责任。

第九条第（四）项：已为人民法院发生法律效力的裁判所确认的事实，当事人无需举证证明。

法理导析

本案涉及缺陷产品如何认定，以及缺陷产品损害中生产者、销售者的责任认定，受害人和先行赔偿人的权利保护问题。

一、被告生产的水泥属于缺陷产品

缺陷产品是指存在可能危及人身、财产安全的不合理的危险的产品，产品有保障人体健康和人身、财产安全的国家标准、行业标准的，是指不符合该标准的产品。缺陷产品可分为三类：（1）设计上的缺陷。指因设计错误而使产品具有不合理危险，如儿童玩具上有锐角。（2）制造上的缺陷。是指产品在加工、制作、装配等制造过程，不符合设计规范，或者不符合加工工艺要求，没有完善的控制和检验手段，致使产品存在不安全的因素，如食品在生产过程中渗入有毒物质。（3）指示上的缺陷。指未对产品的性质、性能、安全使用方法等提供充分的指示和警告。例如，制造商对有副作用的药品未作说明，则该药的副作用属于不合理的危险。合理的危险（含符合保障人身、财产安全标准的危险）不构成缺陷产品，合理危险导致人身、财产损害的，产品的生产者和销售者是不应承担赔偿责任的，如农药可毒死人。本案中，经泸州市产品质量监督检验所检验，被告将军公司生产的水泥烧失量不符合国标 175-1999 标准要求，属不合格产品，即产品存在制造上的缺陷，属于缺陷产品。

二、缺陷产品损害中生产者、销售者的责任认定，受害人和先行赔偿人的权利保护问题

归责原则是指确定行为人承担民事责任的理由和依据。产品责任的归责原则在经历了“无合同即无责任”原则与过错责任原则后，目前被国际社会普遍接受和采用的是于 20 世纪 60 年代发展起来的无过错责任原则。《中华人民共和国产品质量法》对产品责任采用以无过错责任原则为主，以过错责任原则为例外的立法形式。根据该法第四十一条规定，我国对生产者实行无过错责任原则，即无论生产者有无过错，只要因产品存在缺陷致使他人人身、财产发生损害，生产者就应当承担赔偿责任。

（一）生产者的无过错责任

生产者承担无过错责任，是由生产者的特殊地位决定的，实行无过错责任原则是为保护消费者的合法权益，但并非绝对责任、没有抗辩理由，在法定条件下，生产者也可以依法免除责任。

《产品质量法》第四十一条第二款规定了生产者免责的三个条件，如果生产者能够证明有下列情形之一的，不承担赔偿责任：（1）未将产品投入流通的。这里所谓的“投入流通”，按《斯特拉斯堡公约》[①] 的解释，是指生产者已将产品“交付”给另一

---

① 该公约于 1976 年通过，是欧洲共同体为使有关产品责任的法律统一作出的一项重大努力。《斯特拉斯堡公约》的特殊意义在于它在很大程度上统一了有关产品责任的法律规定，并阐发了产品责任立法的基本理论。

个人。何谓“交付”，无论是否采用出售、出租、出借、寄存方式，也无论是有偿或是无偿，只要是基于营业目的而为的产品流转活动，即可构成交付。生产者若能够证明他未将产品投入流通或未以缺陷产品投入流通或未出厂销售等，则不承担责任。如果某种未投入流通的缺陷产品是被偷拿出去或盗走销赃而流入社会，在使用过程中造成损害的，生产者亦不承担赔偿责任。（2）产品投入流通时，引起损害的缺陷尚不存在。产品出厂时没有缺陷，但在运输、储存、销售中，由于种种原因而导致产品缺陷，造成损害事实，对此，生产者也可免责。（3）生产者将产品投入流通时的科学技术水平尚不能发现缺陷存在的。这种缺陷即不能发现的潜在危险（或发展上的缺陷），指产品的生产虽已符合当时的科学技术标准，产品质量亦与当时的科学技术相适应，也符合国家有关规定，产品从生产到售出完全没有违反国家对产品质量的监督，但产品仍有现有工艺技术无法解决的潜在的不足和危险。对于这种危险，生产者不承担责任。但是，对于这种在产品投入流通时，生产者、销售者可能因某种原因或者科技水平未能发现产品有缺陷的情况，一旦在产品已经售出进入流通领域后发现产品存在缺陷的，作为产品的生产者、销售者应当及时以合理、有效的方式向使用人发出警示，或者采取召回缺陷产品等补救措施，以防止损害的发生或进一步扩大。①

但对上述免责条件的存在，生产者负有举证责任，即对生产者实行举证责任倒置的原则。所谓举证责任倒置原则，是指在产品责任诉讼中，本应受害人举证侵害人的过错，但是由于产品责任是一种特殊的责任，受害人无力举证，因而实行由侵害人进行反证，提供证据证明自己没有过错，即将举证责任倒置于侵害人。当侵害人不能对法律规定的免责条件进行有效的抗辩，提供有效证据时，法律推定侵害人应承担责任。

（二）销售者的过错责任

销售者因过错使产品存在缺陷，造成人身、他人财产损害的，应当承担赔偿责任。销售者不能指明缺陷产品的生产者也不能指明缺陷产品的供货者的，应当承担赔偿责任。销售者有义务知道生产者和供货者，销售者不知道或不能指明缺陷产品的生产者和供货者的，销售者就不能以证明自己没有过错而主张免责，就推定销售者主观上有过错，应当承担赔偿责任。

（三）受害人的权利

受害人是指因产品存在缺陷造成人身伤害、财产损失，有权要求赔偿的人，包括缺陷产品的买受人、使用人和其他受害人，公民、法人和其他组织均可成为受害人。

《产品质量法》第四十三条规定，因产品存在缺陷造成人身、他人财产损害的，受害人可以向产品的生产者要求赔偿，也可以向产品的销售者要求赔偿，即针对产品责任求偿对象的规定。也就是说，受害人因产品缺陷遭受人身伤害、财产损失之后，可以向该产品的生产者或销售者的任何一方提出侵权损害赔偿的要求，享有索赔对象的选择权利，这既保护了消费者利益，同时也加重了生产者、销售者的责任。

（四）先行赔偿人的追偿权

关于先行赔偿人的追偿权问题，《产品质量法》第四十三条也作了明确规定：属于

---

① 《侵权责任法》第四十六条规定：“产品投入流通后发现存在缺陷的，生产者、销售者应当及时采取警示、召回等补救措施。未及时采取补救措施或者补救措施不力造成损害的，应当承担侵权责任。”

产品的生产者的责任，产品的销售者赔偿的，产品的销售者有权向产品的生产者追偿；属于产品的销售者的责任，产品的生产者赔偿的，产品的生产者有权向产品的销售者追偿。此外，根据《侵权责任法》第五章“产品责任”的第四十四条之规定，“因运输者、仓储者等第三人的过错使产品存在缺陷，造成他人损害的，产品的生产者、销售者赔偿后，有权向第三人追偿”。这里所指的追偿，是指缺陷产品的生产者或销售者先行承担赔偿之后，有权向负有责任的人追还所支付的赔偿。

（五）赔偿范围

1. 人身损害的赔偿范围

人身损害的赔偿范围分为三种情形：第一，造成人身伤害的，侵害人应当赔偿医疗费、治疗期间的护理费、误工费。第二，造成残疾的，还应支付生活自助具费、生活补助金、残疾赔偿金、由其抚养的人所必需的生活费等。第三，造成死亡的，应当支付丧葬费、死亡赔偿金、由其生前抚养的人所必需的生活费等。

2. 财产损害的赔偿范围

财产损害应当恢复原状或者折价赔偿；受害人因此遭受重大损失的，应当赔偿损失。

本案中，南亚建司因使用将军公司生产的缺陷产品而遭受损害，南亚建司直接诉求销售者韩某某赔偿，威信法院依法判决韩某某赔偿南严建司损 80 832. 08 元和承担诉讼费 1 765. 00 元；本案原告韩某某又依追偿权，诉求缺陷产品的生产者将军公司赔偿其损失 91 284. 08 元，理应得到威信法院的支持。

审理结果

法院经审理判决由被告四川将军水泥有限公司赔偿原告韩某某损失 91 284. 08 元。

第五编

社　会　法

52 合同约定遇损失劳动者担责，为何法院判无效

案情回放①

2011年，张某进入南京某旅游公司当客车驾驶员负责接送员工上下班，每月工资为1 500元。半年后的一天上午，他接完所有的员工到单位后，返回停车场，行驶到南京经济技术开发区恒达路路口时，与骑摩托车的胡某相撞，造成胡某和其搭载的乘客王某死亡，客车和摩托车都有损坏。经过现场勘查，交通部门发现张某驾驶的机动车制动不良，通过有信号灯的路口时，未按信号灯的指示通行，遇情况采取措施不及时；而胡某无证驾驶无牌摩托车载人上路。交通部门认定，双方各负同等责任。

随后，胡某和王某的继承人向南京市栖霞区法院提起诉讼，法院判决旅游公司及车辆投保的保险公司总共赔付34万元。对于张某该赔偿旅游公司的数额，法院认为，根据劳动部门规定，劳动者因自身原因给用人单位造成损失，应该赔偿的金额可以从劳动者本人工资中扣除，每月扣除的工资不能超过当月工资的20%。因为张某在事故中不属于严重过失，酌情按月工资的10%共赔偿旅游公司2 250元。

对于法院的判决，旅游公司拿出张某入职时与其签订的《驾驶员聘用合同》，其中有一条为："如违反交通法规及张某原因造成的损失，由张某承担，公司不予负责。即使公司被责令承担责任，也有权全额向张某追偿。"公司主张张某应该承担10万元的赔偿，并于2012年6月向南京市中级人民法院上诉。

问题归纳

1. 用人单位要求劳动者赔偿损失的案件是属于劳动争议案件还是一般民事案件？
2. 劳动者在工作过程中给用人单位造成损失是否需要进行赔偿？
3. 劳动合同中有关免除用人单位责任的约定是否有效？

法条链接

一、法律法规

1.《中华人民共和国劳动合同法》第三条第一款：订立劳动合同，应当遵循合法、公平、平等自愿、协商一致、诚实信用的原则。

---

① 该案例来源于中国普法网：http：//www.legalinfo.gov.cn/pfkt/content/2013-05/29/content_ 4502490.htm?node=7905.

第三十九条：劳动者有下列情形之一的，用人单位可以解除劳动合同：（一）在试用期间被证明不符合录用条件的；（二）严重违反用人单位的规章制度的；（三）严重失职，营私舞弊，给用人单位造成重大损害的；（四）劳动者同时与其他用人单位建立劳动关系，对完成本单位的工作任务造成严重影响，或者经用人单位提出，拒不改正的；（五）因本法第二十六条第一款第一项规定的情形致使劳动合同无效的（注：根据该款第一项规定，以欺诈、胁迫的手段或者乘人之危，使对方在违背真实意思的情况下订立或者变更劳动合同的，劳动合同无效或者部分无效）；（六）被依法追究刑事责任的。

2. 《中华人民共和国劳动法》第十七条第二款：劳动合同依法订立即具有法律约束力，当事人必须履行劳动合同规定的义务。

二、其他

1. 原劳动部《违反〈劳动法〉有关劳动合同规定的赔偿办法》第七条：因赔偿引起争议的，按照国家有关劳动争议处理的规定办理。

2. 原劳动部印发的《工资支付暂行规定》第十六条：因劳动者本人原因给用人单位造成经济损失的，用人单位可按照劳动合同的约定要求其赔偿经济损失。经济损失的赔偿，可从劳动者本人的工资中扣除。但每月扣除的部分不得超过劳动者当月工资的20%。若扣除后的剩余工资部分低于当地月最低工资标准，则按最低工资标准支付。

法理导析

一、用人单位要求劳动者赔偿损失的案件是属于劳动争议案件还是一般民事案件

劳动者在履行劳动合同过程中造成用人单位财产损失的，应当作为劳动争议案件受理，还是应作为一般民事案件审理，法律没有明确规定，在司法实践中存在争议。山东、江苏、上海等地将此类案件作为劳动争议纠纷处理①，也有一些地方将此类案件作为一般的民事案件审理。实践中有一种观点认为，如果劳动者在履行劳动合同过程中直接造成用人单位财产损失的，应当作为劳动争议案件受理；如果用人单位在对劳动者的职务侵权行为对外承担赔偿责任后，向劳动者追偿的，则应当作为一般民事案件审理。另一种观点则认为，无论是劳动者在履行职务过程中直接或间接造成用人单位财产损失，用人单位要求劳动者赔偿或向劳动者追偿的，都应作为劳动争议案件审理。

笔者倾向于第二种意见。理由如下：（1）虽然此类案件不属于劳动者提供劳动、用人单位支付劳动报酬等典型意义上的劳动争议，但是单位要求财产损害赔偿的基础法律关系是双方签订的劳动合同关系。由于损害赔偿的事实源于劳动者的职务行为，不同于平等民事主体间的损害赔偿纠纷，两者间的权利义务首先要受到劳动合同和劳动法的调整。因此，无论是劳动者在履行职务过程中直接造成用人单位财产损失的，还是用人单位对于劳动者的职务侵权行为在对外承担赔偿责任后向劳动者追偿的，或者是劳动者

① 有代表性的地方规定具体可参见：山东省劳动厅、山东省高级人民法院《关于审理劳动争议案件若干问题的规定》（鲁劳发〔1998〕147号）第十一条规定；江苏省劳动争议仲裁委员会关于印发《江苏省劳动争议仲裁案件研讨会纪要》的通知（苏劳仲委〔2004〕1号）。

作为经办人因第三人的不法侵害造成用人单位财产损失的，都应作为劳动争议案件审理，才更有利于纠纷的妥善解决。（2）原劳动部《违反〈劳动法〉有关劳动合同规定的赔偿办法》第七条，以及原劳动部印发的《工资支付暂行规定》第十六条的相关规定，以及山东、江苏、上海等地的相关规定，都将此类案件作为劳动争议纠纷处理，这些都在法律法规层面上明确了用人单位对劳动者的损害赔偿案件应当作为劳动争议案件处理。因此由于劳动者给用人单位造成财产损失引发的纠纷，应先经劳动争议仲裁委员会仲裁，对仲裁裁决不服的，可以向人民法院起诉。

二、劳动者因为过失给用人单位造成损失是否需要赔偿

在实践中，有专家认为劳动者赔偿用人单位经济损失应以直接经济损失为限。还有的专家指出，用人单位一概要求劳动者承担经济责任，对劳动者来说显然是不公平的。这涉及用人单位对自身收入的分配，其实劳动者的报酬只是其中很小的一部分，大部分都成为了用人单位的利润。而作为劳动者造成的损失，其实是用人单位本身的一种经营风险。权利和义务是对等的，既然用人单位获得了大部分的收入，那么对此它也应该承担更多的风险责任。

笔者认为劳动者在履行职务行为过程中给用人单位造成的损失，劳动者是否应当承担赔偿责任，则应当综合考量劳动关系的特殊性和劳动者的过错程度予以确定。

劳动者和用人单位的法律地位不同。用人单位具有双重身份，既是企业财产的所有者和管理者，又是劳动者的监督者和管理者，而劳动者则处于相对的弱势地位，在发生劳动者造成用人单位经济损失的情况，若不区分情况，一律让劳动者承担全部赔偿责任，实质是将企业的经营风险全部转移到劳动者身上，不符合公平原则。因此，只有在劳动者因故意或者重大过失造成用人单位经济损失的情况下，才有可能承担全部或者部分责任。如果劳动者没有过失或者仅存在轻微过失，则无须赔偿。在确定劳动者承担的赔偿责任的大小时，还应当综合考虑劳动者的工作岗位、职责、薪酬、过错程度等因素，遵循公平合理的原则。

在确定劳动者因故意或者重大过失承担赔偿责任的具体赔偿数额时，首先，如果劳动合同有约定的，则应当以劳动合同约定的赔偿费用为准。其次，单位如果有相应的规章制度，并经过职工大会或者职代会通过，且已向劳动者本人告知或者公示，在审理相关案件时可以将该规章制度作为处理的依据，但是单位要承担相应的举证责任，以防止单位滥用权利。最后，应综合考量用人单位的具体情况和劳动者的经济状况，如企业的危险性如何、企业效益如何、用人单位对劳动者执行职务是否曾加指示、用人单位所选用的劳动者的劳动技能是否适合对应的工作岗位、用人单位指派劳动者就所在岗位是否给予必需的技能培训、损害事实的发生是否因用人单位管理上的缺失所致、企业设施是否完备、劳动者的工资是否低廉、劳动是否过度等，酌情确定劳动者的赔偿数额。而劳动者也可依据过失相抵原则，请求减免自己的责任。

具体到本案中，张某在通过有信号灯的路口时未按信号灯的指示通行，遇情况措施不及，在交通事故中负有同等责任，可见张某对于事故的发生有重大过错，依照法律就要承担部分责任；本案所涉张某驾驶的机动车制动不良，故旅游公司对机动车的管理也有疏忽，对此也应当承担管理不善的责任。综合考量张某的工资收入水平与旅游公司的直接损失数额，本案应判决酌定由张某承担部分赔偿责任。

最后，在本案中，旅游公司与张某关于张某违反交通法规及其自身原因造成的损失由张某个人全部承担、旅游公司不予负责的约定，全面免除了旅游公司的经营风险、转嫁了作为雇主的法定责任，完全排除了用人单位的义务，加重了劳动者的赔偿责任，该约定应为无效。

审理结果

南京市中级人民法院判定，事故有关损失全部由张某承担的约定无效，但张某因自己的过失造成了公司损失，也应承担部分赔偿责任。最终法庭兼顾张某的实际收入，判定其赔偿公司的数额为其年收入的 30%，总共 5 000 多元。

53 女职工退休年龄规定所引发的争议

案情回放①

周女士原为中国建设银行平顶山支行出纳科副科长，由于年满 55 周岁单位按照相关规定要求其退休。周女士对单位决定不服，认为自己足以胜任目前的工作，要求与男性一样享有 60 岁退休的权利，并称单位的这一做法属于退休歧视，违反宪法。2005 年 8 月，周女士向平顶山市劳动仲裁委员会提出仲裁申请，要求建行撤销该退休决定。上海交通大学法学院的周教授予周女士在四川大学读法学研究生的儿子李某一起，义务担任周女士的代理人。10 月 11 日，平顶山市劳动争议仲裁委员会开庭仲裁，代理人李某提出，宪法具有最高的法律效力，一切法律、行政法规、地方性法规、自治条例和单行条例、规章都不得同宪法相抵触，《国务院关于安置老弱病残干部的暂行办法》关于男女退休年龄的不同规定属于下位法违反上位法，有关机关应依照权限予以改变或者撤销。而建行平顶山支行针对周女士的退休决定，因违反宪法男女平等原则而不具备法律效力，应依法予以撤销。仲裁员认为，受理仲裁范围仅在申诉人的退休问题是否符合现行法律法规，申诉人所提的请求不属于仲裁委员会管辖范围。10 月 17 日，仲裁庭宣布仲裁结果，驳回周女士的申诉请求。后周女士向法院提起诉讼。

针对该案，北京大学法学院妇女法律研究与服务中心（以下简称“中心”）就国发〔1978〕104 号文件关于女职工退休年龄的规定，向全国人大常委会提起违宪审查建议。国发〔1978〕104 号文件包括《国务院关于安置老弱病残干部的暂行办法》和《国务院关于工人退休、退职的暂行办法》。其中，《国务院关于安置老弱病残干部的暂

① 该案例来源于以下网址：http：//lesson. calaw. cn/article/default. asp？ id = 109.

行办法》第四条规定，男年满 60 周岁、女年满 55 周岁的干部可以退休；《国务院关于工人退休、退职的暂行办法》第一条则规定男年满 60 周岁、女年满 50 周岁的工人应该退休。中心在违宪审查建议书中指出，上述关于退休年龄的规定违反了我国宪法第三十三条第二款“中华人民共和国公民在法律面前一律平等”以及第四十八条第一款“中华人民共和国妇女在政治的、经济的、文化的、社会的和家庭的生活等各方面享有同男子平等的权利”的规定。为此，建议根据现实的需要和国际发展的潮流，建立科学的、符合中国国情需要的退休制度，提出在将来出台的《养老保险法》中确立弹性退休制度，将男女退休年龄统一规定为 60 周岁，并允许在特定情形下，经过本人申请，主管部门批准，提前 1 至 10 年退休，领取非全额养老保险金，个别岗位经过批准可适当延长退休年龄。

问题归纳

我国关于男女退休年龄差别对待的规定与做法是否合法、是否具有正当性？

法条链接

《中华人民共和国宪法》第三十三条第二款：中华人民共和国公民在法律面前一律平等。

第四十二条第一、二款：中华人民共和国公民有劳动的权利和义务。国家通过各种途径，创造劳动就业条件，加强劳动保护，改善劳动条件，并在发展生产的基础上，提高劳动报酬和福利待遇。

第四十八条：中华人民共和国妇女在政治的、经济的、文化的、社会的和家庭的生活等各方面享有同男子平等的权利。国家保护妇女的权利和利益，实行男女同工同酬，培养和选拔妇女干部。

法理导析

一件是劳动者和用人单位之间因执行退休规定而引发的争议，一件是向全国人大常委会提起的违宪审查建议，却使人们将关注的焦点共同投向了我国退休制度中男女退休年龄差异的问题上。其实，早自 1990 年起，每年都有全国人大代表和全国政协委员提交的关于男女公务员退休年龄差距的相关议案和提案，2003 年 7 月全国妇联向全国人大常委会提交了“关于国家公务员男女同龄退休问题的建议报告”。男女退休年龄的差异引起了社会各界的广泛关注，要求男女同龄退休的呼声也日益高涨。在这场孰是孰非的论辩中，必须以宪法规定的平等权和劳动权的保护为核心，对男女退休年龄差别规定的依据基础、合理性以及退休年龄的立法进行探讨，才可厘清问题的根本症结所在。

一、男女退休年龄差别的规范依据及基础

我国现行的关于男女退休年龄的规定，参照的是 1978 年 5 月 24 日的《国务院关于安置老弱病残干部的暂行办法》和《国务院关于工人退休、退职的暂行办法》的相关规定。《暂行办法》中对退休年龄的规定，一般情况下是“男年满 60 周岁，女工人年

满 50 周岁，女干部年满 55 周岁”。之所以对男性和女性的退休年龄区别对待，正如原国家人事部福利与离退休司王文波副司长所言：“这是以我国男、女不同的生理特点为科学依据，从保护妇女同志权益的角度出发研究制定的，有利于保护在基层工作的女性同志的身体健康。”在退休年龄上对女性的特殊保护，主要是基于现实中两个方面的因素：第一，从生理特征上而言，女性较之男性更为柔弱。让女性较早退休，是为了其更好地休息和享受社会保障，是对女性合法权益的保护。第二，从社会角色上而言，女性更多地担任了生育子女、操持家庭的重担。国家除了对女性在生育时给予充裕的休息假期等妇婴保护以外，还规定较低的退休年龄，从而实现对女性的照顾和保护。

二、男女退休年龄差别规定的合理性及限度

《宪法》第三十三条第二款规定“中华人民共和国公民在法律面前一律平等”，“同等情况同等对待，不同情况不同对待”，则是平等权适用的基本原则。在此涉及的对男性和女性职工退休年龄的不同对待，它不仅需要上述为其差别对待提供规范依据的检视，也需要对其差别对待的合理性进行审视。这便涉及差别对待的限度和范围问题。德国宪法理论上的“比例原则”，为考量差别对待的合理性提供了较为成熟的准则。它要求涉及公民基本权利的国家公权力行为，其目的和手段之间要有一个适当的比例。立法者在对法律对象进行区别对待时，要依据比例原则中的“不可过度原则”，即手段不能超过目的所需，并且要实现利益的权衡。

首先，在退休年龄上的差别，是否为保护女性职工所必需的手段。根据《劳动法》第七章“女职工和未成年工的特殊保护”中，从第五十九条到第六十三条规定的主要是禁止女性从事繁重劳动以及女性在经期、怀孕期、产期和哺乳期等期间的保护，这是基于女性的生理特征和孕育之责所进行的特殊保护，并不违反平等权的基本准则，而且是为实现平等权所必需的。是否在这些特殊保护措施之外，再规定女性较之男性提前退休才能实现平等权的真正内涵，对这个问题的回答则需要对提前退休的意义及其影响予以客观审视。根据对美国最高法院在近四十年来对两性工作平等制度的相关判决，所讨论的就业歧视也主要是两性报酬平等、差别待遇歧视和差别影响歧视、禁止怀孕歧视、工作场所性骚扰、家长休假制度等方面的。

其次，为何要在男性职工和女性职工的退休年龄上设定五岁的差距，而不是三岁、八岁等其他标准，这也需要客观的依据。据美国社会保障署编写的《全球社会保障——1999》资料统计：1999 年，全世界 165 个国家或地区的平均退休年龄，男性为 60.5 岁，女性为 58.6 岁，两性差距不到 2 岁。较之这一平均数据，我国在两性退休年龄的差距上是很大的。一方面要充分保障女性的就业和劳动，使其社会价值和自我价值得以充分的体现，另一方面要保障女性的身心健康，在退休后充分享受社会保障的福利，提前多少年退休最有利于实现这一目标，也需要运用科学调查的结果和数据予以说明。

在现实中，还会发现一个十分有趣的现象，这也是近年来对男女不同退休年龄规定进行批判最有利的武器，即这一本为保护女性所采取的举措在施行中却偏离了其初衷。提早退休可以提早免除女性的“劳役之苦”，但对其带来的负面影响也是很明显的。根据我国现行的工资制度，退休之后所取得的退休金远远低于其在工作期间的工资收入，这也是上述周女士对退休年龄规定提起劳动仲裁和诉讼的经济原因之一。同时，和退休紧密相关的退休金数额，也是按照其职位和工作年限确定的，退休得越早，工作的时间越短，相应地退休金也就越少。本为对女性的特殊保护之举，规定其较之男性提前五年退休，却最终导致了对女性个人经济上的不利后果。影响还不至于此，在我国劳动力市场较为饱和的当前，因女性 50 岁或 55 岁退休的规定，45 岁以上的女性动辄面临着下岗、分流的危险，50 岁左右的女干部也被排除在培养选拔队列之外。因此，本为保护女性的退休年龄规定，却在实施中给女性带来了更大的压力，也影响了其薪金收入、社会保障以及政治参与等方面的权益。

三、《暂行办法》与法律保留原则

我国关于退休年龄的明确规定，最早的是 1958 年 2 月 9 日发布的《国务院关于工人、职员退休处理的暂行规定》。1978 年 5 月 24 日，第五届全国人民代表大会常务委员会第二次会议原则批准的《国务院关于安置老弱病残干部的暂行办法》和《国务院关于工人退休、退职的暂行办法》（国发〔1978〕104 号）又将“男年满 60 周岁，女工人年满 50 周岁，女干部年满 55 周岁”退休予以明确。1993 年我国出台的《国家公务员暂行条例》第七十八条规定“男 60 周岁退休，女 55 周岁退休”。在近些年来对女性退休年龄改革的一片呼声中，制定于 1992 年的《妇女权益保护法》在 2005 年修订之时，也只是第 27 条规定“各单位在执行国家退休制度时，不得以性别为由歧视妇女”，而未明确退休的具体年龄。而我国新制定的《公务员法》自 2006 年 1 月 1 日施行之日也废止了《国家公务员暂行条例》的效力，其第八十七条规定“公务员达到国家规定的退休年龄或者完全丧失工作能力的，应当退休”。因此，我国关于退休年龄的规定仍然沿用的是制定于近三十年前的《国务院关于安置老弱病残干部的暂行办法》和《国务院关于工人退休、退职的暂行办法》两个《暂行办法》，即北京大学妇女法律研究与服务中心提交违宪审查建议书中的审查对象。

对于《暂行办法》的性质，也主要存在着两种不同的观点：一种观点认为，这是不规范的行政法规，且仅“经党中央和全国人民代表大会常务委员会原则批准”，说明当时审批机关有保留意见，这也是北京大学妇女法律研究与服务中心提交的违宪审查建议书中所持的观点；另一种观点认为，没有全国人大及其常委会的立法，由第五届全国人大常委会授权立法，相当于准法律。这两种观点差别的关键则在于，对“全国人大常委会原则批准”的效力的认定，即通过全国人大常委会原则批准的行政法规是否具有与形式法律一样同等的效力。之所以对两个《暂行办法》的性质予以界分，因为根据《宪法》第四十四条规定“国家依照法律规定实行企业事业组织的职工和国家机关工作人员的退休制度”，那么在此涉及的问题便是通过《暂行办法》对退休制度的重要内容之退休年龄予以规定是否符合宪法中“依照法律规定”的要求。

这里就涉及对《宪法》第四十四条中“法律”的含义的理解，它指的是仅由全国人大及其常委会制定的形式意义上的法律，还是广泛的实质意义上的法律。这里需要结合该条款在宪法中所处的地位及目的予以解释，第四十四条是在《宪法》第二章“公民的基本权利和义务”中、在第四十二条“劳动的权利和义务”、第四十三条“休息的权利”之后规定的。第四十四条“退休制度”要“按照法律规定”实行，义务主体是

"国家"，是对国家行使权力的限制，它承载的是对劳动者权利的保障。对于宪法明文规定的特别法律保留事项、关于公民的基本权利和义务、国家机关的组织以及其他重要事项，都应由立法者以法律规定，没有法律依据行政机关不得为之，这是近代民主法治进程中法律保留原则的基本要义。从这个意义上而言，《宪法》第四十四条规定的"法律"应该指的是形式意义上的、由全国人大及其常委会制定的法律。而无论是将两个《暂行办法》视为行政法规，还是准法律，在形式要件上均不符合宪法上"按照法律规定"的要求。况且，在 2005 年制定的《公务员法》和修订的《妇女权益保障法》在退休年龄的标准上，仍然沿用制定于近三十年前的《暂行办法》，无论是时间的对应性还是效力的层级性上，都显示了与宪法规定和理论不相一致的一面。如果说三十年前无对《宪法》第四十四条规定予以具体化的"法律"还情有可原，时至法律体系日臻健全的今天，在涉及公民基本权利的"退休制度"上仍无具体的法律，不能不说是立法的怠惰了。

审理结果

法院作出一审判决，认为建行平顶山分行的决定符合现行国家政策和法规，并无不当，故驳回原告周女士的诉讼请求。

54 职工拒绝加班不能作为辞退理由

案情回放①

某服装厂于 2011 年 6 月取得一批订货合同，为了尽快完成合同约定的任务，厂领导单方决定，全体职工平时每天加班 3 小时，每周六全天加班。对此，该厂职工黄某等人十分不满，坚持了半个多月，多次向厂领导提出意见，均被驳回。黄某等人一气之下，自行决定按照厂内规章规定的工作时间，达到下班时间后，自行离厂。为此厂领导几次严厉批评黄某等人无效后，以违反厂规厂纪为由，作出了对黄某等人予以辞退的决定。黄某不服，诉到劳动争议仲裁委员会。

问题归纳

本案中用人单位是否有权要求劳动者加班？

法条链接

1.《中华人民共和国宪法》第四十三条：中华人民共和国劳动者有休息的权利。

① 该案例来源于法律快车网：http：//www. lawtime. cn/info/laodong/gongshixiujia/2010071037508. html.

国家发展劳动者休息和休养的设施，规定职工的工作时间和休假制度。

2.《中华人民共和国劳动法》第三十六条：国家实行劳动者每日工作时间不超过八小时，平均每周工作时间不超过四十四小时的工时制度。

3.《国务院关于职工工作时间的规定》第三条：职工每日工作 8 小时、每周工作 40 小时。

第六条：任何单位和个人不得擅自延长职工工作时间。因特殊情况和紧急任务确需延长工作时间的，按照国家有关规定执行。

4.《中华人民共和国劳动合同法》第四条第一、二款：用人单位应当依法建立和完善劳动规章制度，保障劳动者享有劳动权利、履行劳动义务。用人单位在制定、修改或者决定有关劳动报酬、工作时间、休息休假、劳动安全卫生、保险福利、职工培训、劳动纪律以及劳动定额管理等直接涉及劳动者切身利益的规章制度或者重大事项时，应当经职工代表大会或者全体职工讨论，提出方案和意见，与工会或者职工代表平等协商确定。

法理导析

我国法律、法规对劳动者工作时间的规定，是从保护劳动者休息、休假权利的角度出发，是维护劳动者身心健康的必要措施，任何单位和个人都无权违反上述法律规定，侵害劳动者休息、休假权利。如因特殊工作需要，确需延长工作时间，也必须遵守相应的程序和限度规定。《劳动法》第四十一条规定：“用人单位由于生产经营需要，经与工会和劳动者协商后可以延长工作时间，一般每日不得超过一小时；因特殊原因需要延长工作时间的，在保障劳动者身体健康的条件下延长工作时间每日不得超过三小时，但是每月不得超过三十六小时。”《劳动部关于贯彻执行〈中华人民共和国劳动法〉若干问题的意见》（劳部发〔1995〕309 号）第七十一条规定：“协商是企业决定延长工作时间的程序（劳动法第四十二条和《劳动部贯彻〈国务院关于职工工作时间的规定〉的实施办法》第七条规定除外），企业确因生产经营需要，必须延长工作时间时，应与工会和劳动者协商。协商后，企业可以在劳动法限定的延长工作时数内决定延长工作时间，对企业违反法律、法规强迫劳动者延长工作时间的，劳动者有权拒绝。若由此发生劳动争议，可以提请劳动争议处理机构予以处理。”

本案中厂领导的决定存在三处错误：一是延长工作时间程序违法。厂领导既没有同工会协商，也没有与劳动者协商，单方面作出决定，缺乏法定程序。二是延长工作时间超出了法律规定的限度。根据厂领导的要求，每日加班 3 小时，周六也要加班，仅以黄某等人坚持了半个多月来看，已经超过了每月最高不得超过 36 小时的规定。三是错误地理解“厂规厂纪”。“厂规厂纪”是根据一定民主程序产生的具有一定稳定性的企业内部规章制度，该厂领导将自己的临时决定作为“厂规厂纪”，认为自己在厂内应该是“言出法随”，这是一种错误的“家长”作风，是不符合法律规定的。因此黄某等人拒不执行厂领导延长工作时间的决定，没有违反厂规厂纪，也不能因此认为黄某等人违反劳动合同约定，不能因此辞退黄某等人。因此，厂方辞退黄某等人的决定无效。市场经济条件下，企业经常会遇到生产任务紧急，确实需要加班的情况，但一定不能忘记要按照法定的程序，在法定限度内适当安排。

值得提醒的是：第一，劳动者享有劳动权、休息权和健康权，公司事务繁忙，劳动者在保障自己的休息权和健康权的前提下，合理地响应公司加班的要求也是正当的，但如果加班过多，严重影响劳动者的休息权时，劳动者可以依法拒绝。如果劳动者的健康状况不适合加班，劳动者更可以合法地拒绝公司的加班要求。劳动者在拒绝加班时，也应该合法合理，与公司进行妥善的沟通。第二，用人单位需要员工加班时，应该依据法律的规定，与工会和员工进行协商，要注意加班时间不能超过法律的最高限制，在员工身体健康状况不适时，不能违反员工的意愿强制性要求员工加班。公司在维持公司正常生产经营的同时，也要注意维护员工的休息权和健康权。

审理结果

劳动争议仲裁委员会经审理，裁决厂方对黄某等人作出的辞退决定无效。

第六编

程　序　法

55 非法证据之排除

——燕某B被控受贿宣告无罪案

案情回放①

被告人燕某A，捕前系湖南省常德市人民代表大会常务委员会副主任（副厅级）。因涉嫌受贿、贪污犯罪于2010年2月7日被刑事拘留，同月21日被逮捕。

被告人燕某B，个体工商户。因涉嫌受贿犯罪于2010年2月11日被刑事拘留，同月25日被逮捕。

湖南省娄底市人民检察院以娄检公二诉（2010）11号起诉书指控燕某A犯受贿罪、贪污罪和被告人燕某B犯受贿罪，向湖南省娄底市中级人民法院提起公诉。

2011年9月7日，娄底市中级人民法院作出（2010）娄中刑二初字第15号刑事判决书。娄底市中级人民法院认为，被告人燕某A身为国家工作人员，利用职务便利，伙同被告人燕某B共同非法收受他人财物或单独非法收受他人财物，为他人谋取利益，两被告人的行为均已构成受贿罪；被告人燕某A还利用其职务上的便利，采取欺骗的手段非法占有公共财物，其行为已经构成贪污罪。在被告人燕某A、燕某B共同收受胡某某50万元的受贿犯罪中，被告人燕某A担任湖南省澧县县委书记等职务之便，被告人燕某A起了主要作用，系主犯；被告人燕某B不是国家工作人员，本身不具有职务犯罪的基础，依附于其叔叔燕某A的职务行为共同实施受贿犯罪，在共同犯罪中起了辅助、次要作用，系从犯。判决如下：（1）被告人燕某A犯受贿罪，判处有期徒刑十一年，并处没收个人财产三十万元；犯贪污罪，判处有期徒刑三年。数罪并罚，决定执行有期徒刑十二年，并处没收个人财产三十万元。（2）被告人燕某B犯受贿罪，判处有期徒刑五年。

一审判决后，二被告人均不服，分别向湖南省高级人民法院提出上诉。上诉人燕某B提出，收受胡某某50万元是自己的劳动报酬且没有与燕某A通谋，自己所作的有罪供述是因侦查人员称只有按他们的意图交代了，才会让其婶娘毛某某取保候审，才会作出对燕某A有利的处理，加上燕某A为了尽早让其妻子毛某某解除强制措施，按照侦查机关的意图写信给我，让我按照信上所说的要点去交代，才违背事实作了虚假供述，因此，其本人不构成受贿，请求二审法院宣告其无罪。上诉人燕某B的辩护人提出，侦查机关采取串供、诱供的非法手段取得燕某B的口供和亲笔供词，其有罪供述属于非法言词证据，应予以排除；燕某A供述及侦查机关收集的证明燕某A为胡某某打招

① 该案例来源于以下网址：http：//www.tdrxb.com/show_ content.php? id=341.

呼的相关证人证言存在虚假，不能采信；一审认定燕某 A 与燕某 B 构成共同受贿的证据不确实、不充分，不能认定二上诉人有共同受贿的故意和行为，因此应当撤销一审判决对燕某 B 的定罪量刑部分，并宣告燕某 B 无罪。

湖南省高级人民法院经审理后认为，燕某 B 在侦查阶段的讯问笔录共有 76 次，前 71 次虽供认收取了胡某某 50 万元，但否认利用了燕某 A 的职务之便，也没有将收取好处费的情况告知燕某 A。燕某 B 确实是在侦查人员转交燕某 A 的信件后才供认与燕某 A 通谋共同受贿的，现侦查机关不能提供该信件，且在燕某 A42 次讯问笔录中有 6 次对该笔事实的有罪供述，其中有 5 次供述收受金额是 55 万元，与燕某 B 供述收受 50 万元存在数额上的差异。另外，重要证人高某某侦查阶段提供的证言严重失实，其以澧县政务中心主任身份证实燕某 A 向他打招呼并在长沙某某公司要求减免规费的报告上签字，但事实上高某某当时已不担任该职。原审证人陈某某二审出庭作证，推翻原审采信的证言，说燕某 A 并未就胡某某的事向其打过招呼；证人徐某某也在二审出庭作证时讲以前说在竞买现场接到燕某 A 电话要其退出竞买的证言是不真实的，是侦查机关加上去的。因此，原审认定燕某 A、燕某 B 共同受贿 50 万元的证据未经查证属实，定罪的关键证据不确实，其上诉理由和辩护意见应予以采纳。但燕某 B 上诉提出收受胡某某 50 万元是自己的劳动报酬的理由与事实不符。虽原审认定的与燕某 A 通谋受贿的证据不确实，但燕某 B 利用燕某 A 的职务影响力收受请托人财物的事实清楚，证据确凿，其收受的财物不属劳动报酬。依照当时的法律，不能定罪和追究刑事责任，但非法所得应予追缴。除燕某 A、燕某 B 共同受贿证据不确实外，原审认定燕某 A 受贿、贪污的其余犯罪事实清楚，证据确实、充分，定罪准确，对燕某 A 犯贪污罪的量刑适当，审判程序合法。

问题归纳

1. 侦查人员传递燕某 A 的信件给燕某 B，燕某 B 按照信件内容作出的有罪供述是否系非法言词证据，是否应予以排除？

2. 燕某 B 与燕某 A 是否构成共同受贿？

3. 对燕某 B 是否可以以利用影响力受贿罪定罪量刑？

法条链接

一、法律法规

1.《中华人民共和国刑法》第十二条：中华人民共和国成立以后本法施行以前的行为，如果当时的法律不认为是犯罪的，适用当时的法律；如果当时的法律认为是犯罪的，依照本法总则第四章第八节的规定应当追诉的，按照当时的法律追究刑事责任，但是如果本法不认为是犯罪或者处刑较轻的，适用本法。本法施行以前，依照当时的法律已经作出的生效判决，继续有效。

第二十五条：共同犯罪是指二人以上共同故意犯罪。二人以上共同过失犯罪，不以共同犯罪论处；应当负刑事责任的，按照他们所犯的罪分别处罚。

第三百八十五条：国家工作人员利用职务上的便利，索取他人财物的，或者非法收受他人财物，为他人谋取利益的，是受贿罪。国家工作人员在经济往来中，违反国家规定，收受各种名义的回扣、手续费，归个人所有的，以受贿论处。

第三百八十八条之一：国家工作人员的近亲属或者其他与该国家工作人员关系密切的人，通过该国家工作人员职务上的行为，或者利用该国家工作人员职权或者地位形成的便利条件，通过其他国家工作人员职务上的行为，为请托人谋取不正当利益，索取请托人财物或者收受请托人财物，数额较大或者有其他较重情节的，处三年以下有期徒刑或者拘役，并处罚金；数额巨大或者有其他严重情节的，处三年以上七年以下有期徒刑，并处罚金；数额特别巨大或者有其他特别严重情节的，处七年以上有期徒刑，并处罚金或者没收财产。离职的国家工作人员或者其近亲属以及其他与其关系密切的人，利用该离职的国家工作人员原职权或者地位形成的便利条件实施前款行为的，依照前款的规定定罪处罚。

2. 2012 年《中华人民共和国刑事诉讼法》第五十条：审判人员、检察人员、侦查人员必须依照法定程序，收集能够证实犯罪嫌疑人、被告人有罪或者无罪、犯罪情节轻重的各种证据。严禁刑讯逼供和以威胁、引诱、欺骗以及其他非法方法收集证据，不得强迫任何人证实自己有罪。必须保证一切与案件有关或者了解案情的公民，有客观地充分地提供证据的条件，除特殊情况外，可以吸收他们协助调查。

第五十三条第一款：对一切案件的判处都要重证据，重调查研究，不轻信口供。只有被告人供述，没有其他证据的，不能认定被告人有罪和处以刑罚；没有被告人供述，证据确实、充分的，可以认定被告人有罪和处以刑罚。

第二百二十五条：第二审人民法院对不服第一审判决的上诉、抗诉案件，经过审理后，应当按照下列情形分别处理：（一）原判决认定事实和适用法律正确、量刑适当的，应当裁定驳回上诉或者抗诉，维持原判；（二）原判决认定事实没有错误，但适用法律有错误，或者量刑不当的，应当改判；（三）原判决事实不清楚或者证据不足的，可以在查清事实后改判；也可以裁定撤销原判，发回原审人民法院重新审判。原审人民法院对于依照前款第三项规定发回重新审判的案件作出判决后，被告人提出上诉或者人民检察院提出抗诉的，第二审人民法院应当依法作出判决或者裁定，不得再发回原审人民法院重新审判。

二、其他

《最高人民法院、最高人民检察院、公安部、国家安全部、司法部关于办理刑事案件排除非法证据若干问题的规定》第一条：采用刑讯逼供等非法手段取得的犯罪嫌疑人、被告人供述和采用暴力、威胁等非法手段取得的证人证言、被害人陈述，属于非法言词证据。

第二条：经依法确认的非法言词证据，应当予以排除，不能作为定案的根据。

法理导析

1. 侦查人员传递燕某 A 的信件给燕某 B，燕某 B 按照信件内容作出的有罪供述系非法言词证据，应当予以排除。

《刑事诉讼法》第五十三条明确规定对一切案件的判处都要重证据，不轻信口供。

《刑事诉讼法》第五十条以及《最高人民法院、最高人民检察院、公安部、国家安全部、司法部关于办理刑事案件排除非法证据若干问题的规定》规定了以刑讯逼供和以威胁、引诱、欺骗等非法手段取得犯罪嫌疑人、被告人的供述属于非法言词证据，应予以排除。

本案中，证据就来源于办案机关对燕某B所做的讯问笔录，核心违法行为就是办案人员违法传递燕某A的信件给燕某B，并诱导燕某B按照燕某A信件指示的虚假内容进行供述。如燕某B的第27次讯问笔录中，办案人员问："今天我们把你叔叔写给你的信再次给你看，因为你叔叔是厅级干部，你这样做是有他的道理的；第二，他希望把他老婆放回去，继续把自己的家庭搞好，希望把你也从轻从宽处理，也是为你的家庭着想，他觉得对不起他的大哥，也就是你爸爸；第三，他也是为他自己着想，只有态度好，才能得到从轻从宽处理。希望你也要为你的家族、家庭着想，争取从轻从宽处理。钱你是保不住，你考虑你自己的出路，省检察院领导的态度，如果你配合得好，根据燕某A的表现，可以对你从轻从宽处理，如果你态度不好，绝对从严从重处理。"办案人员的这段话，反映了办案人员多次将燕某A的信件给燕某B看，并且信件是由办案人员保管和控制的，办案人员要求燕某B按照信中指示去做，燕某A给燕某B写信的目的是希望将其妻子早点放回去以及燕某B获得从轻从宽处理。燕某A和燕某B当庭分别陈述的信件内容基本一致，内容包括叔侄通谋由燕某A向有关部门领导打招呼帮胡某某竞买土地、胡某某支付给燕某B的50万元是送给燕某A的、燕某A要燕某B保管这50万元等。再如燕某B的第33次讯问笔录中，办案人员分五个方面将燕某A的相关交代以及相关证人的证言都给燕某B讲了，诱导燕某B进行供述。从以上讯问笔录内容看，办案人员违法为燕某A传递信件并诱导燕某B按照燕某A的指示内容进行供述，属于典型的串供，经过办案人员数十次的诱导工作后，最终使燕某B从2010年5月8日开始按照其燕某A的指示作有罪供述及书写亲笔供词，属于典型的诱供。但是：第一，燕某B和燕某A涉嫌共同受贿，依法应当分开羁押，燕某A没有条件与燕某B当面沟通或者以自由通信的方式与燕某B对话，燕某A通过办案人员传递内容虚假的信件（燕某B在多次笔录中都反映信件内容与事实不符），实质是要求燕某B将错就错，以追求办案机关"不追究毛菊英刑事责任、对燕某B从轻缓刑"的承诺，燕某B的有罪供述是在燕某A的劝说以及办案人员的所谓"思想工作"诱导之下违心作出的，其有罪供述不能作为定案依据。第二，从燕某A及燕某B关于该50万元的有罪供述的内容看，"50万元系胡某某送给燕某A的，燕某B只是替燕某A保管该50万元"有悖常理。这只能说明一个问题，那就是燕某A与燕某B有关50万元的有罪供述是办案机关串供、诱供的结果。

原判决认定侦查人员传递燕某A信件给燕某B系动员亲属进行规劝，是攻心战术，属于侦查技巧，不是非法取证手段，所获取的燕某B有罪供述可以采信。我们认为，应排除燕某B的有罪供述，理由如下：

首先，燕某B前71次供述虽然承认其收受了胡某某50万元，但都否认利用了燕某A的职务之便，并且始终供述其没有将收取好处费的情况告知燕某A。根据燕某A、燕某B二人当庭对信件内容的描述，信件核心内容包括二人有通谋、燕某B将收取好处费的事情告诉了燕某A、如果燕某B认罪则能够得到“不追究毛某某刑事责任、燕某B缓刑”的处理结果等。本案中，燕某A与燕某B涉嫌共同犯罪，侦查机关却为二人传递信件，是典型的帮助串供行为，是违法行为；侦查机关要求燕某A给燕某B写信，并对燕某A承诺，如果燕某B按信认罪则不追究燕某A的妻子毛某某刑事责任，其侄儿燕某B作缓刑处理，侦查机关的行为明显属于诱供、骗供行为，也是非法的。

其次，关于燕某A是否利用职务上的便利为胡某某谋取利益，本案中侦查机关收集的证人证言不足为证，在其他证据不确实、不充分的情况下，侦查机关以串供、诱供和骗供的手段获取燕某B有罪的供述，并以此作为追究燕某A和燕某B共同受贿的关键证据，使无罪的人受到刑法追究，其违法取证的后果非常严重，原判决采信燕某B的有罪供述是错误的。

最后，《最高人民法院、最高人民检察院、公安部、国家安全部、司法部关于办理刑事案件排除非法证据若干问题的规定》已经明确规定经确认的非法言词证据应予以排除，因此，二审判决院将燕某B的有罪供述予以排除，不作为定案的依据是正确的。

2. 燕某B和燕某A没有共同受贿的故意和行为，不构成共同受贿，燕某B不构成受贿罪，二审判决对燕某B作出无罪判决是正确的。

根据《刑法》第二十五条关于共同犯罪的规定以及最高人民法院《全国法院审理经济犯罪案件工作座谈会纪要》的规定，非国家工作人员与国家工作人员是否构成受贿共犯，取决于双方有无共同受贿的故意和行为。本案中，燕某B的有罪供述系侦查机关串供、诱供的结果，应当作为非法证据予以排除，而侦查机关收集的有关燕某A向有关职能部门打招呼的言词证据存在虚假，依法不能认定燕某A为长沙某某公司或者胡某某谋取利益，因此，认定燕某A与燕某B共同受贿缺乏证据支持，燕某B与燕某A不构成共同受贿，燕某B依法不构成受贿罪，二审判决对燕某B作出无罪判决是正确的。

3. 根据刑法溯及力从旧兼从轻的原则，对燕某B不能以利用影响力受贿罪定罪量刑，二审判决根据燕某B行为时的法律宣告其无罪是正确的。

2009年2月28日起施行的《刑法修正案（七）》增加了第三百八十八条之一，规定了利用影响力受贿罪，对国家工作人员的近亲属或者其他与其关系密切的人，利用该国家工作人员职务上的影响力索贿受贿的行为追究刑事责任，同时，对离职的国家工作人员或者其近亲属以及其他与其关系密切的人，利用该离职的国家工作人员原职权或者地位形成的便利条件索贿受贿行为追究刑事责任。《刑法》第十二条对刑法的溯及力作出了规定。刑法的溯及力，即刑法溯及既往的效力，是指刑法生效后，对它生效前未经审判或者判决尚未确定的行为是否适用的问题。我国刑法溯及力采取从旧兼从轻的原则，即刑法原则上并不具有溯及既往的效力，但新法不认为是犯罪或者处刑较轻的，则应适用新法。本案中，燕某B收取胡某某50万元的行为发生在2005年，而《刑法修正案（七）》自2009年2月28日起施行，因此，根据刑法不具有溯及既往的效力的规定，对燕某B不能以利用影响力受贿罪定罪量刑。二审判决根据燕某B行为时的法律，对燕某B作出无罪判决是正确的。

审理结果

2012年9月11日，湖南省高级人民法院作出（2012）湘高刑二终字第42号刑事判决书，判决结果为：（1）驳回上诉人燕某A的部分上诉，维持湖南省娄底市中级人民法院（2010）娄中刑二初字第15号刑事判决对燕某A犯贪污罪的定罪量刑部分和受贿罪的定罪部分，撤销其对燕某A犯受贿罪的量刑部分以及对燕某B犯受贿罪的定罪量刑。（2）上诉人燕某A犯受贿罪，判处有期徒刑十年，并处没收个人财产二十万元；犯贪污罪，判处有期徒刑三年，决定执行有期徒刑十一年，并处没收个人财产二十万元（刑期从判决执行之日起计算。判决执行以前先行羁押的，羁押一日抵刑期一日，即自2010年2月7日起至2021年2月6日止。）（3）上诉人燕某B无罪。（4）上诉人燕某B的违法所得五十万元予以追缴，上交国库。

56 经营工业盐是否构成非法经营罪

——刘某非法经营上诉案

案情回放①

2011年5月9日凌晨，临湘市公安局协同临湘市盐务管理局在临湘市白云镇截获一辆满载50吨盐的大货车。盐老板刘某不能按要求提供食盐准运证，随即被民警传唤至临湘市公安局接受调查。因该案涉及湘鄂赣三省，涉嫌非法经营食盐千余吨，湖南省公安厅将其列为临湘市“2011.5.9”特大系列非法经营案进行督办。

2011年6月13日，临湘市人民检察院以涉嫌非法经营罪批准逮捕刘某，并于同年11月25日，向临湘市人民法院提起公诉。

临湘市人民法院一审判决认定，2010年6月至2011年5月，刘某在明知没有盐产品批发、零售许可证，食盐准运证的情况下，从湖北应城市联系购进食盐288吨，出售他人获利30 000元。法院认为，被告人刘某违反国家规定，无证销售食盐，其行为已构成非法经营罪。公诉机关指控的罪名成立。被告人刘某非法经营食盐100吨以上，属情节特别严重，应处五年以上有期徒刑，并处违法所得一倍以上五倍以下罚金。依照《中华人民共和国刑法》第二百二十五条第（一）项，第二十五条第一款，第二十六条第一、四款之规定，判决被告人刘某犯非法经营罪，判处有期徒刑五年，并处罚金30 000元。

被告人刘某提出了上诉。2012年4月20日，岳阳市中级人民法院组成合议庭公开

① 该案件来源于以下网址：http：//www.tdrxb.com/show_ content.php？id=346.

开庭审理了本案。庭审中，控辩双方争议很大。争议焦点在于《湖南省盐业产品质量监督检验授权站检验报告》对刘某所贩卖的盐产品的鉴定结果——是工业盐还是食盐？2011 年 5 月 11 日，湖南省盐业产品质量监督检验授权站受临湘市公安局委托，就被该局查扣的、刘某购进的 50 吨盐进行检验。该批盐检验项目共 9 项，碘是其中的第 8 项，检验结果是“未检出”。检验结论为：“该样品按 GB 5461—2000 食用盐标准检验，碘未检出，其他项目符合食用精制盐标准。”

公诉人认为，《湖南省盐业产品质量监督检验授权站检验报告》结论为食盐，并与被告人供述吻合；并称，公诉机关开庭前到岳阳市盐务局等主管部门咨询，认为该鉴定报告倾向为食用盐结论；因此原审判决事实清楚，适用法律正确，程序合法，应当维持原判。辩护人认为，被告人刘某经营的不是食盐而是精制工业盐；一审法院认定基本事实错误，适用法律错误，导致判决结果错误。

问题归纳

鉴定结论能直接采信吗？

法条链接

一、法律法规

《中华人民共和国刑法》第二百二十五条：违反国家规定，有下列非法经营行为之一，扰乱市场秩序，情节严重的，处五年以下有期徒刑或者拘役，并处或者单处违法所得一倍以上五倍以下罚金；情节特别严重的，处五年以上有期徒刑，并处违法所得一倍以上五倍以下罚金或者没收财产：（一）未经许可经营法律、行政法规规定的专营、专卖物品或者其他限制买卖的物品的；……（四）其他严重扰乱市场秩序的非法经营行为。

二、其他

1999 年 1 月 18 日《人民检察院刑事诉讼规则》第二百四十六条：……对于犯罪嫌疑人在逃的，应当要求公安机关在采取必要措施保证犯罪嫌疑人到案后移送审查起诉。共同犯罪的部分犯罪嫌疑人在逃的，应当要求公安机关在采取必要措施保证在逃的犯罪嫌疑人到案后另案移送审查起诉，对在案的犯罪嫌疑人的审查起诉应当照常进行。

1996 年 5 月 27 日颁布的《食盐专营办法》（国务院令第 197 号）第二条：国家对食盐实行专营管理。本办法所称食盐，是指直接食用和制作食品所用的盐。

1995 年 11 月 8 日国家计委、国家经贸委发布的《关于改进工业盐供销和价格管理办法的通知》（计价格〔1995〕1872 号），明确取消了工业盐准运证和准运制度，工业盐已不再属于国家限制买卖的物品。

最高人民法院（2008）刑他字第 86 号关于被告人禄绿伟非法经营一案的批复，已经明确经营工业盐的行为不构成非法经营罪。

法理导析

鉴定结论并非是证据之王。在人类司法证明的历史中，“证据之王”是人们对某些证据的权威崇拜。从虚幻的神证到真伪难辨的口供，再到触物留痕的指纹，及至当代的鉴定结论，证据历史上演了一幕幕王朝更迭的戏剧。当今，鉴定结论以其高科技的代表身份，精度无比的准确性，司法适用的日益广泛性等特质，正荣享“证据之王”的桂冠。但理性地看，鉴定结论是证据之王吗？答案是否定的。鉴定结论作为一种科学实证活动的产物，虽具有其他证据所不具有的优越性，但它毕竟只是一种回溯性证明活动，是以推论方式对待证事实加以“追溯式”再现，并不等同于客观事实本身。鉴定结论由于其本身的局限性以及外界环境的影响，出现不实的情况是难以避免的，因此，赋予鉴定结论证明力以优先性是不科学的，其证明力必须经过司法审查判断才能予以认定。法律人面对鉴定结论不能迷信，而应当从委托人资格、鉴定主体的资质、鉴定材料的客观可靠性、鉴定结论是否具有确定性、鉴定程序是否合法、鉴定的依据是否正确等因素综合判断。

根据《GB 5461—2000 食用盐标准》，食用盐理化指标应当含有物理指标、化学指标、卫生指标、碘酸钾、抗结剂等共五项指标，缺一不可。其中碘酸钾指标应当是每公斤含 20 至 50mg。而湖南省盐业产品质量监督检验授权站对公安机关送检的、刘某所经营的盐产品的检验结论为：“该样品按 GB 5461—2000 食用盐标准检验，碘未检出，其他项目符合食用精制盐标准。”（见该案证据《湖南省盐业产品质量监督检验授权站检验报告》）可见，刘某被公安机关查扣的这批盐不含碘，即不符合食用盐理化指标，不是食用盐。

其他证据进一步证明刘某经营的是精制工业盐，不是食用盐：

（1）临湘市公安局 2011 年 5 月 9 日《扣押物品，文件清单》上注明“外包装袋印有工业盐，国产，英文字母”。包装袋上的品名与前述检验报告相吻合，证明刘某购进的这 50 吨盐不是食用盐，而是精制工业盐。

（2）临湘市公安局 2011 年 5 月 10 日拍摄的查扣刘某 50 吨盐照片，以及此前刘某送给房东杜德凤的盐的照片，外包装袋印有 industrial salt（工业盐），made in china（国产）。与前述检验报告相吻合，证明 50 吨盐以及此前刘某贩卖的盐不是食用盐，而是精制工业盐。

（3）2012 年 3 月 26 日，刘某货源地——湖北孝感广盐华源制盐有限公司出具的书面证明：2011 年 1 至 5 月，刘某通过应城市金利贸易有限公司在该公司购买的盐均为工业盐。

（4）岳阳市中级人民法院应辩护人申请到位于天津塘沽的国家盐产品质量监督检验中心对该鉴定报告进行咨询、复核，以确定被告人刘某所贩盐产品是食盐还是工业盐。国家盐产品质量监督检验中心认为，该鉴定报告适用食用盐标准错误，不能确认该批受检盐是食用盐。

因此，本案被告人刘某经营的是精制工业盐，不属于法律、行政法规规定的专营、专卖物品或者其他限制买卖的物品。一审法院仅仅根据 2011 年 5 月 11 日湖南省盐业产品质量监督检验授权站出具的《检验报告》就错误地认定刘某被现场查扣的 50 吨盐是食盐，并推测刘某此前贩卖的盐也是食盐，认定“被告人刘某非法经营食盐 100 吨以上”，不仅对《检验报告》的理解错误，据此所作的推测也是错误的；一审法院适用

《刑法》第二百二十五条第（一）项判决，属适用法律错误。

审理结果

岳阳市中级人民法院二审认为，原判认定被告人刘某购进、经营的盐系食用盐的事实不清、证据不足，认定刘某购进、经营的盐系工业盐。但查明，刘某将工业盐销售到食品加工行业，共计 46 吨，获利近 10 000 元，其行为严重扰乱了国家食用盐专营管理，严重扰乱了食用盐的经营秩序，构成非法经营罪。依照《中华人民共和国刑法》第二百二十五条第（四）项，第二十六条第一、四款及《中华人民共和国刑事诉讼法》的有关规定，判决：维持临湘市人民法院（2011）临刑初字第 184 号刑事判决对原审被告人刘某的定罪部分；撤销临湘市人民法院（2011）临刑初字第 184 号刑事判决对原审被告人刘某的量刑部分；上诉人刘某犯非法经营罪，判处有期徒刑一年二个月，罚金一万元。

57 巨额借款仅有收条并不够

——邓某诉朱某某、湖南某投资管理有限公司合同案

案情回放①

2009 年 1 月 1 日，原告邓某（乙方）与被告朱某某（丙方）、湖南某投资管理有限公司（以下简称某公司，甲方）三方签订《合作协议》，约定：现有某公司控股的赤壁市陆水河航电公司（以下简称航电公司）在湖北省赤壁市兴建航电枢纽及配套设施建设项目。该项目已经过湖北省发改委批准，目前正在施工建设中，三方准备合作建设该项目：（1）本协议签订后，乙方预计投入 2 000 万元人民币，用于购买航电公司 25% 的股份。（2）乙方在协议签订后于 2009 年 2 月 1 日前投入第一笔资金 700 万元，于 2009 年 3 月 1 日前投入第二笔资金 800 万元。该两笔资金首先作为乙方拆借给丙方的资金，并由乙丙双方掌握支付，在乙方资金全部到位前，由丙方按照银行同期贷款支付利息。（3）乙方于 2009 年 4 月 1 日前投入余下资金 500 万元，和前期投入的 1 500 万元资金一起购买航电公司 25% 的资金，并由丙方办理股份过户的相关手续。（4）乙方在全部资金到位后，双方签订正式的股权转让协议，以乙方指定公司为股东持有股权，重新修改航电公司章程。（5）甲、乙、丙三方同意如果乙方投入资金 2 000 万元没有全部到位，则实际持有股权按照到位资金每 100 万元对应航电公司股权 1% 为标准计算。（6）丙方承诺以其委托甲方持有的航电公司全部的股权为乙方前期拆借的资金 1 500 万

① 该案例来源于以下网址：http：//www. titanlaw. com/post/5015. html.

元和为乙方办理好购买航电公司股份的过户手续提供担保，甲方同意全面配合。（7）在乙方第一元笔资金 700 万元到位后，乙方委托 2 至 3 人参与公司财务及工程管理。（8）甲、乙、丙三方同意银行贷款到位并能保证项目正常运转的前提下，各股东资本按各自持股比例同步退出。2009 年 3 月 3 日，朱某某向邓某出具收条一张，内容为根据某公司、邓某、朱某某的合作协议，已收到邓某购买股份款现金人民币 4 664 800 元；2009 年 4 月 30 日，朱某某向邓某出具收条一张，内容为根据某公司、邓某、朱某某的合作协议已收到邓某的购买股份款现金人民币 4 300 000 元。

原告诉称当原告投入 8 964 800 元后，发现朱某某根本无意与原告合作，既不履行合作义务，也不返还原告投入的资金，朱某某的行为致原告签订合同的目的无法实现，某公司应当为朱某某的行为承担连带担保责任，原告多次联系两被告，两被告均置之不理，故诉至法院，请求：（1）解除原、被告之间的合作协议；（2）判令被告返还原告本金人民币 8 964 800 元；（3）判令被告给付原告截止起诉之日前的利息 1 960 906 元；（4）判令被告承担本案诉讼费。

朱某某答辩称：签订正式的股权转让合同前，《合作协议》约定的 1 500 万元款项属于借款；该 1 500 万元借款根本未能实际履行。原告出具了两张收条，拟证明原告分别向朱某某支付现金 466. 48 万元、430 万元，除此外不能提供其他任何证据，根据最高人民法院的有关规定和现有证据，不能认定原告与朱某某之间存在 896. 48 万元的借贷关系，故应当驳回原告要求归还借款本息的诉讼请求；其次，原被告签订的《合作协议》不具备法定的和约定的解除条件，故其要求解除合同的诉讼请求也应驳回。

一审法院认为，原被告三方签订的《合作协议》合法有效，根据《合作协议》，邓某前期应当投入的 1 500 万元在 2 000 万元到位前，应当认定为朱某某向邓某的借款。邓某提供了朱某某出具的收条两张，主张朱某某应当返还 8 964 800 元本金及利息。朱某某对收条本身的真实性认可，但否认收到过邓某支付的任何款项。邓某称收条载明的款项一部分是现金支付，一部分是根据朱某某的要求通过银行转账到朱某某指定的账户，一部分是代朱某某偿还其他债务。鉴于本案涉及金额巨大，本院要求原告提供各部分款项的详细组成，包括现金支付的数额、银行转账证明、代偿债务证明、履行的时间地点、有无见证人等证据，但原告未提供任何证据予以证明。故本院认为原告要求返还本金 8 964 800 元及利息的证据不足，不予支持；且被告在《合作协议》中未约定解除合同的条件，原告要求解除合同没有约定的和法定的条件，判决驳回原告诉讼请求。

问题归纳

对于原告起诉要求返还的巨额借款本息，原告仅仅提供了被告朱某某出具的两张总计 8 964 800 元的收条，未提供其他证据，而朱某某否认收到过原告的巨款，原告主张的巨额借款依现有证据能否认定？

法条链接

一、法律法规

《中华人民共和国合同法》第九十三条：当事人协商一致，可以解除合同。当事人可以约定一方解除合同的条件。解除合同的条件成就时，解除权人可以解除合同。

第九十四条：有下列情形之一的，当事人可以解除合同：（一）因不可抗力致使不能实现合同目的；（二）在履行期限届满之前，当事人一方明确表示或者以自己的行为表明不履行主要债务；（三）当事人一方迟延履行主要债务，经催告后在合理期限内仍未履行；（四）当事人一方迟延履行债务或者有其他违约行为致使不能实现合同目的；（五）法律规定的其他情形。

二、其他

《最高人民法院关于依法妥善审理民间借贷纠纷案件促进经济发展维护社会稳定的通知》（法〔2011〕336号）：七、注意防范、制裁虚假诉讼。人民法院在审理民间借贷纠纷案件过程中，要依法全面、客观地审核双方当事人提交的全部证据，从各证据与案件事实的关联程度、各证据之间的联系等方面进行综合审查判断。对形式有瑕疵的"欠条"或者"收条"，要结合其他证据认定是否存在借贷关系；对现金交付的借贷，可根据交付凭证、支付能力、交易习惯、借贷金额的大小、当事人间关系以及当事人陈述的交易细节经过等因素综合判断……

法理导析

本案中，《合作协议》约定的1 500万元款项是否实际履行，应当根据证据规则进行依法认定。

根据《最高人民法院关于依法妥善审理民间借贷纠纷案件促进经济发展维护社会稳定的通知》（法〔2011〕336号）第七条的规定，人民法院在审理民间借贷纠纷案件过程中，要依法全面、客观地审核当事人提交的全部证据，从各证据与案件事实的关联程度、各证据之间的联系等方面进行综合审查判断。对形式有瑕疵的"欠条"或者"收条"，要结合其他证据认定是否存在借贷关系；对现金交付的借贷，可根据交付凭证、支付能力、交易习惯、借贷金额的大小、当事人之间关系及当事人陈述的交易细节经过等因素综合判断。

本案中，原告为证明借贷关系，提供了被告朱某某于2009年3月3日、4月30日出具的两张收条，拟证明原告分别向被告朱某某支付现金466.48万元、430万元。除此之外，原告再也不能提供其他任何证据。庭审中，原告特别授权代理人表示，收条所载896.48万元并非全部是现金交付，有一部分款项是按照被告朱某某的指示，支付到朱某某的关联公司，有一部分款项是替朱某某还债。但究竟有多少钱是现金？多少钱是支付到关联公司？哪一家关联公司？多少钱是还债？又分别是什么时候发生的？什么情况下发生的？等等。原告当庭一概说不清楚，庭后也未补充材料。结合最高人民法院的规定以及本案现有证据，尚不能认定原告已经支付896.48万元借款给被告朱某某，不能认定原告与被告朱某某之间存在896.48万元的借贷关系。

审理结果

一审法院认为，原被告三方签订的《合作协议》合法有效，根据《合作协议》，邓某前期应当投入的1 500万元在2 000万元到位前，应当认定为朱某某向邓某的借款。邓某提供了朱某某出具的收条两张，主张朱某某应当返还8 964 800元本金及利息。朱某某对收条本身的真实性认可，但否认收到过邓某支付的任何款项。邓某称收条载明的款项一部分是现金支付，一部分是根据朱某某的要求通过银行转账到朱某某指定的账户，一部分是代朱某某偿还其他债务。鉴于本案涉及金额巨大，本院要求原告提供各部分款项的详细组成，包括现金支付的数额、银行转账证明、代偿债务证明、履行的时间地点、有无见证人等证据，但原告未提供任何证据予以证明。故本院认为原告要求返还本金8 964 800元及利息的证据不足，不予支持；且被告在《合作协议》中未约定解除合同的条件，原告要求解除合同没有约定的和法定的条件，判决驳回原告诉讼请求。

58 仲裁程序违法之判断

——长沙某某金属材料公司不服长沙仲裁委员会裁决申请撤销仲裁裁决案[①]

案情回放

2011年10月19日，长沙某某金属材料有限公司（以下简称“金属公司”）与湖南某某工贸有限公司（以下简称“工贸公司”）经协商签订了一份《购销合同》，金属公司为供方，工贸公司为需方，合同编号为VRDP11—2748。合同约定：（1）产品名称、数量、规格、价款。品名：锰枕，数量：60吨，规格：55mm×35mm×25mm，锰97%以上，碳不超过0.04%，硫不超过0.04%，每吨单价18 700元，总价款1 122 000元。（2）交提货时限、地点。60吨货物于2011年10月21日前完成货物生产，并准备发货。（3）运输及费用负担。需方自提，费用由需方负担。……（8）发货通知，供方收到需方的发货通知后，安排发货。（9）违约责任，如任何一方违约不履行合同，按违约标的金额的20%处以违约金，并承担因违约而导致的追索费用，包括但不限于律师费用。（10）合同在执行中发生纠纷，向长沙仲裁委员会申请仲裁。2011年10月21日，需方向供方支付货款1 122 000元；供方生产备齐了约定产品。需方未按时提货。2011年10月27日，供方通知需方尽快提货。需方因锰枕产品国际市场价格下跌故意迟延提货。

---

① 该案例来源于以下网址：http：//www.pkulaw.cn/Case/pfnl_ 118678499.html? match=Exact.

2011 年 11 月 24 日，需方以供方依合同约定向其交付的自产产品锰枕存在质量问题为由，向长沙仲裁委员会（以下简称“仲裁委”）申请仲裁，请求：（1）退还货款 1 122 000 元；（2）支付违约金 224 400 元；（3）支付律师费 70 000 元；（4）承担所有仲裁费用。2011 年 12 月 19 日，金属公司向仲裁委提交仲裁反请求申请书，请求裁决工贸公司履行合同并向金属公司提货。2012 年 5 月 17 日，仲裁委开庭审理了该仲裁案。

工贸公司诉称，需方依约支付了全部货款，2011 年 10 月 27 日供方通知需方提货，需方验货后发现货物存在质量问题，需方的关联客户也拒绝收取货物；2011 年 11 月 30 日，需方被迫作出确认函以求供方交货，供方仍拒绝交货，且开福区法院在做财产保全时发现供方根本没有货可交，请仲裁庭依法支持全部仲裁请求，并向仲裁庭提交了《购销合同》《进账单》《分析结果报告单》《开福区法院（扣押）财产清单》《谈话笔录》等证据。

金属公司辩称，供、需双方于 2011 年 10 月 19 日签订《购销合同》，合同有效期自 2011 年 10 月 19 日起至 2012 年 1 月 18 日止；合同订立后，需方支付了全部货款，供方依约生产备齐了应交货物，因锰枕产品国际市场价格下跌，需方为逃避损失，恶意毁约，故意制造借口拒绝提货；仲裁庭违法违规送达仲裁材料，配合需方申请财产保全，以财产保全未果（扣押锰枕）事实变更仲裁请求。请仲裁庭依法驳回仲裁请求，支持供方全部反请求，并向仲裁庭提交了《购销合同》《确认书》（工贸公司向金属公司出具）、《律师函》等证据。

仲裁委认为，《购销合同》是双方真实意思表示，不违反法律、法规的强制性规定，合法有效。工贸公司依约支付了全部货款，准备提货时，委托检测机构对金属公司交付的货物进行检测，认为质量与合同约定有差异，在双方争议和协商过程中，金属公司将涉案货物转卖他人，造成合同无法履行，金属公司应承担相应的法律责任。金属公司辩称其依约生产备齐了应交货物，因涉案货物价格下跌，工贸公司为了规避损失故意拖延提货，与开福区法院财产保全时发现的没有货物可交事实不符。因此，金属公司应当承担全部法律责任。仲裁委作出（2011）长仲裁字第 556 号裁决书，支持了工贸公司请求解除合同、返还货物、支付违约金等仲裁请求。金属公司不服仲裁裁决，委托律师向长沙市中级人民法院申请撤销仲裁裁决。

问题归纳

1. 仲裁程序是否违法？
2. 仲裁裁决依据的事实是否是伪造的？

法条链接

一、法律法规

《中华人民共和国仲裁法》第二十五条：仲裁委员会受理仲裁申请后，应当在仲裁规则规定的期限内将仲裁规则和仲裁员名册送达申请人，并将仲裁申请书副本和仲裁规则、仲裁员名册送达被申请人。被申请人收到仲裁申请书副本后，应当在仲裁规则规定的期限内向仲裁委员会提交答辩书。仲裁委员会收到答辩书后，应当在仲裁规则规定的期限内将答辩书副本送达申请人。被申请人未提交答辩书的，不影响仲裁程序的进行。

第四十六条：在证据可能灭失或者以后难以取得的情况下，当事人可以申请证据保全。当事人申请证据保全的，仲裁委员会应当将当事人的申请提交证据所在地的基层人民法院。

第五十八条：当事人提出证据证明裁决有下列情形之一的，可以向仲裁委员会所在地的中级人民法院申请撤销裁决：（一）没有仲裁协议的；（二）裁决的事项不属于仲裁协议的范围或者仲裁委员会无权仲裁的；（三）仲裁庭的组成或者仲裁的程序违反法定程序的；（四）裁决所根据的证据是伪造的；（五）对方当事人隐瞒了足以影响公正裁决的证据的；（六）仲裁员在仲裁该案时有索贿受贿，徇私舞弊，枉法裁决行为的。人民法院经组成合议庭审查核实裁决有前款规定情形之一的，应当裁定撤销。人民法院认定该裁决违背社会公共利益的，应当裁定撤销。

二、其他

《长沙仲裁委员会仲裁规则》第十五条第一款：本会受理仲裁申请后，应当在五日内将本规则和仲裁员名册送达申请人，并将仲裁申请书副本和本规则、仲裁员名册送达被申请人。

法理导析

一、仲裁程序是否违法问题

申请人金属公司认为仲裁程序严重违反了法定程序。（1）被申请人工贸公司变更仲裁请求后，仲裁庭未重新指定举证期限，也未重新送达出庭通知书；（2）被申请人工贸公司提交的由开福区法院于 2011 年 11 月 30 日财产保全时所作的谈话笔录，在开庭（2012 年 5 月 17 日）前一天才调取，庭审时才提交，超过举证期限；（3）仲裁庭逾期送达仲裁申请书副本和仲裁规则、仲裁员花名册，明显违法。被申请人工贸公司辩称仲裁程序合法。（1）仲裁庭于 2012 年 12 月 7 日才送达副本并不是为了配合被申请人调查取证；（2）《谈话笔录》是开福区法院于财产保全时作出的，具有真实、合法性，财产保全后，申请人金属公司一直未提出异议。

根据《长沙仲裁委员会仲裁规则》的规定，当事人有变更仲裁请求的权利，仲裁请求变更后，经申请人请求，仲裁庭可以决定是否给予被申请人适当答辩时间。本案被申请人将“产品质量不合格”变更为“无货可供”，并增加解除合同请求，仲裁理由与请求发生了根本性变化，根据该规定，仲裁委应当重新指定举证期限。根据《长沙仲裁委员会仲裁规则》的规定，逾期提交的证据，仲裁庭有权拒绝接受。本案被申请人于庭审时才提交的《谈话笔录》，应当拒绝接受。根据《中华人民共和国仲裁法》第二十五条第一款“仲裁委员会受理仲裁申请后，应当在仲裁规则规定的期限内将仲裁规则和仲裁员名册送达被申请人，并将仲裁申请书副本和仲裁规则、仲裁员名册送达被申请人”和《长沙仲裁委员会仲裁规则》第十五条第一款“本会受理仲裁申请后，应当在五日内将本规则和仲裁员名册送达申请人，并将仲裁申请书副本和本规则、仲裁员名册送达被申请人”规定，仲裁委于 2011 年 11 月 29 日受理仲裁后，于 2011 年 12 月 6

日才向金属公司送达仲裁申请书副本和仲裁规则、仲裁员名册等仲裁文书材料，明显违背了前述规定。仲裁委仲裁程序违反了法定程序。

二、仲裁裁决根据的证据是否是伪造的

1. 本案被申请人（仲裁申请人）乙公司提供的用于证明产品质量有问题的由中南大学粉末冶金研究院出具的《分析结果报告单》，系乙公司伪造的，一是该证据无原件可查。二是该证据体现为 2010 年 12 月 27 日 09：46 分通过收传真取得，与双方当事人买卖合同期限时间（2011 年 10 月 19 日至 2012 年 1 月 18 日）明显不符。三是该证据载明来样单位是本案申请人（仲裁被申请人）甲公司，但甲公司从未向出具报告单的单位送过样。四是该证据载明的样品为“锰桃”，而非合同双方购销的产品“锰枕”。仲裁裁决书根据该伪造证据认定“日前被申请人没有符合合同约定的货物可供交付”（裁决书第 5 页第 4 行），明显错误。

2. 裁决所根据的“谈话笔录”，系开福区法院法官在实施财产保全过程中于 2011 年 11 月 30 日向本案申请人甲公司的一普通工作人员黄智军谈话制作。该“谈话笔录”根据仲裁法的规定不能作为仲裁证据，一是该“谈话笔录”不是人民法院根据《仲裁法》第四十六条作证据保全方式取得，而是因财产保全问题谈话制作；二是被问者黄智军仅是甲公司的一名普通工作人员，既不能代表公司，也没有公司授权指派；三是被问者黄智军作为甲公司的一名普通工作人员，对公司的产品生产能力和具体生产情况，其并不知道；四是黄智军作为公司员工对查封、扣押公司原料、产品等亦有不满，因此，其对询问者询问锰枕产品哪去了直接回答“已卖给他人”，并不等于甲公司没有锰枕产品可供；四是“谈话笔录”仅是财产保全记录，而非证据保全取得的证据，即使将其视为“证人证言”，黄智军在庭审中也未被通知出庭并予以质证；五是该“谈话笔录”仲裁庭在开庭时才予以提交出示，属逾期提交的“证据”。裁决根据该不合法的“证据”，认定本案申请人甲公司“将涉案合同货物转卖给他人，无法交付合同约定的货物给申请人（乙公司）”（裁决书第 4 页倒数第 9 行），显然是错误的。

3. 裁决根据 2011 年 11 月 29 日开福区法院财产保全未查封、扣押到 60 吨锰枕的事实，认定本案申请人甲公司“无法交付、无法履行”，其裁决根据（未查封、扣押到 60 吨猛枕）是仲裁委帮助本案被申请人乙公司以申请财产保全方式，故意制造的且严重背离案件事实的虚假“证据”（事实根据）。开福区法院财产保全未查封、扣押到 60 吨锰枕，不等于本案申请人甲公司无货可供，更不等于“无法支付、无法履行”。本案申请人甲公司系锰枕产品生产企业，随时生产供货，事实上，本案申请人甲公司在本案被申请人乙公司于 2011 年 11 月 30 日出具《确认书》，重新通知提货后，再次按合同约定催其提货（2011 年 12 月 2 日律师函）。裁决认定本案申请人“无法交付、无法履行”，所根据的“未查封、扣押到 60 吨锰枕产品”之事实，系仲裁庭故意枉法帮助并以财产保全方式制造的且严重背离案件事实的虚假“事实根据（证据）”。

三、在实体处理方面存在不当

本案当事人双方于 2011 年 10 月 19 日签订《购销合同》，合同订立后，被申请人工贸公司（需方）依约向申请人金属公司（供方）支付了全部货款，申请人金属公司依约于 2011 年 10 月 21 日前生产备齐了应交付产品锰枕 60 吨。因锰枕产品市场交易价格发生剧烈变化（每吨降价 2 000 元），本案被申请人迟迟不予提货，经申请人催促后仍拒绝提货，并于 2011 年 11 月 24 日伪造证据《分析结果报告单》，并以质量问题为由向仲裁委申请仲裁，企图拒绝履约，逃避损失。2011 年 11 月 30 日被申请人工贸公司向申请人金属公司出具《确认书》，重新通知自提货物后，再次拒绝提货，并于 2011 年 12 月 5 日变更仲裁理由（无货可供）和请求，企图解除合同。从合同履行过程中的事实看，不是申请人违约，既不是无符合质量的货可供，更非无法交付、无法履行，而是被申请人因市场价跌，拒绝提货，恶意毁约，以逃避损失。仲裁委仲裁过程中，由于其违反证据规则采信证据，错误适用法律，直接导致了裁决解除合同、并由申请人金属公司向被申请人工贸公司返还全部货款、支付巨额违约金等实体处理错误。

仲裁裁决在认定事实和实体处理方面存在的错误与不当，根据仲裁法的规定，虽然不是申请撤销仲裁裁决司法审查的范围，但是，这些错误与不当，与仲裁委违反仲裁法定程序是直接相关的，甚至可以认为系其故意违反仲裁法定程序导致的。程序规则不被严格遵守，在我国已很泛滥，如果仅仅指出程序问题，而不指出因程序违法而导致的实体问题，错误的裁决恐难得到纠正。

仲裁委裁决不仅采信了伪造证据，而且仲裁程序严重违反了法定程序。

审理结果

2012 年 7 月 17 日，长沙市中级人民法院组织申请人金属公司和被申请人工贸公司举行了公开听证。2012 年 8 月 21 日，长沙市中级人民法院作出（2012）长中民五仲字第 0403 号民事裁决书，依法撤销了长沙仲裁委员会（2011）长仲裁字 556 号裁决。